软件定义系列丛书

企业软件化

工业和信息化部电子第五研究所　组编

杨春晖　谢克强　黄卫东　　编著

電子工業出版社
Publishing House of Electronics Industry
北京·BEIJING

内 容 简 介

本书首先介绍了企业软件化的背景，软件定义引领了时代变革，面对软件席卷全球的浪潮，软件化成为企业进化的必然选择。本书论述了企业软件化的内涵，用全息视角看待企业软件化，分析了软件化催生的企业变革以及培育的企业新型能力。此外，本书还提出了企业软件化的参考实施路径，并通过服务型企业与制造型企业的软件化案例加以说明，提出了企业软件化的成熟度评价体系，为企业软件化提供指导。最后，本书论述了企业软件化对建设制造强国与网络强国以及建设现代化经济体系的重要意义，并提出相应的建议措施。

本书的适用群体为各地工信系统等政府部门的工作人员、企业管理人员、信息技术从业人员、科研人员和创业者等。

未经许可，不得以任何方式复制或抄袭本书之部分或全部内容。
版权所有，侵权必究。

图书在版编目（CIP）数据

企业软件化 / 杨春晖，谢克强，黄卫东编著；工业和信息化部电子第五研究所组编. —北京：电子工业出版社，2020.1
（软件定义系列丛书）
ISBN 978-7-121-37880-5

Ⅰ. ①企⋯ Ⅱ. ①杨⋯ ②谢⋯ ③黄⋯ ④工⋯ Ⅲ. ①企业管理－软件－研究 Ⅳ. ①F272.7

中国版本图书馆 CIP 数据核字（2019）第 251878 号

责任编辑：牛平月　　　　　特约编辑：田学清
印　　刷：天津千鹤文化传播有限公司
装　　订：天津千鹤文化传播有限公司
出版发行：电子工业出版社
　　　　　北京市海淀区万寿路 173 信箱　　邮编：100036
开　　本：720×1000　1/16　　印张：19.25　　字数：276 千字
版　　次：2020 年 1 月第 1 版
印　　次：2020 年 1 月第 1 次印刷
定　　价：98.00 元

凡所购买电子工业出版社图书有缺损问题，请向购买书店调换。若书店售缺，请与本社发行部联系，联系及邮购电话：（010）88254888，88258888。
质量投诉请发邮件至 zlts@phei.com.cn，盗版侵权举报请发邮件至 dbqq@phei.com.cn。
本书咨询联系方式：niupy@phei.com.cn。

软件定义的时代

进入 21 世纪以来，信息技术及其应用飞速发展，已经广泛覆盖并深入渗透到了社会生活的方方面面。特别地，近十年来，以云计算、大数据、移动互联网、物联网、人工智能、区块链为代表的新一代信息技术推动信息技术应用进入跨界融合的繁荣期，开始呈现出"网构化、泛在化、智能化"的新趋势，并不断催生新平台、新模式和新思维。

可以说，在某种意义上，信息技术及其深度应用已经推动人类社会步入一个新的发展阶段。可以从不同的视角去考察和认知这个新的发展阶段：从基础设施视角，可将其视为以互联网为核心主干，由移动网、广电网、物联网等多种网络融合形成新型泛在化基础设施，并以支撑规模化跨界创新应用服务模式为特征的"互联网+"时代；从计算模式视角，可将其视为以支持计算、存储、网络、数据、应用等资源的集约式管理和服务化使用为特征的云计算时代；从信息资源视角，则可将其视为将数据作为新型战略资源并以数据的深度挖掘和融合应用为特征的大数据时代；从信息应用视角，则可将其视为以人工智能技术为基础，支持从感知、认知到决策的智能化时代。

然而，如果从使能技术视角看，软件技术在信息技术中始终处于"灵魂"地位，所有新的信息技术应用、平台和服务模式，均以软件技术作为基础支撑；更为重要的是，在数字经济时代，软件技术已经成为企业的核心竞争力，不仅引领了信息技术产业的变革，在很多传统领域（如汽车、能源、制造、零售等）中的存在比重和重要性也在不断加大，在支持这些传统领域产业结构升级换代甚至颠覆式创新的过程中起到了核心作用，并进一步加速重构全球分工体系和竞争格局。特别地，作为新一轮科技革命和产业变革的标志，德国的"工业4.0"和美国的"工业互联网"，均将软件技术作为发展重点。软件已经走出信息世界的范畴，深度渗透到物理世界和人类社会中，全面发挥"赋能、赋值、赋智"的重要作用，甚至开始扮演着重新定义整个世界图景的重要角色。我们正在进入一个"软件定义一切"的时代！

"软件定义一切"已然成为一种客观需求，并呈现出快速发展的态势，其主要体现形式是软件"基础设施化"。一方面，在数字经济时代，人类社会经济活动高度依赖信息基础设施，而软件是信息基础设施的重要组成部分；另一方面，软件也将"重新定义"传统物理世界基础设施和社会经济基础设施，这将对人类社会的运行，甚至人类文明的进步起到重要的支撑作用。在这样的时代背景下，我们该如何理解"软件定义"的技术内涵及其带来的软件"基础设施化"？"软件定义"产生的背景是什么，它现在处于什么阶段，未来又将如何发展？本丛书将尝试对上述问题做一些解读。

一、无所不在的软件

从1946年第一台真正意义上的通用电子计算机ENIAC诞生至今，计算机已经历了70余年的发展历程。软件伴随着硬件而产生，其核心目的是帮助人们更方便、更高效地使用计算机。从技术角度看，软件的发展和演化有四个基本驱动力：追求更具表达能力、更符合人类思维模式、易构造、易演化的软件模型；支持高效率、高质量的软件开发；充分发挥硬件资源的能力，支持高效能、高可靠、易管理的软件运行；桥接异构性，实现多个应用系统之间的交互操作。

从软件制品的形态上看，软件发展大体上经历了三个阶段，即软硬一体化阶段，产品化、产业化阶段，以及网络化、服务化阶段。需要指出的是，这三个阶段尽管在时间上有先后顺序，但它们并不对立，也难以绝对分离，它们之间前后传承、交织，呈现出"包容式"的融合发展态势。

1. 软硬一体化阶段

在计算机诞生后相当长的一段时间内，实际上并没有"软件"的概念，计算机主要通过用机器语言和汇编语言编写程序来直接操作硬件的方式运行，因此只有"程序"的概念，其应用则以军事领域为主。19世纪60年代前后，在高级程序设计语言出现后（1957年，IBM开发了第一个高级程序设计语言Fortran），"软件"才作为与"硬件"对应的词被提出，以程序和文档融合体的形态从硬件中分离出来，成为相对独立的制品。在这个时期，"高级语言程序+文档"是软件的主要展现形式，软件主要应用于科学工程计算领域和商业计算领域（如COBOL语言在银行业的广泛应用）。特别值得一提的是，在计算机发展史上具有里程碑意义的大型机——IBM 360系列机中，出现了最早的和硬件系统解耦的主机操作系统——OS/360操作系统。OS/360操作系统对IBM 360系列机的推广应用起到了非常重要的作用，同时也对日后的软件技术和软件产业产生了很大的影响。尽管OS/360操作系统还是和IBM硬件捆绑在一起销售，但人们已经开始意识到软件的重要性。也正是在这个时期，计算机作为一门学科开始形成，其学科体系不断完善，软件学科成型并得到快速发展，程序员也开始逐渐成为一个专门的职业。总体来看，在软硬一体化阶段，软件还是作为硬件的附属品存在，基本面向大型机/小型机设计，应用领域有限，其移植性和灵活性也比较差。

2. 产品化、产业化阶段

1973年，Charles Thacker设计与实现了第一台现代个人计算机Xerox Alto（他后来也因此贡献而获得图灵奖），可以将其视作PC时代的开端。随着PC的广泛应用和软件的产品化，软件在计算机技术和计算机产业中的比重不断加大，地位越来越重要，由此催生了人类历史上第一波信息化浪潮，即以单机应用为主要特征的数字化阶段（信息化1.0）。拉里·埃里森创办的甲骨文公司，被认为是历史上第一个"纯粹的"软件公司；而比尔·盖茨创办微软公司，则是软件发展历程中的一个里程碑事件，它标志着软件开始正式成为一个独立产业，并开始应用于几乎所有领域。在这个时期，软件主要以面向单机的"复制"产品形态存在，通过付费版权的形式对外发售，几乎不再与硬件捆绑销售。软件逐渐颠覆了传统计算机产业"硬件为王"的格局（如Windows和Office成就了微软在PC时代的垄断地位），开始成为IT产业的主导者。同时，软件在各个行业领域的不断普及，也极大地影响甚至改变了人类生产和生活方式（如办公软件的出现，彻底改变了人类传统的办公方式）。作为一种"无污染、微能耗、高就业"的新型产业，从这个时期起，软件产业开始大幅度提高国家整体的经济运行效率，其自身也在不断形成庞大的规模，拉动国民经济指数快速增长，软件产业逐渐成为衡量一个国家信息产业水平，甚至是综合国力的标志之一。

3. 网络化、服务化阶段

自19世纪中期开始，互联网开始其商用进程并快速发展普及，同时也推动了软件从单机计算环境向网络计算环境的延伸，带来了第二波信息化浪潮，即以联网应用为主要特征的网络化阶段（信息化2.0），软件开始逐步进入网络化、服务化阶段，并覆盖社会经济生活的方方面面。在互联网环境下，软件的形态也发生了重大的变化，"软件即服务"（Software as a Service，SaaS）成为一种非常重要的网络化软件交付形态和使用方式。不同于传统的面向单机的复制形态，"软件即服务"使得人们不必再拥有软件产品的全部，而是可以通过互联网在任何时间、任何地点、任何设备上，直接与软件提供者连接并按需获取和使用软件的功能。例如，相对于传统单机版的Office，微软 Office 365 和 Google Docs 等均基于云端部署和提供服务，用户不必在本机安装和更新升级，只需通过客户端程序（如浏览器）连入互联网就可以访问和使用所需要的功能。这种"不求拥有，只求使用"的特性只有通过软件和互联网的结合才能实现，这也从一定程度上推动了软件产业从"以产品为中心"的制造业向"以用户为中心"的服务业转型。这一阶段软件形态的另一个重要变化是 App 化和应用商店模式。伴随着 2010 年前后移动互联网和智能终端设备的大量普及，应用商店模式得到了快速发展，在苹果 Apple Store、谷歌 Google Play 以及大量第三方应用商店上，已经汇集了数十万应用开发者和他们开发的数百万的 App，累计下载数百亿次。用户通过 App 来连接并访问互联网上的各种信息服务，实现线上社交和互联沟通（如微信和 Facebook 等）；而应用商店则提供了一个平台，使得开发者和用户更紧密地连接在一起。互联网的快速发展和深度应用，催生了各种新的商业模式和赢利模式，并开始颠覆传统行业（如唱片业、交通行业、邮政等）。如果说，互联网的核心价值是"连接"，那么，软件就是实现"连接"的基础使能技术。

随着互联网及其延伸带来的信息技术的普及应用，软件不断渗透到人类生产和生活的各个角落，支持我们对各类资源进行更加有效的管理和使用，为我们提供更加便利的服务，提高生产效率和生活质量。正如互联网名人堂入选者、著名的网景通信公司创始人 Marc Andreessen 所说，软件正在吞噬整个世界（Software eats the world）！。

当前，软件呈现出"基础设施化"的趋势。一方面，软件自身已成为信息技术应用基础设施的重要组成部分，以平台方式为各类信息技术应用和服务提供基础性能力和运行支撑。另一方面，软件正在"融入"到支撑整个人类经济社会运行的"基础设施"中，特别是随着互联网和其他网络（包括电信网、移动网、物联网等）的不断交汇融合，软件正在对传统物理世界基础设施和社会经济基础设施进行重塑和重构，通过软件定义的方式赋予其新的能力和灵活性，成为促进生产方式升级、生产关系变革、产业升级、新兴产业和价值链的诞生与发展的重要引擎。软件"赋能、赋值、赋智"的作用正在被加速和加倍放大，软件将对人类社会的运行和人类文明的发展进步起到重要支撑作用。正如C++编程语言发明者Bjarne Stroustrup所说，人类文明运行在软件之上（Our civilization runs on software）。

二、软件定义的时代

互联网和其他网络（包括电信网、移动网、物联网等）的交汇融合，进一步推动了人类社会与信息空间、物理世界的融合，形成新的人机物融合的环境。作为互联网的延伸，人机物融合标志着我们从终端互联、用户互联、应用互联开始走向万物互联，信息技术及其应用更加无处不在，"大数据"现象随之产生，信息化的第三波浪潮（信息化3.0），即以数据的深度挖掘与融合应用为主要特征的智能化阶段正在开启。

人机物融合环境下，信息基础设施蕴含着覆盖数据中心（云）、通信网络（网和边缘设备）和智能终端及物联网设备（端）的海量异构资源，而信息技术及其应用开始呈现出泛在化、社会化、情境化、智能化等新型应用形态与模式，需求多样且多变。人机物融合环境下的新型应用对软件"基础设施化"提出了新的要求：软件平台需要更好地凝练应用共性，更有效地管理资源，并根据频繁变化的应用需求和动态多变的应用场景对各类资源进行按需、深度、灵活的定制。而现有的软件平台主要面向传统计算模式的应用需求，存在很大的局限：纵向上看，各类资源紧密耦合难以分割，很难根据应用特征进行性能优化，难以对底层资源进行弹性可伸缩的调度及分配；横向上看，各类资源被锁定在单个应用系统的内部，形成大量的"信息孤岛"，难以实现互连互通。因此，现有软件平台的资源分配方式固定且有限，个性化定制能力严重不足，制约了人机物融合应用的发展。为了应对这些挑战，就需要实现海量异构资源的深度"软件定义"。

1. 软件定义的兴起

"软件定义"是近年来信息技术的热点术语。一般认为,"软件定义"的说法始于"软件定义的网络"(Software-Defined Network,SDN)。在传统的网络体系结构中,网络资源配置大多是对各个路由器/交换机进行独立的配置,网络设备制造商不允许第三方开发者对硬件进行重新编程,控制逻辑都是以硬编码的方式直接写入路由器/交换机的,这种以硬件为中心的网络体系结构,复杂性高、扩展性差、资源利用率低、管理维护工作量大,无法适应上层业务扩展演化的需要。2008年前后,斯坦福大学提出"软件定义网络",并研制了OpenFlow交换机原型。在OpenFlow中,网络设备的管理控制功能从硬件中被分离出来,成为一个单独的完全由软件形成的控制层,抽象化底层网络设备的具体细节,为上层应用提供了一组统一的管理视图和编程接口(Application Programming Interface,API),而用户则可以通过API对网络设备进行任意编程,从而实现新型的网络协议、拓扑架构,并且不需要改动网络设备本身,满足上层应用对网络资源的不同需求。2011年前后,SDN逐渐被广泛应用于数据中心的网络管理,并取得了巨大的成功,重新"定义"了传统的网络架构,甚至改变了传统通信产业结构。在SDN之后,又陆续出现了"软件定义"的存储、"软件定义"的环境、"软件定义"的数据中心等。可以说,针对泛在化资源的"软件定义一切(Software-Defined Everything,SDX)"正在重塑传统的信息技术体系,成为信息技术产业发展的重要趋势。

2. 软件定义的本质

实现SDX的技术途径,就是把过去的一体化硬件设施打破,实现硬件资源的虚拟化和管理任务的可编程,即将传统的"一体式(Monolithic)"硬件设施分解为"基础硬件虚拟化及其 API + 管控软件"两部分：基础硬件通过 API 提供标准化的基本功能，进而新增一个软件层替换"一体式"硬件设施中实现管控的"硬"逻辑，为用户提供更开放、灵活的系统管控服务。采取这种技术手段的直接原因是互联网环境下新型应用对计算资源的共享需求，以云计算、大数据为代表的新型互联网应用要求硬件基础设施能够以服务的方式灵活地提供计算资源，而目前的计算资源管理、存储管理、网络管理在很大程度上是与应用业务脱离的，几乎都是手工管理、静态配置、极少变动、分割运行的，难以满足上层应用对计算资源个性定制、灵活调度、开放共享的需求。而要满足上述需求，就必须改变目前应用软件开发和资源管理各自分离的情况，使得计算资源能够根据应用需求自动管理、动态配置，因此，"软件定义"就成为一个自然选择。通过"软件定义"，底层基础设施架构在抽象层次上就能趋于一致。换言之，对于上层应用而言，不再有因异构的计算设备、存储设备、网络设备、安全设备导致的区别，应用开发者能根据需求更加方便、灵活地配置和使用这些资源，从而可以为云计算、大数据、移动计算、边缘计算、泛在计算等信息应用按需"定义"适用的基础资源架构。

需要指出的是，尽管"软件定义"是近年来出现的概念，但其依据的硬件资源虚拟化和管理任务可编程这两个核心原则一直都是计算机操作系统设计与实现的核心原则。计算机操作系统作为一种系统软件，向上为用户提供各种公共服务以控制程序运行、改善人机界面，向下管理各类硬件资源。因此，从用户的视角来看，操作系统就是一台"软件定义"的"计算机"；从软件研究者的视角来看，操作系统集"软件定义"之大成。就此而言，所有的 SDX 在本质上都没有脱离操作系统的三层架构的范畴，均符合硬件资源虚拟化与管理任务可编程的技术原理。

"软件定义"和软件化是两个不同的概念。软件化仅仅描述了根据业务需求来开发具有相应功能的软件应用系统的过程，关注的是行业知识、能力和流程等软件实现；而"软件定义"则是一种方法学及其实现的技术手段，其关注点在于将底层基础设施资源进行虚拟化并开放 API，通过可编程的方式实现灵活可定制的资源管理，同时，凝练和承载行业领域的共性，以更好地适应上层业务系统的需求和变化。无论是"软件定义"的网络、"软件定义"的存储、"软件定义"的数据中心还是其他"SDX"，就其技术本质而言，均意味着构造针对"X"的"操作系统"。

未来的面向人机物融合的软件平台，将是对海量异构基础设施资源进行按需、深度"软件定义"而形成的泛在操作系统（Ubiquitous Operating System）。因此，"软件定义"是实现人机物融合环境下软件"基础设施化"的重要技术途径。

3. 软件定义的机遇

人机物融合环境下，万物皆可互联，一切均可编程，"软件定义"成为信息化的主要发展脉络。随着人机物融合环境下基础设施资源发生的巨大变化，"软件定义"正在逐渐走出信息世界的范畴，其内涵和外延均产生了新的发展，面临着新的机遇。

"软件定义"不再局限于计算、存储、网络等传统意义上的基础硬件资源，还覆盖云、网、端的各类资源，包括电能、传感、平台、应用等软/硬件，以及数据和服务资源等。"软件定义"概念正在泛化，"软件定义"将实现从单一资源的按需管控到全网资源的互连互通的跃进，支持纵向全栈式、横向一体化的多维资源按需可编程，最终形成面向人机物融合应用的基础设施架构。

另一方面，"软件定义"正在向物理世界延伸。在"工业互联网"和"工业4.0"的发展蓝图中，"软件定义"将成为核心竞争力。例如，制造业需要实现硬件、知识和工艺流程的软件化，进而实现软件平台化，为制造业赋予数字化、网络化、定制化、智能化的新属性。伴随着"软件定义"的泛化与延伸，软件将有望为任意物理实体定义新的功能、效能与边界。

在 IT 不断泛在化并不断向物理世界延伸的基础上，"软件定义"将向人类社会延伸。通过"软件定义"的手段，可以为各领域的"虚拟组织"（如家庭、企业、政府等）打造更加高效、智能、便捷的基础设施。例如，"软件定义的城市"不仅将城市中各类信息/物理基础设施进行开放共享和互连互通，还需要为政务、交通、环境、卫生等社会公共服务部门构造数据流通交换和业务功能组合的 API，支持这些部门的智能联动，实现动态高效的、精细化的城市治理。

4．软件定义的挑战

要实现更加全面、灵活和有深度的"软件定义"，软件研究者需要面对一系列的技术挑战。

- 体系结构设计决策问题。"软件定义"本质上需要抽象其管控的资源，因此需要从体系结构角度来合理地划分和选择受管控元素的"粒度"和"层次"。随着"软件定义"概念的泛化，如何界定软件和硬件的功能，如何划分、组装、配置相应元素，成为值得探究的问题。
- 系统质量问题。"软件定义"在现有的基础设施资源上加入了一个虚拟的"软件层"来实现对资源的灵活管控。这就需要合理平衡管理灵活化和虚拟化后带来的性能损耗（如与直接访问原系统相比）。同时，还需要考虑降低"软件层"的复杂性和故障率，并在故障发生时高效、精确地定位故障并进行快速修复，以保障整个系统的可靠性。"软件定义"本质上实现了应用软件和底层资源在逻辑上的解耦，因此，还需要保证这两部分在运行时刻可以分别进行独立的扩展和演化，并保持整个系统的稳定。
- 系统安全问题。"软件定义"使得资源管理可编程，在带来开放性、灵活性的同时，也会带来更多的安全隐患。尤其是对于工业控制等安全攸关的领域来说，这些安全隐患可能会带来难以估量的财产和生命损失。因此，如何保障"软件定义"后系统的安全性，是"软件定义"的方案设计、实现和部署实施中必须考虑的问题。

- 轻量级虚拟化技术。虚拟化实现了对硬件资源的"软化"，是"软件定义"的基础技术，但现有的以虚拟机为单位的技术应用于大量新型设备（如智能终端和物联网设备）后，难以满足其性能和实时性要求，因此需要发展轻量级虚拟化技术。已有的一些进展，如以 Docker 为代表的容器技术，可以对主流的 hypervisor 虚拟化技术进行发展和补充，从而简化对资源的管理和调度，大幅提高资源利用率和管理效率。

- 原有系统到"软件定义"系统平滑过渡。为了使原有系统平滑过渡到"软件定义"系统，往往需要对已有的资源进行大幅度改造，甚至需要安装新的硬件并开发新的管理系统。这样会面临人力、时间、经济、风控等多方面因素。因此，实现平滑过渡也需要合理的方案。

- 高度自适应的智能化软件平台。从软件技术角度看，未来人机物融合需要高度自适应的智能化软件平台。目前的软件平台大多是以硬件资源为中心的，如果基础设施层发生变化，软件平台必然会发生改变，软件平台上运行的应用往往也需要随之发生相应的改变。理想的方式是未来的软件平台具有预测和管理未来硬件资源变化的能力，能适应底层资源的变化而不改变自身和软件平台上运行的应用系统。学术界已经开始在这方面进行尝试和探索，例如，2014 年，美国 DARPA 宣布支持"可运行一百年的软件系统"的研究项目，希望构造出能动态适应资源和运行环境变化的、长期稳定运行的软件系统（Resource Adaptive Software System）。

三、展望与寄语

如上所述，软件作为信息技术产业的核心与灵魂，发挥着巨大的使能作用和渗透辐射作用，在支撑人类社会运行和人类文明进步中将发挥重要的"基础设施"作用。"软件定义"则是实现软件"基础设施化"的重要方法学和关键技术途径，"软件定义"将成为推动信息技术和产业变革、引领其他行业信息化变革的新标志与新特征，开启人机物融合应用的新世界图景。

电子工业出版社与工业和信息化部电子第五研究所联合推出的这套"软件定义系列丛书"，基于对当前经济社会和信息技术发展趋势的认识和把握，针对"软件定义"这一热点，对其产生背景、技术内涵、价值意义、应用实践等进行阐述，剖析"软件定义"在IT行业、制造与服务行业、经济社会等诸多领域产生的作用和影响，这是一件很有意义的工作。这套丛书从科普的角度叙述"软件定义"的发展历程，同时伴有丰富的相关领域的典型案例，既可以作为信息技术从业人员和科研人员的参考书来加深对"软件定义"的理解和认识，也可以作为各地经信委等政府部门的工作人员、企业管理人员、创业者等的参考书，起到开阔眼界、辅助决策的作用。希望本套丛书的出版，能够为推动我国信息技术产业发展、建设制造强国与网络强国、建设数字中国、发展数字经济贡献一份力量。

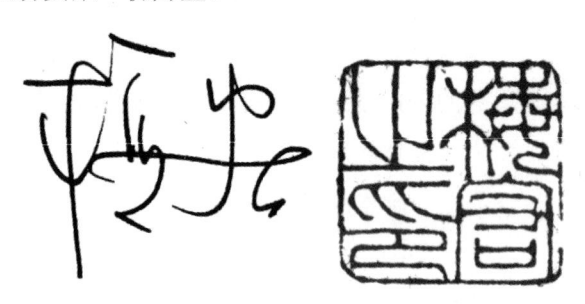

梅 宏

2019 年 12 月

注：本文曾刊载于《中国软件和信息服务业发展报告（2018 年）》，作为本丛书序，略有修改补充。

前 言

2011年8月21日,马克·安德森在《华尔街日报》上发表了一篇标题为《软件正在吞噬整个世界》的文章,引起了业内人士的广泛关注。他以投资者和技术专家的双重身份,解读了科技行业的大环境,并得出结论——我们正处在科技及经济转型的时代,软件公司将会在其中担任重要的角色。今后的赢家将是软件创新科技公司,它们渗透并融入已经建立起来的行业结构。未来十年,预计将有更多的行业会被软件所渗透,出类拔萃的软件公司将会成为这一趋势的主要推动者。

马克·安德森的观点并非夸大其词,环顾一下我们的四周,很多行业翘楚都是软件公司。此外,各大型制造公司也纷纷开始强化自己的软件实力,踏上由"硬"变"软"之路。

德国西门子一直在围绕如何构建软件竞争优势进行全方位的战略布局,近十年该公司并购了数十家工业软件企业,现已位列世界软件公司前列,其软件业务已经涵盖设计、分析、制造、数据管理、机器人自动化、逆向工程、云计算和大数据等多个领域。施耐德电气认为软件是赋能数字化工业未来的关键途径,该企业将软件作为未来最重要的战略重心,近年来开始进行软件布局,收购了大量软件公司。霍尼韦尔提出了由"硬"到"软"的互联转型，企业不仅要为客户生产硬件产品，还要提供更多的基于软件和数据的增值服务。

传统行业的工业巨头们纷纷把自己定位成"软件企业"，这是偶然现象吗？

要回答这个问题，需要重新审视当前所处的时代——信息技术迅猛发展，产业发展迎来了巨大变革。在这个以信息化培育新动能，用新动能推动新发展的阶段中，"软件定义"成了信息革命的新特征与新趋势，我们正在步入一个软件定义的时代。

随着软件逐渐渗透并融入各个领域，生产力和生产关系也面临着创新和变革，不断涌现的新技术、新模式、新业态正改变着各个软件产业。软件在产业结构调整和传统企业改造过程中大放异彩，软件不但赋予了传统企业新的竞争力，而且在商业模式上进行着革命性的颠覆和创新。企业运营的环境与机理已经发生了巨大的变化：数字经济蓬勃兴起，改变着企业的生产要素、竞争优势来源、利润增长方式、协调和配置资源的方式、商业模式、人力组成、价值获取方式等；新工业革命一日千里，改变着经济产业版图、行业界限、生产方式、产业体系、技术与企业业务的关系等。企业的生产发展环境、模式和路径将受到深刻影响。

物竞天择，适者生存，企业要以怎样的姿态来迎接这样的时代变革呢？答案是因势而动，顺势而为。软件逐渐融入了企业，成为其"内生细胞"式的有机组成，企业软件化应运而生，各种类型的企业纷纷变身"软件企业"，这绝不是偶然现象。各企业都希望通过提升软件能力来打造自己的核心竞争力，用软件再造业务流程。需要指出的是这些企业并非要变成像微软一样的纯软件企业，而是要将其技术和业务与软件深度融合，由软件来表达、管理与拓展新的空间。

本书尝试对这一现象与趋势进行研究，系统性地回答企业软件化进程中"为什么""是什么""怎么干""怎么评""怎么看"等一系列问题，希望能给企业在"万物皆可互联、一切均可编程"的软件变革浪潮中提供有益的参考。

全书共分为五章。

第一章　软件定义世界。软件正在加速向经济和社会各个领域渗透融合，带动产品、业态、模式不断创新，软件"赋能""赋值""赋智"的作用日益凸显，我们正在步入软件定义的时代。面对软件席卷全球的浪潮，软件化成为企业进化的必然选择。

第二章　企业软件化概论。本章回顾了企业软件化的发展历程，指出了企业软件化是信息演化的必然趋势。阐述了企业软件化的概念、内涵，以及如何用全息视角看待企业软件化，分析了软件化催生的企业变革以及培育的企业新型能力。

第三章　企业软件化实现路径。实现路径通常有八个步骤：明晰企业战略、优化商业模式、分析业务能力、提炼信息能力、梳理IT战略、设计应用蓝图、设计IT解决方案和制订IT行动计划。实现路径将通过服务型企业与制造型企业的软件化案例加以展示。

第四章　企业软件化成熟度。本章回顾了成熟度模型的发展历程，阐述了成熟度模型在组织和企业中的应用，揭示了有关企业成熟度的方法论，介绍了企业信息化成熟度的模型，并在此基础上提出了企业软件化的成熟度评价体系，为企业软件化提供指导。

第五章　企业软件化的意义与启示。本章论述了企业软件化对建设制造强国与网络强国，建设现代化经济体系的重要意义；阐明了企业软件化是大势所趋，企业只有积极采取行动、多措并举，才能实现软件化。

  本书编写过程中得到工业和信息化部信息化和软件服务业司领导的关心，在此表示感谢。同时感谢姜洪武先生的热情参与及提供的企业咨询实践案例，感谢电子工业出版社刘九如总编辑、中国工业技术软件化产业联盟多位专家的指导帮助。本书的责任编辑对本书的写作给予了悉心指导并付出很多劳动，在此一并感谢。受时间与篇幅所限，本书只表达了笔者的一些初步认识与理解，若有认识不当之处，衷心希望广大读者与各界人士给予批评指正。

目 录

第一章 软件定义世界 1

一、软件定义引领时代变革 2

（一）信息技术重塑经济结构 2

（二）"互联网+"改变世界 9

（三）拥抱软件定义的时代 17

二、软件化——企业进化的选择 24

（一）适者生存，企业进化 24

（二）企业经营环境发生变化 30

（三）企业软件化成必然选择 41

第二章 企业软件化概论 49

一、引言 50

二、企业软件化是信息演化的必然趋势 52

（一）企业软件化的发展历程 53

（二）企业信息演化的必然趋势 62

三、企业软件化的概念与内涵 64
 （一）企业软件化的本质 64
 （二）企业软件化的过程 66
 （三）企业软件化的内涵 69

四、全息视角的企业软件化 77
 （一）企业的全息视角 78
 （二）信息企业与实体企业的映射 85
 （三）企业软件化的全息视角 95

五、软件化催生企业变革 103
 （一）物质资产向数据资产转变 103
 （二）要素驱动向知识驱动转变 111
 （三）硬件生产向软件研发转变 117
 （四）生产范式向服务范式转变 123
 （五）企业主导向用户主导转变 129
 （六）固定边界向弱化边界转变 135

六、软件化增强企业新型能力 140
 （一）企业能力的定义 140
 （二）企业能力内涵的演化 142
 （三）企业新型能力的增强 143

第三章 企业软件化实现路径 153
 一、企业软件化实施步骤 154
  （一）明晰企业战略，定位软件化的输入 155
  （二）优化商业模式，定位软件化的起点 160

（三）分析业务能力，定位软件化的价值 165

（四）提炼信息能力，定位软件化的目标 171

（五）梳理 IT 战略，定位软件化的原点 177

（六）设计应用蓝图，定位软件化的框架 179

（七）设计 IT 解决方案，定位软件化的内容 182

（八）制订 IT 行动计划，定位软件化的路线 189

二、服务型企业软件化 194

（一）彩生活物业服务软件化 195

（二）软件化派生出的新型大数据服务业 198

三、制造型企业软件化 205

（一）西门子由"硬"变"软" 205

（二）纺织服装企业软件化 210

第四章 企业软件化成熟度 217

一、成熟度发展历程 218

（一）成熟度思想起源 218

（二）能力成熟度模型 221

（三）项目管理成熟度模型 229

（四）成熟度模型构建 233

二、企业信息化成熟度 234

（一）企业信息化成熟度模型 234

（二）企业信息化成熟度评价指标 250

三、企业软件化成熟度评价 251

（一）战略层面的成熟度评价 252

XXI

（二）产品层面的成熟度评价 254

（三）应用层面的成熟度评价 256

第五章 企业软件化的意义与启示 259

一、企业软件化的意义 260

（一）新时代呼唤新企业 260

（二）支撑强国建设 264

（三）助力培育新动能 272

二、企业软件化的启示 273

（一）企业软件化势在必行 273

（二）正确理解企业软件化 275

（三）企业行动实现软件化 276

（四）政府引导的政策建议 281

参考文献 284

第一章

软件定义世界

一、软件定义引领时代变革

当前,全球新一轮科技革命和产业变革持续深入,国际产业格局加速调整,创新成为引领发展的第一动力。产业从关注和生产物质资产转为将物质资产及其生产和研发过程用信息化进行抽象,用数字化进行表达,使数据资产成为产业关注的焦点。随着网络信息技术日新月异的发展,全球信息化进入了全面渗透、跨界融合、加速创新、引领发展的新阶段。数字经济异军突起,为持续低迷的传统经济注入了新的发展活力。"互联网+"深刻地改变了世界的方方面面。

软件是网络信息技术的核心和灵魂。全球软件业正在步入加速创新、快速迭代、群体突破的爆发期,在促进世界经济发展和人类文明进步中将发挥越来越重要的作用。软件正在加速向经济社会各领域渗透融合,带动产品、业态、模式不断创新,软件"赋能""赋值""赋智"作用日益凸显。软件定义已成为网络信息技术革命的重要标志和显著特征,引领时代的变革。

(一)信息技术重塑经济结构

1. 信息技术迅猛发展

随着信息技术的飞速发展和向各个领域的快速渗透与融合,新技术、新产品、新应用、新业态、新模式等不断涌现,信息产品与服务加速普及,为全球经济社会发展和人民的生活带来了日新月异的变化,人类正在加速迈向信息化社会。自 20 世纪中叶以来,信息技术革命推动了经济全球化的全面深化，促进了世界经济的迅猛发展。信息技术发挥了经济增长倍增器、发展方式转换器和产业升级助推器的作用，为全球的增长动力、经济社会运行、生产生活方式带来了根本性、全局性的影响，引起了世界经济和社会等多个方面和多个领域的深刻变革。

经过几十年的积累，信息技术进入了加速发展、跨界融合和群体突破的爆发期，正处于融合集成式创新与颠覆式创新的大时代。诸如大数据、云计算、物联网、区块链、人工智能等新一代信息技术正以跨界融合的姿态集中涌现。信息技术呈现出自身跨越式变化和与新应用领域深入结合等新特征，跨领域、协同化、网络化创新平台正在重组传统的创新体系，推动技术创新和产业应用"无缝衔接"。信息技术对经济社会的影响与日俱增，成为引领新一轮变革的主导力量。作为辐射范围广泛的技术领域，信息技术已经成为推动经济发展和社会进步的关键性技术。信息化培育着新动能，新动能推动着新发展。经济活动依赖信息技术的趋势日益明显，信息技术成为重塑经济结构的基础动力。信息技术在提升经济的发展速度和水平，提高经济运行的质量和效益方面发挥了重要作用。这种作用主要通过技术进步、知识积累、效益优化等方式渗入经济结构，并最终促进经济发展，提升经济实力。

2. 经济增长的本质

要理解信息技术对经济和社会的影响，先要认识到技术进步不是以线性方式而是以指数方式发展的事实。技术的不断加速是加速回归定律的内涵和必然结果，进步过程中的产物呈指数方式增长，技术对经济的驱动力加速提升。石器时代经历了二三百万年的演进，而一种编程技术的普及只需几年的时间。信息技术的普及速度与石器时代、农业时代和工业时代的各种生产技术的普及相比快了很多，其产生的影响力也大于冶炼、蒸汽机等技术。

而信息技术对经济的巨大影响要从经济和信息的本源来认识。美国著名物理学家和经济学家塞萨尔·伊达尔戈在《增长的本质》一书中指出，经济增长的本质是信息的增长，即物理秩序的增长。世界由物质、能量和信息构成，物质是信息和能量的载体。宇宙万物的运动演变、人类的各种经济活动，都在不断地积累着信息，并将这些信息保存在各种各样的物质当中。物质中保存的信息量体现了该物质的复杂程度，以及其中包含的知识的丰富程度。物质固化了信息，从而形成了秩序，而信息的丰富程度和复杂程度体现了物质的价值。信息技术的出现，使人类在认识和开发物质和能量两大战略资源之外，又开发和利用了信息这一战略资源。信息是信息社会的主要经济资源，信息技术是知识经济的主要生产力，它日益渗透到了几乎所有的知识经济领域中。

随着信息技术的迅速发展，我们正在加速迈向信息社会。在信息社会，生产要素和生产力的变化产生了信息经济。信息经济是以信息技术等高科技作为物质基础，以信息产业为主导，综合信息、知识和智力的一种新型经济。目前，信息经济正在迅速兴起，并呈现出指数级增长、大数据潜力得到进一步释放、大众创新不断涌现、跨境经济在重塑全球贸易格局等特点。信息技术开始广泛应用于产业经济活动中，成为经济增长方式转变的重要支撑，改变了经济结构。信息技术为经济社会的发展带来了巨大影响。

3. 信息技术改变生产方式

信息技术从生产力、生产要素、产业结构、数字经济等方面转变了生产方式，从而升级了经济结构。区别于工业经济，经过近半个世纪的发展，互联网、云计算成了新的信息基础设施，大数据发育成为新型生产要素，大规模、社会化的全新分工形态的出现，促使商业从机械化系统向生态化系统演变，生产效率得到了全面提升，以软件定义为特征的信息革命，为社会创造了巨大的生产力和财富。新兴的信息技术及其产业化得到了迅速发展，信息技术正在进行致力于经济结构升级的调整，经济面貌即将发生巨大改变。

产业是经济的基础，经济转型的实质是产业转型，产业的核心是生产方式，生产方式是经济活动的深层构成。经济转型必然以生产方式变革为基础。生产方式是指在一定生产过程中生产的技术条件以及建立在其上的社会形式。生产方式对社会再生产以及整个经济结构的基础具有深远影响。美国经济学家约瑟夫·熊彼特非常重视生产方式对经济发展的作用，他指出"生产意味着把我们所能支配的原材料和力量结合起来，生产其他的东西，或者用不同的方法生产相同的东西，意味着以不同的方式把这些原材料和力量组合起来。因此，经济发展主要在于用不同的方式去使用现有的资源，利用这些资源去做新的事情"。

信息技术不断向各领域渗透，深层次地改变着经济社会、生产生活等各基础领域的面貌，信息技术通过提升生产力、转变生产要素、优化产业结构、催生新兴产业及数字经济转变了生产方式，对人类的行为模式和社会的经济结构等产生了重大的影响。

（1）生产力。

信息技术是提升生产力的关键要素。信息技术加快了各类技术相互融合的步伐，提高了生产工具数字化、智能化的水平，提高了工业产品信息化的比重，改变了产业和产品结构，促进了生产力的提升和生产方式的转变。

信息技术改造了生产工具。随着现代控制理论与计算机控制技术等学科的发展，生产过程开始实现自动控制与操作，传统的机器体系逐渐向新的机器体系发展，信息的传递、存储、交流和控制逐渐实现自动化和网络化。信息技术的发展将人从直接的劳动过程中解放了出来。

信息技术改造了劳动力，劳动力是生产力的重要因素。随着科学技术的发展，科学知识将成为推动生产力增长的第一力量。信息革命促使劳动者不断提高素质，向知识化方向发展。随着采集、传递、处理、复制、存储、销售和利用信息的劳动在经济生活中的比重日益增加，信息知识在劳动者就业、学习和生活中的作用日益重要，劳动者成了具备丰富知识特别是信息技术知识的知识性工作者。

数据分析表明，信息技术对经济增长的贡献从20世纪90年代中期以来一直呈增长态势。1980年到2004年期间，美国劳动生产力的增长中约35%是由以信息技术为主的科技变革所贡献的。2000年以后，以信息技术为中心的技术复苏是日本经济生产率增长的重要原因。

以互联网、大数据、云计算等新一代信息技术为代表的信息化催生出了很多新主体、新产业、新业态，加快孕育了经济发展的新动力。

（2）生产要素。

信息技术改造了劳动对象。进入信息社会以前，自然资源和物质产品是劳动的对象，整个经济系统以物质产品的生产、流通和消费为基础。在信息经济中，信息成为主要的生产要素，成为转变经济增长方式的重要特征。此外，信息技术向生产要素领域深度渗透，改造了土地、资本、劳动力等传统的生产要素，催生出了信息这一新的生产要素。信息流的发展引领了技术流、资金流、人才流的发展，信息资源日益成为重要的生产要素，整个社会的经济活动转向以信息的生产、流通和消费为主线。信息是一种非物质性资源，信息产品具有信息含量高、单位信息物质消耗少的特点。相比于传统技术，信息技术发展只需要极少的能源。资源要素使用方式的变化，促使经济发展方式从粗放型向集约型转变，为建立一种低消耗、高产出的新型经济体系提供了基础。信息技术的快速发展和应用，使得信息获取方式更加便捷、及时，在促进社会分工进一步深化的同时，有利于支持决策、捕捉商机、拓展市场、降低交易成本和提高经济运行效率。

随着经济的发展，劳动力结构也在不断发生变化，以农业为主的第一产业对经济的贡献不断下降，被释放出来的劳动力向第二产业和第三产业流动。劳动力结构伴随着产业结构的调整而发生了改变。信息技术在改变产业结构的同时，也会对劳动力结构产生影响，即信息技术使劳动分工发生了新的变化，这种变化主要体现在劳动力结构上。信息技术对劳动力结构的影响和促进表现在劳动力快速向信息产业方向靠拢，从事与信息技术相关的行业的人口呈现出快速增长的趋势。

（3）产业结构。

信息技术导致产业结构"软化"。信息技术的渗透，使得产业发展模式由过去的刚性结构逐步向柔性结构转化。体力劳动和物质资源的消耗相对减少，脑力劳动和知识的消耗相对增长，产业结构从以生产重型化"硬"产品为中心的刚性经济结构向以高效、智能化的知识和信息服务活动为主的软件化经济结构过渡。与此同时，劳动和资本密集型产业的主导地位日益被知识和技术密集型产业所取代。

信息技术改变了产业结构。信息产业的比重持续增长，为经济增长做出了重大贡献。信息产业是高新技术产业中最活跃的部分，提高信息产业在国民经济中的比重，有利于优化产业结构。信息服务业是现代服务业的代表，是经济发展的重要增长点，包括信息设备制造业、信息生产加工业、信息服务业、信息流通业等在内的信息产业部门获得了突飞猛进的发展。同时，传统产业开始逐步依附于信息技术，应用信息技术改造和提升传统产业，改变其设计、生产和流通方式，有利于推动企业流程再造与组织结构调整，提高传统产品的科技含量，降低资源消耗，提高生产效率。信息技术主导的技术创新和产业发展将成为未来世界经济发展的新引擎,加速服务化转型、全球化运作、智能化制造等,能够推动经济发展方式发生转变。信息技术对其他产业的渗透也日渐明显,信息技术和产业的发展带动了电子商务、现代物流、网络金融等现代服务业的发展,信息技术与传统行业的深度融合,催生了智能电网、高端装备制造等新兴产业的发展,产业的生产结构出现了实质性的变化。

同时,信息技术的发展还减少了生产过程中对物质和能源的依赖和消耗。信息技术及相关系统和产品的广泛应用提高了资源的利用效率,拓宽了再生资源的综合利用范围。信息技术正在系统性地推动人类社会朝着更加绿色的方向发展,减少经济社会发展对资源的依赖,减少环境约束,推动经济的可持续发展。

(4)数字经济。

特别是以数字化、网络化、智能化为特征的信息革命催生了数字经济,信息技术与实体经济的深度融合推动了数字经济的发展。作为一种以使用数字化的知识和信息为关键生产要素、以现代信息网络为重要载体、以信息通信技术的有效使用为效率提升和经济结构优化的重要推动力的全新经济形态,数字经济已经成为经济增长的主要动力,成为转型升级的重要驱动力,更是全球新一轮产业竞争的制高点。2018 年,我国数字经济总量超过 31 万亿元,占 GDP 的比重达到 34.8%,数字经济成为经济高质量发展的重要支撑。

习近平总书记在中共中央政治局第三十六次集体学习时强调,世界经济加速向以网络信息技术产业为重要内容的经济活动转变。我们要把握这一历史契机,以信息化培育新动能,用新动能推动新发展。要加大投入,加强信息基础设施建设,推动互联网和实体经济深度融合,加快传统产业数字化、智能化，做大做强数字经济，拓展经济发展新空间。习近平总书记指出了信息技术成为优化经济结构和促进经济增长的重要驱动力，数字经济成为经济发展的重要趋势。

数字经济对现有的生产供应链体系进行了重构，降低了成本，提升了效率，丰富了供给多样性。数字经济还通过降低商品价格来提升了消费者的实际购买力，丰富的供给能够满足消费者的需求，促进消费的增长。在过去的几年中，中国的经济结构发生了巨大变化，消费结构由物质型消费为主向服务型消费为主转型，产业结构由工业主导向服务业主导转型，城镇化结构由规模城镇化向人口城镇化转型。在中国经济结构调整中，数字经济发挥了重要作用，数字技术开始融入传统制造业变革。数字经济所创造的新业态打破了传统业态中根深蒂固的垄断，是结构性改革的重要动力。

信息技术革命可以使人类在相当长的一段时间内利用信息技术谋求更大、更长远的发展与进步。信息技术对经济结构的影响是深刻的，可以借此调整经济结构，全面提升经济整体竞争力，建立起高端可持续发展的经济模式。在经济全球化的态势下，宏观的经济环境对企业战略的影响至关重要。信息技术对经济结构的影响最终都会传入企业，因此，企业要做好前瞻性预判，将信息技术上升到战略高度，迎合客观的经济发展趋势，才能事半功倍。

（二）"互联网+"改变世界

信息技术的发展和信息应用的普及从最初的单个产品及其生产过程的信息化逐步发展成为跨越时空的网络化和随需调配的智能化，信息化步入了网络化和智能化阶段。互联网应运而生，对人类社会产生了深刻影响，推动了人类生产与生活的发展。

1. 互联网重塑基础设施

正如霍学文在《新金融，新生态》中所述，底层物质技术结构是构成社会生产力的基本要素，不同的历史发展阶段，支撑世界运行的底层物质技术结构也存在差异，互联网的出现深刻地改变了这种底层物质技术结构，推动了人类加速进入信息社会的进程。技术结构加入的节点越来越多，网络越来越复杂，最终涌现成为世界运行的底层物质技术结构，人类将在这种底层物质技术结构之上展开政治、经济、文化、生产、社交等活动。

自20世纪90年代以来，互联网开始走进大众视野，以超乎想象的方式迅速地改变了世界。信息通过网络高速流动，作为全球最大的信息交换系统，互联网连接了一切可以连接的人与物，彻底改变了信息的流通、组织和使用方式。互联网已经从一种工具演变成为一种全球性的基础设施，它正在改变人类的生产方式、生活方式、思维方式和社交方式。目前看来，互联网对世界的影响非但没有停止，还在更深层次、更广领域中改变着世界，从社会群体的组织方式、分工方式到企业运营和商业模式，每一处都将发生更加深远的变革。

互联网最核心的功能和价值是连接。互联网可以连接一切，所连接的一切又可以成为新的连接节点，节点不断增加，汇聚成网，互联互通。连接让互联网有了无限的可能，节点与节点之间可以进行信息传输、自我复制、自我组织，节点之间相互作用、相互影响，从而承载越来越多的信息和功能。节点是互联网最基本的构成，节点根据连接而建立关系，诸多关系又连接成平台，平台的交互功能可以演化成生态。关系、平台和生态就是互联网发展的三个基本属性。正是在这三种属性的支持下，互联网具备了整合资源要素的能力，重塑了基础设施，演化出了一套整合生产要素和技术发展的基础设施。互联网正是依靠这种基础设施表现出了强大的融合性与渗透性，不断向各个领域扩散,从而催生新技术、新业态、新模式和新产品。

互联网作为20世纪人类伟大的发明之一,已经融入了经济社会发展的各个方面。而它的力量才刚刚露出冰山一角,它还将给世界带来更大、更彻底的变化。正是在这样的背景下,国务院在2015年发布了《国务院关于积极推进"互联网+"行动的指导意见》,实施"互联网+"战略成为党和国家在信息时代实现国家强盛和民族振兴的重大决策部署。

2. 互联网颠覆传统行业

互联网,特别是移动互联网的浪潮一次次冲刷着传统行业,对传统行业产生了颠覆性的影响。互联网打破了信息的不对称格局,竭尽所能地使信息透明化,对产生的数据进行整合利用,使得资源利用最大化,这些都是互联网影响传统行业的方式。

互联网采用新的技术和新的组织模式,边际成本几乎为零,并且,互联网可以不受时间和空间限制,进行信息和信息流、资金流、物流的交换,改变了传统行业的模式,使传统行业在与互联网的融合与重构中焕发出新的生机与活力。传统行业通过向互联网转化或与之融合,可以实现多种资源流整合,从而带来产业或服务的转型升级。

互联网对生活和消费领域的影响日益广泛,电子商务、远程医疗、在线教育、网络约车、互联网金融等新业态、新模式不断涌现,网络化、平台化、智能化现代服务业广泛兴起,形成了新的消费理念、商业模式和产业形态。

互联网一旦附着于某一传统产业,便能形成新的平台,产生新的应用。互联网与各行各业结合形成了"互联网+",以更高的生产水平,更强的创新精神和更快的发展迅速改变着传统行业。"互联网+"是以互联网为代表的

企业软件化

新一代信息技术在经济社会各领域中扩展与应用的过程，将互联网与传统行业相结合，促进了各行各业的发展。

"互联网+"的发展模式在各领域蓬勃兴起，第三方支付、网上购物、网络约车、网上订餐、在线医疗、共享经济等新业态日新月异，正在改变着人们的生产生活方式，也成为经济增长的新动力。"互联网+"以大数据、云存储、云计算、人工智能、物联网等技术创新为基础，以推进互联网信息技术与各领域融合发展为着力点，促进协同制造、现代农业、智慧能源、普惠金融、公共服务、高效物流、电子商务、便捷交通、绿色生态、人工智能等领域形成新的产业模式。"互联网+"的发展战略引导着线上和线下的连接、升级、转型以及创新，各行业的跨界融合都能通过互联网技术实现，"互联网+"给各个行业带来了巨大冲击，同时也带来了创新与发展的机会。

"互联网+商贸"催生了电子商务，促进了电子商务统一大市场的形成，激发了庞大的内需消费潜力，并推动了流通业在覆盖地理范围、覆盖人群上的跨越式发展，同时助力了传统商业活动各环节的网络化、数据化和透明化，改变了价值链格局。淘宝、京东等电商丰富了人们购物的方式，为消费者提供了便捷的购物渠道，同时也对传统的商贸产生了冲击。

"互联网+交通"已经在交通运输领域产生了"化学效应"。打车软件、网上购票、出行导航系统等大大方便了人们的出行。比如从国外的Uber、Lyft到国内的滴滴打车、快的打车，移动互联网催生了一批网络约车软件，它们通过把移动互联网和传统的交通出行相结合，改善了人们出行的方式，增加了车辆的使用率，推动了互联网共享经济的发展，提高了效率，减少了排放，也为环境保护做出了贡献。

"互联网+物流"正在技术、设备、商业模式等诸多方面改变传统物流业的运作方式和效率。特别是在电商物流领域，受电子商务高速发展的影响，电商物流已经出现全新的面貌。物流是一个社会资源实现合理调配的过程，互联网让社会信息从不对称变得对称，实现了社会资源的优化配置，创造了物流新模式。

"互联网+金融"是金融的基本功能在整合互联网之后产生的一个新的金融模式。互联网渗透积累的海量用户和金融行业结合酝酿出了互联网金融。从2013年以来，以在线理财、支付、电商小贷、P2P、众筹等为代表的细分互联网嫁接金融的模式逐渐进入了大众的视野，为普通大众提供了更多元化的投资理财选择。此外，"互联网+金融"提升了金融的基础设施水平，成为普惠金融发展的基础。

"互联网+制造"消除了各制造环节中的信息不对称，在研发、生产、交易、流通、融资等各个环节进行网络渗透，有利于提升生产效率，节约能源，降低生产成本，扩大市场份额，打通融资渠道，培育产业发展新生态，打造经济发展新引擎。"互联网+制造"推动着制造业的产品、装备、工艺、管理、服务向智能化方向发展，网络协同制造、个性化制造、服务型制造等日益成为生产方式变革的方向。

"互联网+农业"迸发出了前所未有的巨大能量。互联网带来的新技术改变了农产品的流通模式，以电子商务为主要形式的新型流通模式快速崛起，在流通主体、组织方式、上下游影响等方面呈现出积极的创新和变化，同时创造出农产品电子商务的繁荣景象，提高了农业生产的市场化程度，促进了现代化农业服务体系的发展。

3. 互联网创造新型经济形态

"互联网+"代表一种新经济形态，即充分发挥互联网在生产要素配置中的优化和集成作用，将互联网创新成果深度融合于经济社会的各个领域之中，提升实体经济的创新力和生产力，形成更广泛的以互联网为基础设施和实现工具的经济发展新形态。互联网对现有的商业模式、组织模式、供应链和物流等进行了大胆的创新，创造了比现有经济模式更灵活、更高效的经济模式。

目前，互联网对于经济的影响主要体现在三个方面：首先，在互联网基础上，各个领域的营销手段主要以电子商务为主，并且随着电子商务营销的不断发展，其模式也在不断地改进和创新。例如银行业，各大银行以互联网为基础，结合自身的实际情况纷纷开始建立电子平台和线上交易渠道。随着互联网的不断发展，电子商务也逐渐适应时代发展的要求，采取更加灵活的经营模式。其次，线上服务在互联网背景下的规模越来越大，形式也更加的丰富，例如网上物流、网上融资等，各个行业以互联网为纽带，使其合作关系更加紧密。最后，在互联网背景下，企业能够通过互联网丰富其宣传手段，并且有效地降低宣传成本，新媒体与传统的报纸、电视等媒体相比，其优势更为显著，通过互联网网站、手机通信等渠道进行宣传，能够使信息传播的范围更广、速度更快，进而更多地吸引消费者的眼球，更好地宣传企业的产品，对经济的发展起到了极大的促进作用。

随着移动终端、物联网和云计算的普及和发展，基于互联网的平台经济、分享经济等新型经济异军突起，正在从交通出行和住宿行业延伸到其他领域，广泛渗入从消费到生产的各个环节，有力地推进产业创新与转型升级。

平台经济的发展和管理是当前社会各界都非常关注的一个热点问题。近年来，电商、租房、打车等各类互联网平台大量涌现，给人们的生产、生活等方方面面带来了巨大改变，在一些领域甚至产生了颠覆性影响，推动了生产和消费方式的重大变革，有力地促进了经济增长。

平台是一种虚拟或真实的交易场所，平台本身不生产产品，但可以促成双方或多方之间的供求交易，并从中收取恰当的费用，从而获得收益，这种商业模式就是平台经济。互联网平台经济是基于互联网、云计算等新一代信息技术的新型经济形态，是"互联网+"中的一个重要模式，也是构建现代互联网产业体系的一个重要内容。

随着信息通信技术的快速发展以及互联网和宽带的普及，移动化和数据化把平台经济推升到了前所未有的高度，互联网平台能够通过在线业务和数据挖掘促进供需双方的精确匹配，缩短供需对接环节，提高效率，同时也能改善供需双方信息不对称等带来的问题。此外，像云服务、众筹、众包等平台极大地降低了中小型企业和个人创新企业的成本，催生了新业态和新模式。

阿里巴巴和苹果公司等之所以成功，一个很重要的原因就是这些企业都将产品做成了一个平台，或者说平台就是其真正意义上的产品。在它们提供的平台上聚集了诸多应用，包括日益增多的卖家和手机软件应用，阿里巴巴和苹果公司成就了很多经营者和开发者，同时，也正是这些经营者和开发者成就了阿里巴巴和苹果公司等企业。百度、腾讯、京东商城、亚马逊、携程、大众点评、奇虎360等互联网公司无不是打造成功平台的杰出代表。

纵观阿里巴巴、腾讯、京东商城、新浪、亚马逊、Facebook、优酷土豆、大众点评网等众多成功的平台型企业，我们不难看出目前平台主要包括信息平台、交易平台、媒体平台、应用平台、社交平台和支付平台等。一旦平台建立起来，整个产业的价值就可能向平台倾斜，从而使平台在产业中起到引领作用。

企业软件化

分享经济是指利用互联网等现代信息技术整合、分享海量的分散化闲置资源，满足多样化需求的经济活动总和。它以信息技术为基础和纽带，实现产品所有权与使用权的分离，基于互联网共享平台和人人参与的大众化市场将原本在线下难以对接的供给与需求有效衔接，在所有者和需求者之间实现闲置资源使用权的共享。

现代信息技术的蓬勃发展和移动互联网的普及，增强了信息的匹配功能以及定位功能，为人们带来了极大的便利，同时也带来了生活方式的创新。网络支付方式和基于云端的网络搜索、识别核实、移动定位等网络技术的流行，大大降低了人们进行共享交易的成本，促进了分享经济的发展。

平台的涌现使资源共享成为可能，并衍生出了分享经济。分享经济形成了一种新的供给模式和交易关系，形成了新的供需产业链，它通过社会存量资产调整实现产品和服务的均衡分配以及商品价值的最大化。

在广泛意义上，分享经济模式包含协作消费、协作生产两种子模式。协作消费是消费者与他人共同享用产品和服务，如 Airbnb 房屋短租、Uber 租车、WeWork 办公等；协作生产是多人合作参与设计、生产等，如猪八戒网、威客网等。

互联网通过连接创造了无限可能，成为一种新型而广泛的通用基础设施。互联网对传统产业进行了改造，创造出了新业态、新模式，推动了新的消费理念、商业模式和经济形态的形成。在这样的形势下，企业也会受到影响，从而做出相应的变革，在创新模式、商业模式、生产方式、组织机构、人才结构等方面进行深度调整。

（三）拥抱软件定义的时代

1. 从互联网到软件

一方面，软件是实现互联网核心价值的基础。互联网的核心价值是连接，从连接终端到连接用户再到万物互联。软件正是实现互联网核心价值的重要载体。软件技术和产业格局正孕育着新一轮的重大调整，将有力地推动互联网的发展，使互联网惠及大众。

另一方面，互联网也促进了软件向社会各领域的渗透融合，使得软件无处不在。随着互联网的全面渗透以及各种终端的快速普及，新技术、新模式不断涌现，软件应用几乎已经覆盖了所有领域，渗透到了社会生活的方方面面。软件本身的边界也变得模糊，从单一的产业形态下沉为社会运行的基础动力。软件成为提升国家信息化水平、加速信息社会进程和支撑经济提质增效的重要力量。

2. 软件定义的时代

目前，软件作为整个信息技术产业中增长最快速、创新最活跃的领域，在信息技术中的地位日益提升。软件正以跨界融合的新面目展现在世人面前，成为新一代信息技术的核心与灵魂。随着更多软件新技术、新产品、新服务融入经济社会的各个领域，软件正发挥着越来越重要的作用。软件成为引领科技创新、推动经济社会转型发展的核心力量，是建设制造强国和网络强国的核心支撑。如今，国家创新驱动战略已全面实施，供给侧结构性改革深入推进，大众创业、万众创新不断深化，新旧发展动能加速转换，软件业被赋予了新的使命和任务。

软件既是新一代信息技术产业的灵魂，也是各行业智能化转型升级之魂。软件引领以大数据、云计算、人工智能等为代表的新一代信息技术的发展，持续引领产业变革。软件经过软硬一体化阶段、产品化与产业化阶段，正在步入加速创新、快速迭代、群体突破的爆发期，加快向网络化、平台化、服务化、智能化、生态化演进。软件"赋能""赋值""赋智"的作用日益凸显。无处不在的软件已经渗透到了我们生活的方方面面。互联网带来的变化已经深刻地改变了人类社会。软件作为实现互联网核心价值的重要载体，将物理世界、信息世界与人类社会逐渐融合为一体，形成了"人机物"融合环境，从终端互联、用户互联、应用互联走向万物互联，通过互联网连接和软件建模获得超级智能，并开始具有自我演进的能力。"人机物"融合环境产生了海量异构性的资源，孕育出了多种形态的需求应用。"软件定义"将一体化的硬件设施打破，实现了硬件资源的虚拟化和管理任务的可编程，向下管理异构资源，向上提供灵活服务。软件技术与理念使我们的内涵不断丰富，外延不断向"人机物"融合环境延伸。

从基础设施的视角来看，这是一个"互联网+"的时代，但从最基础的使能视角看，我们这个时代就是一个软件定义的时代。软件定义的时代是指软件定义在这个时代的重要性，这个时代很多的场景、应用、产业都会通过软件技术的深度应用来实现。

世界运行在软件之上已成为各方的共识。没有了软件，社会将无法正常运行。在互联网的助推下，软件已经无处不在，它融入了社会经济的各个领域，改变了原有的形态与规则，这一切都让人不得不承认：软件正在吞噬世界。很难想象在我们现在的生产生活中如果没有软件会是什么样子。现在的软件已经和我们过去认为的软件不一样了，它正以跨界融合、全面渗透、高强耦合的新面貌席卷世界。我们已经进入了软件定义的时代。

3. 理解软件定义世界

要理解软件定义世界的发展趋势，需要认识软件对社会演进的意义。随着从工业社会向信息社会的转型，知识以"加速度"的方式积累形成"知识爆炸"，将会产生越来越多的信息产品和知识产品。信息和知识将由工业社会中的非独立性生产要素变成独立性生产要素，并将超越资本，成为社会的关键资源。信息与知识作为重要的生产要素，将建立起新型的生产关系。信息资产及其产生的生产关系将催生以信息经济为核心的社会形态，信息和知识将成为推动社会发展的重要动力。

由此产生了一些问题，即如何把信息和知识作为一种重要的生产要素去分配及管理？如何承载信息和知识来产生生产力？过往的纸和笔等物理载体已经无法承担这一重任。信息无处不在、数据无处不在、网络无处不在、计算无处不在，这也使得软件无处不在。软件改变了信息的分布、存储与传递，开始具备定义这个世界的能力。

随着软件定义世界的趋势蔓延，软件定义同时带动了技术、产品、业态、模式的不断创新，加速了各行业领域的融合创新和转型升级，正全面渗透、全面支撑和全面服务国民经济和社会发展的各个领域。

软件定义在信息空间形成软件定义 IT 设施，出现了软件定义的存储、计算、环境以及数据中心等，重塑了 IT 基础架构，成了信息技术产业的主旋律，主导了信息技术产业的发展，推动了信息产业变革。随着"人机物"融合发展，软件定义向物理世界延伸形成了软件定义制造，成为制造业数字化、网络化、智能化的新标志和新属性。软件定义服务催生了一批新的产业主体、业务平台、融合性业态和新型消费，发展了新动能。软件向人类社会延伸，软件定义管理，变革了传统的以效率为导向的管理模式，推动了业务流程再造和组织管理变革，向以信息时代数据为驱动的个性化、协同管理发展；软件定义企业，重塑了企业的研发设计、生产制造、经营管理以及营销服务的流程、理念、方法，驱使企业进化，构建新型能力。伴随着软件定义的延伸与泛化，软件不断定义新的功能、效能与边界，软件定义的时代大潮正在向我们奔涌而来。

4. 软件"赋能""赋值""赋智"作用凸显

"软件定义"引领以云计算、大数据、物联网、移动互联网为代表的新一代信息技术向各领域加速渗透融合，推动了基础设施、生产方式、创新模式持续变革。软件"赋能""赋值""赋智"的作用日益凸显，深刻影响了社会的各个领域。

从软件技术驱动社会经济发展的历史看，软件从计算机时代作为工具属性发挥"赋值"功能，发展到互联网时代作为要素属性发挥"赋能"功能，现在正在向作为社会细胞属性发挥"赋智"功能迈进。

软件赋值作用是指软件作为一种工具，在生产、管理等多个环节中为产业发展增加活力、提高价值，其影响主要体现在产业层面。

软件赋能作用是指软件已经逐步从产业层面跃升到经济发展层面，软件日益成为经济发展的一种要素资源，成为促进经济增长的一种动力，发挥着提质增效的作用，给经济社会发展提供新的动能。

软件赋智作用是指软件已经由经济层面跃升到社会层面，对社会运行的影响更加突出，软件充分融入社会各个领域，与各产业及社会运行深度融合，软件已经成为社会的有机组成部分，深刻影响社会发展机理，赋予社会智能思考与智能化运行的能力，推动人类进入智能社会。

曾任北京市经济和信息化委员会主任，现任北京市人民代表大会常务委员会财政经济办公室主任的张伯旭指出，软件将全面深入地融入经济领域的方方面面，影响经济领域的组织结构、生产方式、消费模式和资源配置方式，成为经济系统运行的"控制中枢"。软件通过优化和革新组织管理关系、投入产出关系、要素配置关系，颠覆了传统的经济发展模式，软件将助推人类迈向数字经济时代。

5. 软件浪潮席卷世界

在云计算、移动互联网、物联网、大数据等新技术和新模式的冲击下，软件产业在不断地进化创新。软件正以新的面貌渗透到各个领域中。

（1）软件浪潮正在重构支柱产业的新型竞争力。

在产业结构调整和传统企业改造过程中，软件作为信息技术的核心大放异彩，特别是在电信、制造、能源、电力、交通、国防、金融、医疗、教育等关系到国计民生的行业中，以软件为代表的信息产业已经融入了各个行业，在这些行业中发挥了积极的作用，形成了行业竞争的优势。

同时，软件也在深刻地影响制造业。软件成为先进制造背后看不见的筋骨，是智能制造的灵魂，是制造业实现数字化、网络化、智能化的核心。软件在制造生产过程中的作用日益凸显，在制造产品的价值中所占的比重也在日益增长。嵌入式软件的广泛应用增加了产品的附加值。2016年全球嵌入式软件的销售额是200亿美元。以汽车为例，现在的汽车发展工业中，软件的比重一直在增加，有些已经占到了全车成本的40%以上，比如宝马7系的软件总量超过了2亿行，特斯拉S的软件总量超过了4亿行，飞机空客A380的软件总量超过了10亿行。

软件在供应链协同优化、产品生命周期管理、基于平台的数字化生态系统建设，以及结合云、大数据、虚拟现实等新技术的创新应用等方面发挥了重要作用。服务型制造、个性化定制、网络协同制造、柔性制造、云制造等新模式应运而生。以个性化定制为例，可以通过在线互动产品配置软件采集用户需求数据，进行分析和动态编程，在不同模型和变量之间切换，生产制造出满足用户个性化需求的产品。

在服务领域，软件创造了新模式，促进了信息消费。目前，以共享出行为代表的新模式使人们的交通出行变得更便捷，基于出行大数据的采集和分析，为建设城市智慧交通提供了有力支撑。各大电商建立了基于软件的一体化综合平台，实现了对产品的供应链、销售、物流等各环节、全周期的智慧化运营，推动了新实体经济的发展。

此外，越来越多的金融机构推出了移动客户端，提升了客户体验和实时操作水平；基于人工智能、移动互联的智能网联汽车迅速发展，促进了汽车产业的智能化发展；三维虚拟、增强现实和遥感等技术开始应用于石油勘探、土地勘察等。

可以说，大数据、云计算、移动互联、物联网、人工智能等新技术改变了产业竞争战略。随着软件与信息服务在传统产业领域及相关环节的深度应用，软件新技术正在重构传统支柱产业的商业竞争力，从而成为企业和产业转型升级的增值型工具。

（2）软件浪潮正在定义新的商业模式。

软件新技术不但赋予了传统产业新的竞争力，还在商业模式上进行着革命性的颠覆和创新。一些旧有的商业模式正在老去，慢慢被淘汰，更多的新模式正在蓬勃兴起。

在移动互联网的背景下，软件的新模式：App 应运而生。移动智能终端的两大阵营 App-Store 和 Google Play 大约有 300 亿以上的应用，累计下载量达到了 1500 亿次。2016 年，全球移动商店的收入达到了 448 亿美元，年增长率是 40%，远远超过其他的新兴产业。这种新型的模式使得软件的种类与数量迅猛增长，软件的下载与使用也变得更加方便快捷。

或许有不少人想过，如果有一天，只需带着手机，就可以去超市购物、去电影院看电影、通过ATM取款、刷手机坐公交、上班打卡……这个想法已经不再是梦想，移动支付目前已经实现。拿起手机靠近支付终端，瞬间听到"嘀"的一声，支付完毕，这就是移动支付中NFC的方式。除了NFC，扫描二维码也可以完成支付过程。除此以外，在移动支付领域的新技术层出不穷，指纹支付、刷脸支付等新技术不断涌现，这些技术在方便人们消费的同时也改变了商业模式。

当前金融科技正以迅猛之势挑战传统金融企业的商业模式。金融科技并不是一个简单的技术与渠道的创新，当下的金融科技只是软件定义金融的序幕。金融科技是有可能挑战传统金融企业的经营模式和竞争格局的一种全新的金融业态。值得注意的是，金融科技引发的新业态并不是软件公司独有的，在软件企业的倒逼之下，传统金融机构爆发出来的金融科技能力会非常强大，而金融科技带来的新商业模式也将在历史上留下浓重的一笔。

（3）软件浪潮正在改变生活。

信息技术改变我们的生活早已不是新鲜事。只不过在软件的主导下，这种改变的速度变得越来越快，越来越出乎我们的意料。下面仅从健康、出行、居家方面列举新软件浪潮改变社会生活的几个方面。

近年来，滴滴已经极大地丰富了人们的出行方式，方便了人们的出行；摩拜等共享单车更是解决了"最后一公里"问题，这些以软件平台为运营基础的公司正在创造新的商业模式，由此产生的共享经济是数字经济的一种表现形式。

车联网技术与移动互联网、大数据融合，正在合力带来更智能的汽车、更便捷的出行和更顺畅的交通。可以畅想，若干年之后，我们在开车出行的时候，安全快速，零交通事故；可以随时随地获得交通的即时资讯；可以实现智能停泊，无人驾驶；汽车可以自动获取周边信息、寻找停车场，以及自己找到充电站完成充电，完成智能决策。

设想清晨，当你还在熟睡时，轻柔的音乐缓缓响起，卧室的窗帘准时自动拉开，温暖的阳光轻洒入室，阳光轻柔地拍打你的脸庞；中央空调和浴室的水温自动调到舒适的温度，厨房里的智能电器早已备好丰盛的早餐⋯⋯这一切都是可以通过手机和 App 软件进行控制的。类似的智能家居可以帮助人们完成家中的所有事务，实现人类自身智慧的扩展。

二、软件化——企业进化的选择

（一）适者生存，企业进化

1. 从生物进化到企业进化

达尔文在生物进化论中为我们揭示了生物发展演变的真理——物竞天择，适者生存。而在风云变幻的市场经济中，企业的生存与发展，亦是遵守着这样的法则。

在自然界中，蚂蚁在地球上的生存史可以追溯到 1 亿多年前的中生代，蚂蚁曾和恐龙生存在同一个时代。但是，庞大的恐龙早已在地球上消失，而蚂蚁却几乎遍布除南极洲之外的所有大陆。究其原因，就是无论社会大环境如何变幻，周围共生的生物是谁，蚂蚁都能够适应环境，并与其他生物和谐共生。在非洲热带草原上,蚂蚁根据周围环境的特点,选择了金合欢树作为自己的生存伙伴。因为金合欢树的树枝上有一些空心刺,非常适合蚂蚁安家,而且金合欢树分泌出来的汁液也是蚂蚁的美食。而当金合欢树的天敌,如天牛、大象、长颈鹿来临时,蚂蚁就会用尽一切办法保护它们不受侵害。到了南美洲,蚂蚁的生存伙伴就变成了蚁栖树。蚂蚁的巢穴则是蚁栖树的树茎,蚂蚁的食物则是蚁栖树树叶柄基部丛毛处生出的"小蛋"。生活在非洲和南美洲的蚂蚁面临着完全不同的生存环境,但是它们依然能够根据环境的变化找到最适合自己的生存伙伴,这就是蚂蚁拥有强大生存能力的根本原因。外部环境的变化,必定会给物种带来生存压力,只有顺势而变,适应环境的要求,对自己做出适当的改变,才能免遭灭绝的命运。

达尔文的进化论发表至今不过一百多年,一百多年相对于几十亿年的生命演化史而言只是微不足道的一瞬。世界上最早的股份有限公司诞生不过四百多年,大多数企业的寿命并不长。

2. 企业进化的内涵

企业进化是指企业与其环境在相互作用中随时间而发生的一系列不可逆的变化,企业因此完成从无序到有序或从简单有序到复杂有序的演变。企业会为适应环境变化发生一系列变化,并因此获得相对稳定的结果。

企业进化与企业成长具有不同的含义,后者一般是指企业个体产生、生长、成熟和衰亡的整个过程。企业进化与企业创新也有很大区别,创新与生物基因变异类似,并不是所有的创新(变异)都会给企业带来利益,只有被竞争证明有效的创新才会使企业获得阶段性的胜利,并在企业群体中得到扩散,进而促使群体发生阶段性进化。因此企业进化是一个比企业成长、企业创新更具有整体意义的概念。

企业的进化以适应性为前提，企业在进化中提高了适应能力。企业是一个进化系统，它在外界环境变化和内部调整的相互作用中随着时间的推移不断演变进化。企业进化与生物进化相比，生物进化是自然的，以适应为准则；企业进化既是自然的，又是有目的的，它以适应和发展为准则。

企业进化也是自身适应性提高的过程。为了提高适应性，一方面，组织结构要适应组织功能的要求，并且与结构相关的功能要有利于企业在环境中生存与发展；另一方面，企业要保持与环境的协同进化关系。与生命体相比，企业在进化过程中会表现出更强的自主性，企业可以通过自觉活动改变自身的状态。

企业进化是一个动态过程，由稳定进步、演化、变革、创新集合而成。企业进化意味着一个阶段性结果的获得，用系统论来说，就是系统沿着结构复杂性和组织性阶梯攀登，并趋向于最大自由能的状态。企业进化与生物进化一样，关注的是群体类型获得的发展与稳定性变化，而不是单个企业的优劣情况。

企业进化并不只是指企业个体的成长与改变，更重要的是指作为一种社会组织的企业集合在组织形式、组织结构、企业产权制度、企业边界和规模、活动空间（地域范围）、生存领域（行业）、竞争与合作能力以及企业对人类社会的总体贡献与影响等各个方面所发生的前进性变革，因此企业进化具有多维性。

企业进化是有层次的，这种层次性表现在两个方面：企业进化过程层次和企业进化空间层次。企业进化是企业各层次在实体和过程这两个向度上互动与复制的结果，这些相互作用产生了企业物种间有差异的延续和发展。由于企业进化具有层次性，所以企业中的个体创新不等于企业创新，企业创新也不等于企业进化。个体创新只有被企业选择后才能成为企业创新，企业创新只有被市场选择后才能使企业进化。宏观层次的有序和优化是建立在微观层次的无序和多样性基础上的。管理者可以通过考察不同时间点上的企业管理模式（或行为模式）考察企业进化的程度；通过研究企业进化的过程层次把握企业进化的内在规律。

企业进化是前进性的演变和发展，其衡量尺度体现在企业的规模结构、功能和资源利用水平上。企业在生存与发展的过程中跟环境构成了密切关系，这种关系可以用"适者生存，不适者淘汰"这句话来归纳。适应环境始终是企业进化的主旋律。企业进化具有两重性：企业从低级到高级，这是一般进化；同时企业间的关系更为普遍的是趋异、趋同、辐射、平行，它们并没有明显的等级高低之分，仅仅是多方向的分化，这是特殊进化。特殊进化和一般进化相辅相成，共同完成企业进化。

企业进化之所以发生，是因为存在进化动力。企业进化动力是指在企业的自我调节作用下，为使自身内在要求与外在诱因相协调而产生的发生变化的一种力量。企业组织追求自我发展欲望的无限性与环境资源的有限性之间的矛盾是促使企业进化的内在动力，这种动力来自人的各种内在需求，而生存环境的改变则是促使企业进化的外部原因，当环境的改变需要企业有新的知识和行为方式时，企业进化的必要条件就出现了。环境的变化会导致某种创新，当这一创新被证明有效并为大多数企业模仿和接受时，企业就向前进化了。

在企业进化过程中，环境所起的作用与生物进化有所不同。生物的进化是随机变异和被动地接受自然环境的选择，在进化的过程中，生物遗传物质的改变总体上是由自身变化规律决定的。环境只能保留生物的变异特性，而不能引发生物的变异，因而不能形成强烈的正反馈的过程。环境作为选择者，使得适应环境者得以保留，而不适应者被淘汰。正如达尔文对"自然选择"

的论述：我把每一个有用的微小变异被保存下来这一原理称为自然选择。生物自然进化的过程是缓慢的，只有在自然环境产生激变时，生物才能产生突变的进化。

在企业进化过程中，企业的进化并不是随机的，而是由于企业竞争的压力、外部环境的诱导和反诱导产生的，企业进化会形成强烈的正反馈循环。环境先是对企业产生刺激，然后再通过比较、选择、保留和同化等多种作用，促使企业完成进化的整个过程，而进化后的企业又会对环境产生巨大的能动性影响。在这里，环境不仅承担选择和评判的功能，还具有诱导企业进化的作用。在进化过程中，企业显示了"主动学习、主动创新"的精神。

企业进化如同生物进化一样，同样会出现大爆炸与大灭绝，物种大爆炸与大灭绝的原因目前尚不明确，而企业发展的大爆炸与大灭绝的原因大多源于重大科学思想和重大技术的革命性发展。蒸汽机技术的使用把人类带入了工业社会；内燃机的发明，实现了科学技术的又一次重大突破，出现了新的产业——汽车和航空及其相关产业；发电机和电动机的出现使人类进入了电器化的时代，出现了电器工业，使工业取得了突飞猛进的发展；计算机技术的发明，带来的影响更是空前的，它使人类社会进入了信息时代，信息产业成为整个产业体系的支柱，知识人才成为企业生存与发展最重要的资源，企业生态发生了根本的变化，企业管理重心由市场交易转变为以人为本的组织、激励和监督管理对策。这些都是人类科学技术发展史上的重要转折点，科学技术改革促使新产品和新行业不断涌现，也导致了许多旧产业的败落，并导致企业形态发生了变迁。

科技发展、社会与人文进步、宏观环境与政府政策引导等都是企业进化时所需面对的外部环境。其中，科技因素正在成为越来越重要的驱动力量。当前的社会经济形势正在经历深刻的转型，全球新一轮科技革命和产业变

第一章 软件定义世界

革方兴未艾,科技创新正在加速推进、深度融合并广泛渗透人类社会的各个方面,成为重塑世界格局、创造人类未来的主导力量。如果说工业革命完成了企业效率的进化,用最短的时间、最低的成本制造出差错率最低的产品,让企业变得更敏捷;信息革命则颠覆了工业时代的商业原则,确立了符合新经济时代的新原则,进一步促进了组织智慧的进化,更精准地锁定目标,更精确地计算投入,更定向性地攫取价值,让企业变得更"聪明"。

3. 软件重塑企业环境

当前,企业生存的外部环境正在发生巨大的变化。软件定义正在引领新一轮信息技术革命加速推进。以软件为核心与灵魂的新一代信息技术促使全球进入了万物互联时代,移动互联网、大数据、云计算、人工智能、区块链、社交网络、虚拟现实等技术正在快速向生产生活各个领域扩散,应用效果开始逐步显现。全球经济的复苏和信心的恢复,促进了软件技术在经济社会各领域的投资、创新、应用与扩散。

这个时代的确是变幻莫测的时代,原来的竞争更多的是空间的竞争,而现在时间成了企业最稀缺的资源。原来只要占据好的渠道、好的地段就有竞争力。但现在因为软件定义的崛起,整个世界变得越来越扁平化,再也没有区域保护的概念,反而是时间、效率、敏捷变得越来越重要。

因此,在这个巨变的时代,企业应该具备的一个核心能力就是"进化",适者生存,不适者被淘汰,活下来的不是最聪明、最强大的物种,而是最适应变化的物种。在进化过程中,一部分企业由于没能有效地适应环境变化,最终走向了倒闭、破产或惨遭并购,成了"进化"的牺牲品,例如,诺基亚、柯达、摩托罗拉,曾经那么强大的帝国大厦,也在一夜之间轰然倒塌;另外一些优秀的企业则成功地在这次进化中适应了变化并形成了新的有序态,它们不但活了下来,还由此获得了更旺盛的生命力。所以说,进化非常重要。

因此,面对环境的改变,企业的自身系统也在向软件化的方向进行进化。软件已经成为人们生活和工作中不可或缺的一部分。新一代信息技术不断改变着人与人、人与企业及政府机构间的互动方式。无处不在的连接使得传统企业逐渐向软件型企业进化。层出不穷的软件给企业和个人在生活、工作中带来的便利,使其习惯于不断追求更为迅捷、灵活、安全、卓越的用户体验。因此,无论政府、金融、互联网还是传统制造企业,都在思考如何利用软件提供更好的服务,制定更为精准的市场细分,加强与用户互动,实现产品与服务的差异化,从而进一步挖掘潜在的业务模式与市场商机。如今,整个世界都在围绕以用户为中心的理念制定战略,规划投资,而软件化变革是其取胜之道。政府、企业、个人早已从最初对软件的陌生、敬畏、抗拒,转为如今的接受与拥抱。以云计算、大数据、移动与物联网为代表的信息技术,其能量在不断得到释放。在这些新兴技术的驱动下,价值链将破裂重塑,新的生态系统将形成,行业边界正变得越来越模糊,各个企业都在跨越传统的行业界限扩展业务。软件变革了业务模式,打破了原有的游戏规则,给用户创造了更新的体验。

(二)企业经营环境发生变化

环顾四周,企业经营的大环境已经不知不觉地发生了巨大变化,新一轮的信息革命引发的数字经济和新工业革命的浪潮不断冲击着企业。

1. 数字经济给企业环境带来的变化

人类先后经历了农业革命、工业革命、信息革命。每一次产业技术革命,都给人类的生产、生活带来了巨大而深刻的影响,不断提高了人类认识世界、改造世界的能力。相比农业革命和工业革命，信息革命是更加彻底的革命。信息革命既没受到各类加工服务业的驱动，也没受到工业化生产的驱动，而是受网络信息技术的强力驱动，从本质上来说，信息革命是知识的获取和使用所带来的前所未有的根本性的革命。在农业社会里，拥有土地与原材料是致富的根本；在工业社会里，资本取代了土地与原材料，成为经济发展的强大动力；而在今天，实时信息、数据、知识与网络全球化则变成了致富的源泉。这种转变表明，全球经济正在产生巨大的变化，在增加商品价值尤其是在提高生产力方面，知识化的信息成了决定性的因素。

相应地，我们经历了农业经济和工业经济等不同的发展阶段，正在由工业经济向信息经济过渡，进入数字经济时代。其间，新的经济模式通过产业革命实现了对旧的经济模式的取代，带动了劳动生产率的显著上升，给人类带来了福利。农业经济取代了游牧经济，为人类稳定地提供食品，诞生了农业文明。而工业经济取代了农业经济，解放了劳动力，并通过大规模制造，使产品供应大幅上升且价格下降，促进了消费并带动了城市的发展。然而，这两次产业革命对于发展生产力的贡献，都存在供给与需求两方面的双重约束：一方面是自然资源供给的约束，包括农业经济对于土地和水等资源的依赖，以及能源和原材料等自然资源供给与环境问题对于工业经济发展的制约；另一方面，无论农业经济还是工业经济，其所提供的有形产品在消费者需求方面都存在市场饱和的问题，而由于自然资源等的消耗而形成的刚性成本，又增添了"支付能力"这个重要的约束条件。作为新一轮产业革命，数字经济的崛起将在很大程度上摆脱上述约束，打开新一轮增长的广阔空间。

从数字经济进入新时代开始，中国经济正从高速增长阶段阔步走向高质量发展的新阶段。

企业软件化

当前，我国正处于经济结构转型升级与新一轮科技革命和产业变革突破爆发的历史交汇期。经济发展依靠资源驱动的老路既行不通，也走不远，亟待开辟新的发展路径，新旧动能接续转换的客观需求也日益迫切。"软件定义"引领信息技术在多个领域加速创新突破，实体经济利用数字经济的广度、深度在不断扩展，新模式和新业态持续涌现，经济成本大幅降低，效率显著提升，产业组织形态和实体经济形态不断重塑，数字经济方兴未艾。未来世界经济发展的主推力必定是信息技术。世界经济增长的新引擎也必定是数字经济。数字经济大变革是当下发展的大趋势。

如今，信息产业占经济总量的比重日益上升。数字经济在其他产业领域的应用带来的效率增长和产出增加已成为推动经济发展的主引擎。近年来，数字经济正在加快与其他产业的融合，提升经济发展空间。一方面，数字经济加速向传统产业渗透，不断从消费向生产，从线上向线下拓展，催生O2O、分享经济等新模式、新业态持续涌现，提升消费体验和资源利用效率。另一方面，传统产业数字化、网络化、智能化转型的步伐逐渐加快，新技术带来的效率提升，加速改造了传统动能，推动了新旧动能的接续转换。传统产业利用数字经济带来的产出增长，构成了数字经济的主要部分，成为驱动数字经济发展的主引擎。

2. 数字经济时代的变革

数字经济时代的到来使得工业经济时代竞争的许多基本概念变得过时。数字经济时代，人、物和信息的高效性和互动性连接推动了生态系统模式的空前发展。相对于传统的链状价值创造系统，生态系统模式更加开放，协同与价值分享更加充分，协同价值创造与开放创新进入了新的发展阶段。在数字化生态系统模式下，价值创造方可以与最终用户直接互动，洞悉用户的需求，把握创新方向；相关各方的协同与数据等资源的共享，将加速创新的进程,降低失败的风险。以移动互联网新兴的开发者经济为例,无论是苹果的 iOS 还是谷歌的安卓,作为移动互联生态系统的主导者,它们都建立了基于移动开发与分发平台为核心的开发者生态系统。借助这一系统,开发者可以获得开发与测试工具,以及用户入口等资源,更高效地完成相关应用的开发。

在以提高规模化生产效率为核心的工业经济时代,通常用行业定义市场结构,行业间的差异源自不同产品的不同生产制造流程;进入数字经济时代,在经历了由需求特征定义的市场结构之后,基于场景的市场结构不断发展。信息技术强化了服务供应商对用户实时状态的追踪,服务供应商对于消费者所处的具体场景的把握越来越精准;而大数据分析与人工智能的不断发展,将消费者的潜在需求充分挖掘,并使消费场景的预判成为可能。

数字经济与工业经济各自的经济活动所依据的核心资源和相对应的处理技术不同。工业经济靠的是能源、蒸汽机和电动机;数字经济靠的是信息和现代信息技术。数字经济与工业经济的分工合作的模式和格局不同,从而形成的经济系统的结构和功能也不同,数字经济活动的规模和范围得到了大大的扩展。特别是在社会各个层次上,个体和整体的相互关系发生了质的变化。

经济系统的复杂程度大大增加。系统效应,一加一大于二的作用表现得越来越明显。马太效应、路径依赖、状态锁定等复杂系统的行为特点使得经济运行的规律变得与以前大不相同,与简单系统的均衡状态相比,其不确定性大大增加。

数字经济时代和工业经济时代最大的区别在于增长不再是可预测的,它是非连续性的,这将为企业带来巨大影响。从工业经济时代转向数字经济时代,企业的思考、框架、经营和对市场的理解都必须做出相应的调整。正如陈春花所述"沿着旧地图，一定找不到新大陆"。

数字经济时代的到来使得工业经济时代竞争的许多基本概念变得过时。单靠把新技术引入实物资产之中和出色地管理资产和负债比例，已不能使各企业获得持久的竞争优势。各企业对无形资产的运用和开发能力越来越重要。

在工业经济时代里，各个企业的成败主要看其能否捕捉到规模经营所带来的利润。技术固然重要，但成功最终属于这样的公司：它们能使技术融于实际资产中，这种技术资产能使企业获得大批量生产标准产品的能力。

而在数字经济时代里，企业的经营有以下几点明显的不同。

（1）通用性。

工业经济时代，企业的竞争优势是通过技能的专门化而获得的。这些技能包括制造、采购、销售、营销和研发。但随着时间的推移，一味地追求最大限度的专门化会导致效率的下降、部门间的推诿和反应速度减慢。而数字经济时代的企业采用跨越各项传统业务功能的通用的业务程序，把知识的专业化特点同一体化经营的快速、高效和优质相结合。工业经济时代的企业在交易中与客户和供应商保持着距离，而信息技术使当今的企业能够将供应、生产和交货等过程一体化，这样一来，生产就是由客户的订单引发的，而不是生产计划使然。

（2）个性化。

工业经济时代，企业的兴旺发达靠的是提供低成本且标准化的产品和服务。而数字经济时代的公司必须学会向形形色色的顾客提供因人而异的产品和服务，而又不会因多品种、小批量经营而遭受损失。

（3）平台化。

平台成为数字经济时代协调和配置资源的基本经济组织，是价值创造和价值汇聚的核心。平台推动产业组织关系从线性竞争到生态共赢转变。工业经济时代，作为价值创造的主体，传统企业从上游购买原材料，加工后再向下游出售成品，是线性价值创造模式，企业的经营目标是消灭竞争对手，并从上下游企业中获取更多利润。在平台中，价值创造不再强调竞争，而是整合产品和服务供给者，并促成它们之间的交易协作和适度竞争，共同创造价值，以应对外部环境的变化。这要求无论是新兴平台企业还是传统转型企业，在发展中，都要广泛采取开放平台策略，打造生态系统，以增强平台的吸引力和竞争力。

（4）全球化。

在信息经济时代，国界不能阻止来自高效的、反应灵敏的外国企业的竞争。处于信息经济时代的企业必须把全球出击的经营战略同照顾地方顾客的经营能力结合起来。

（5）革新速度。

产品和服务的寿命周期不断缩短，一种产品或服务在一个时期的竞争优势，不能保证该产品或服务在下一技术发展和竞争阶段继续保持优势。在技术快速发展的产业中，参与竞争的企业必须善于预测顾客的潜在需求，并设计和推出全新的产品和服务。

（6）知识工人。

在工业经济时代的企业中，经理和工程师等与直接从事劳动的职工队伍的工作内容有所不同。而如今，所有员工都必须凭借自己的知识和所能提供的信息为企业贡献价值。为增加每个员工的知识而进行投资，对这些知识加以管理和利用，对于处于数字经济时代的企业至关重要。

（7）商业范式。

企业对断点、突变和不连续性要有非常强的敏感度，如果没有这样的敏感度，企业就无法跨越时代变革的鸿沟。数字经济时代与工业经济时代相比，产品、市场、客户、行业四个基本商业范式都已发生改变。在工业经济时代中，设计和生产产品只关心其交易价值（销售收入、利润等交易变量），而在数字经济时代中，设计和生产产品关心的是使用价值（如何能更好地满足顾客需求或者创造顾客需求）。从市场的角度看，过去追求扩大市场占有率，今天则是人人都会成为市场，市场趋于无限细分。

（8）价值获取方式。

价值获取的方式已发生改变。按照原有的价值获取和价值逻辑来经营企业是很难成功的。数字、协同、智能等要素的组合使整个商业被重构。现在，企业规模的大小将不再那么重要，重要的是企业的影响力。近几年来，大企业影响力的来源，不在于其"体量大"，而在于它们对价值创造的贡献大。远见与野心、决心与执着、活力与创新，我们会用这些词来描述这些大企业的特质。腾讯、阿里巴巴等企业之所以强大，原因在于它们顺应数字经济时代的发展规律。

（9）信息技术作用。

在工业经济时代中，信息技术更多的是为业务提供支持。在这个阶段，信息技术只是作为业务支撑帮助企业提升运营效率以及协助企业规模化，而不是业务中的核心角色。从企业管理的角度来说，管理者视技术为公司的成本而不是投资。而在数字经济时代中，信息技术引领业务，它们甚至相互融合，信息技术与业务已经无法区分，以技术为核心的创新商业模式独占鳌头。例如，Google 的无人驾驶技术将应用于共享出行，特斯拉挑战传统电池技术及电力发动机技术而获得成功。

3. 新工业革命方兴未艾

信息革命除了催生出数字经济，还引发了新工业革命。与信息革命相交叉的新工业革命正在发生。以新一代信息技术与制造技术深度融合为特征的新工业革命正在蓬勃发展。新工业革命的实质是信息技术给社会、企业、个人关系（生产关系）带来的"颠覆性改变"，是未来经济的生产资料——信息与知识通过大数据、云计算、工业互联网等各种新型技术由虚到实的"物化过程"，是产业生态的重新布局，是我们进入信息社会的前奏。

新工业革命正在引发影响深远的产业变革，形成新的生产方式、产业形态、商业模式和经济增长点。新工业革命将彻底改变现有的生产方式和产业组织形式，改变原有的比较优势，进而重塑国际产业分工格局。在新工业革命背景下，企业的生产发展环境、模式和路径将受到深远影响。

（1）新工业革命改变世界经济产业版图。

新工业革命形成的智能制造可能会引起西方国家制造产业的回流，实现"再工业化"，增加抽空发展中国家产业实力的风险；而发展中国家也可能依靠既有产业链优势、要素优势、市场空间优势，在新工业革命的成果推广中，实现产业再造，各国企业都面临着机遇与挑战。

（2）新工业革命弱化各行业的界限。

信息技术使得传统工业领域的界限越来越模糊，工业和非工业也将渐渐地难以区分。制造环节关注的重点不再是制造过程本身，而是用户个性化的需求、产品设计的方法、资源整合的渠道以及网络的协同生产。所以，一些软件企业、电信运营商、互联网企业将与传统制造企业紧密关联，将来它们很有可能会成为传统制造企业乃至工业行业的领导者。

（3）新工业革命变革制造业的模式。

过去的制造业只是一个环节，但随着互联网与制造业的深度融合，网络协同制造、云制造已经开始出现，未来制造业将通过与价值链、工程链的企业间的广泛合作，实现连接人力、物力、信息数据、资金和能源的工业互联网世界。新工业革命会打破传统工业生产的生命周期，从原材料的采购到产品的设计、研发、生产制造、市场营销、售后服务等各个环节构成了闭环，彻底改变了制造业仅是一个环节的生产模式，从刚性生产系统转向可重构制造系统。新型制造系统将适应大规模定制生产，这类制造系统以重排、重复利用和更新系统组态或子系统的方式，实现快速调试与制造，具有很强的包容性、灵活性以及突出的生产能力。在网络协同制造、云制造的闭环中，用户、设计师、供应商、分销商等角色都会发生改变，与之相伴而生，传统价值链也将出现破碎与重构，城市与郊区、大企业与中小企业之间的不平衡将被打破。大企业可能转向价值链、工程链的上游；中小企业则转向灵活多变、可应对多样化需求的下游。

4. 新工业革命重塑产业体系

新工业革命是对原有的技术体系和人类生产生活方式的创新，它会推动产业体系重塑，具体体现在以下几个方面。

（1）生产方式转向智能化定制、社会化生产模式。

以互联网为支撑的智能大规模个性化定制生产方式将替代当前的大规模标准化生产方式。产品种类大幅增加，用于满足消费者更为广泛的个性化需求，而非传统的大规模生产，用户的创新、创意在产业发展中所扮演的角色更为突出，过去由供给方主导的产业创新将被弱化，企业依靠规模经济降低成本的竞争战略也会受到挑战。

社会化生产成为新趋势。信息技术的飞跃发展使大量物质流被成功虚拟化而转化为信息流，除必要的实物生产资料和产品外，生产组织中的各个环节都可以被无限细分，从而使生产方式呈现出社会化生产的重要特征，"社会制造"这一新型生产方式逐渐形成。

此外，直接从事生产制造的人数将减少，逐步实现少量"现代知识型员工"对大量"传统简单劳动者"的替代，劳动力成本在整个生产成本中的比例也将随之下降。这将会弱化我国企业的劳动力要素的成本优势，新工业革命加速推进了先进制造技术的应用，必然会提高劳动生产率、减少劳动在工业总投入中的比重。

（2）制造业和服务业将深度融合。

第二产业和第三产业的边界日趋模糊化，在智能化制造技术以及互联网平台的推动下，消费者可以直接参与从产品设计到产品生产的过程，这不仅使得制造过程更适应消费者的个性化要求，还使研究设计过程、生产制造过程和消费过程可以紧密结合。制造环节将由智能机器装备完成，生产性服务业将成为制造业的主要业态，制造业服务化将成为主要趋势。就业结构发生了深刻变化，智能制造将大幅削减制造环节的劳动力需求，为制造业和系统化集成生产提供服务支持的专业人士将成为就业的主要形态。

（3）产业组织扁平化、网络化和虚拟化。

扁平式、合作性的商业模式将替代传统意义上的集中型、层级式、自上而下的生产组织结构，分散生产、就地销售、共享使用成为产业组织的新特点。在以知识为基础的经济形态中，企业通过网络跨越边界与环境相联系已成为普遍的现象。同时，企业内部组织结构的扁平化，结构层次的精简，淡化组织中的等级制度，使结构富有弹性，从而促进信息的传递。产业集群更加虚拟化，集聚范围、布局、内容和形式将突破传统地理集群的空间局限，以软件为核心的信息技术成为产业链整合的纽带，基于特定地理范围的产业传统集群正在被虚拟网络集聚代替，形成了网络意义上的集聚，交易成本大幅降低，企业对市场和技术变化的反应更为敏感，具有更强的开放性与灵活度。

5. 新工业革命变革企业技术与业务

此外，新工业革命改变了技术与企业业务之间的关系。技术与业务之间的关系在一次次的工业革命中经历了如下变迁。

技术为业务提供支持。在这个阶段中，信息技术只是作为业务支撑帮助企业提升运营效率以及协助企业规模化，而不是业务的核心角色。从企业管理的角度来说，管理者视技术为公司的成本而不是投资。

技术与业务进行协作。业务与技术深度协作，主营业务的展开需要以技术为支撑，离开技术的支撑，业务将无法运转，而且技术已经成为管理者的必要投资之一。例如，建立采购客户关系管理（Client Relationship Management，CRM）系统，企业资源计划（Enterprise Resource Planning，ERP）系统等，从而提升企业的运营效率，同时开始建立自己的 IT 开发团队。

技术引领业务的区分度。同行业中的企业，通过技术来拉开距离。零售巨头沃尔玛的数字化转型，通过改善用户体验来保住自己在行业中的"领头羊"地位；传统的电商公司也在积极探索，提升自己的物流效率，比如京东

第一章　软件定义世界

紧跟亚马逊的步伐，研发无人机送货方式，以和其他企业的服务区分；上海也首次出现了无人值守超市，顾客不但可以通过手机完成购物支付，而且商品的价格更加便宜。

技术即商业核心。技术与业务已经无法区分，相互融合，以技术为核心的创新商业模式才能独占鳌头。

斗转星移，时代的洪流不可阻挡，企业赖以生存的外部环境变化越来越快，量变不断累积，质变蓄势待发，没有哪一个企业能置身事外。

（三）企业软件化成必然选择

在企业经营环境的巨大变革中，无论是信息革命还是新工业革命，信息技术都是其中的核心与主线。软件是互联网、大数据、人工智能等新一代信息技术的核心与灵魂。软件定义引领信息技术渗透并融入各个领域，与实体经济融合，带来新一轮的创新活力和动力，促进动能转换成为驱动经济增长的主力军，推动经济社会各领域从数字化、网络化向智能化加速跃升。如果说传统工业是以机械化、电气化、自动化为特征，在硬件方面加速了整个社会的发展的话，新一轮的变革则是全方位的"软件"方面的提升。

事实上，在当今这个极速前进的时代，软件正在定义世界。在软件刚出现时，单独的软件被视为没有价值的物品，它必须和硬件一起售卖。而今，软件不仅有独立的价值，甚至能影响企业的未来。在过去的几十年中，全球的企业已经先后走过了以资源为核心、以营销为核心的时代，进入了以创新为核心的时代。与此同时，软件技术正在重塑企业的运行机理与商业场景。新技术的产生和社会化商业的必然趋势让企业面临着比以往更为复杂的外部环境。

1. 软件对企业的作用改变

随着软件的渗透应用，对于企业而言，软件的作用与影响已经发生了变化。

软件的定位与使命已变。领先企业的实践表明，基于软件的数据管理、信息分析正在成为企业价值链的一部分，并从业务的辅助功能变化为业务流程的一个节点。另一方面，软件的使用也在改变着企业原有的业务流程，甚至改变了部门之间的协作方式。在大数据时代，软件从业务支持的"后台"，走向了参与业务流程融合的"前台"。软件的定位从提升效率的工具转为与企业运营有机融合的平台。

软件的影响范围已变。在软件定义时代，软件对企业的业务的影响从企业内部拓展到了企业的上下游合作方。同时，与新兴信息技术相结合，使软件技术的应用程度不断加深，获取的信息量级不断提升，信息的碎片化程度也不断提高。

软件应用已变。随着软件技术的渗透与融合，基于云计算、移动互联网、社交网络和物联网等技术的普及与应用，传统管理软件将进行智慧化升级，包括数据的价值链管理、用户体验、移动化的应用、高效的组织架构等。

软件平台已变。领先企业非常注重统一平台的作用，软件定义、数据驱动、平台支撑、智慧、协同已经成为平台的特征。在企业软件化进程中，企业需要统一的访问中心、开发平台、运行平台和集成平台等。

软件作用的级别已变。未来所有的商业终将成为社会化商业，软件在企业中的应用也将从以财务软件为核心的部门级应用，发展到以 ERP 为核心的企业级应用，再升级到软件定义时代以产业链大协作为核心的社会级应用新阶段。先进的软件技术将在其中扮演极其重要的角色，企业不仅要重构计算架构，还要改变运营架构，把企业变成软件企业，用软件定义、数据驱动的平台来支撑企业的运营，实现企业上下游产业链的大协作。

2. 软件技术提升企业新型能力

软件技术日益成为企业的核心竞争力，正在培育企业的新型能力。

软件技术正在构建研发创新能力。培育企业新型能力是企业进化的出发点，也是落脚点。软件技术已成为制造技术能力体系中的重要组成部分，工业技术的软件化构建了制造业的竞争优势，提高了其研发创新的能力。所有针对整个流程的研发创新，都依赖于基于企业多年积累的知识化、工程化、体系化的软件产品和平台服务。

软件技术正在构建智能服务能力。在很多趋于标准化、模块化的领域，技术壁垒逐渐降低，而软件技术可以通过提供不同的功能，从而提供不同的服务。因此，决定企业竞争力的关键是企业在提供制造的基础上，通过软件差异化，提供超值的服务组合，形成智能服务能力。

软件技术正在提升质量管理能力。企业产品品质提高的过程就是质量管理不断提升的过程，在设计、研发、生产过程中加入软件技术，通过软件对生产设备和流程的控制来提高整个过程的准确性、灵活性及高效性，最终实现质量上的实时管理和精密控制，生产出高质量的产品。利用物联网、大数据、云计算等先进的网络信息技术手段，能提升质量精准化控制能力和在线实时检测能力。通过系统集成、云制造、故障诊断、远程咨询等在线专业服务，能有效提升企业的质量管理能力。

软件技术正在构建高效生产能力。实现基于软件的管理，从而大幅改善作业条件，减少人为因素导致的误差，提升生产制造过程的可控性。并且借助软件技术打通企业的各个流程，实现从设计、制造乃至销售等各个环节的互联互通，并在此基础上实现资源的优化整合，从而进一步提高企业的生产效率。

软件技术正在构建人机协同能力。软件对机器或系统的指令进行分析、处理、决策优化，通过连接物理、人、信息系统发现隐性规律，将隐性规律显性化、系统化，达到机器与人的协同。

软件技术正在构建新型管理能力。从20世纪90年代起，软件开始作为一种管理工具融入企业的研发、管理、生产、销售等过程。经过近30年的深化应用，软件已经成为企业管理和生产中必不可少的工具。资源计划、供应链管理、商业智能、办公自动化等管理软件极大地提高了企业的管理效率，降低了管理成本。软件技术的进步将在文化内涵、组织形态、运营机制、管理模式、发展路径等方面给企业带来一系列深刻的变革。软件定义管理以连接、定制、进化为主旨，以移动化、云端化、定制化、平台化、智能化、生态化为主导，通过重构传统管理应用模式，去边界化跨界创新，实现了管理向高度自主和自激励的组织形态的自我进化，让灵活多维的自定义商业环境成了现实。

未来的组织是可变的，未来的软件是智能的，一切将按需而变。当今的组织管理越来越扁平化，组织架构、流程、业务管控模式都可以根据自身需求进行定制。企业可以通过软件定义实现协同管理，从而更好地应对未来的挑战。

一个组织随着不断竞争、优化进而形成自己的管理的特质、架构、文化、行为模式。软件把这些无形资产沉淀下来，形成知识宝库，即管理软件化。管理软件化使组织管理的经验与知识得以传承与发扬，成为企业文化的一部分，进而提升组织竞争力。软件管理使组织得以完成自我进化。

海尔首席执行官张瑞敏曾经说:"没有成功的企业,只有时代的企业。"在软件定义时代,软件定义引领的新一代信息技术逐渐促使传统企业进行了从内部到外部,从生产模式到营销模式等方方面面的改变。

软件在这样的背景之下,将定义企业的未来。在产业结构调整和传统产业改造的过程中,软件作为信息技术的核心正在大放异彩。面对以新一代信息技术为核心的信息革命与新工业革命引起的巨大变革,企业必须重新审视这个世界,重新审视软件,转换思维,顺应软件定义的发展趋势,企业只有通过创新和企业软件化实现企业的自我进化,才能适应时代的变化,取得更大的发展。

著名管理人手册《总裁变革智慧》中指出:在当今数字经济的新时代中,不断变化的外部环境,日益严峻的跨领域竞争,使企业感觉到了明显的生存压力。企业只有根据外部环境的变化主动进行变革,才能在当今适者生存的社会中,避免被淘汰出局的命运。

3. 软件视角中的企业

在前文中,我们从企业经营的视角看软件给企业带来的变革,分析了企业软件化的趋势。如果从软件的视角审视企业,我们就能更清晰地了解企业软件化的必然性,因为企业本身就是"软件"。

软件是一系列按照特定顺序组织的计算机数据和指令的集合,是事物运行规律的代码化,是技术体系的载体,是人类经验、知识和智慧的结晶,也是人类大脑的扩展和肢体的延伸。从根本上看,软件是对客观事物的虚拟反映,是知识的固化、凝练和体现,是在现实世界中的经济社会背景下,各个行业领域里各种知识的表现形式。

从信息论的角度看,企业的技术和管理可以抽象成一系列形式化信息和知识表达的组合,企业可以看作是一组软件的集合,而信息技术则提供了处理信息的通用方法。因此,企业不仅可以全面借鉴软件的思维方式和表述形式来处理各种问题,企业的各项功能也可以通过软件来定义。

企业软件化把企业看作是软件的集合体,任何一家企业的经营过程都可以分解为一系列的流程活动,每个活动都在生产、消费或交换信息,我们可以把这些流程看作是软件。任何一种按照特定方式组织信息的集合都可以还原为一组数据和指令的组合,也可以将其解构为标准软件的形式。如今,企业内越来越多的"软件"开始具有标准软件的形式,也有很多的"软件"还处于隐性状态,尚不具备标准软件的形式。信息技术的进步将不断把隐性的知识和信息通过软件显性化。

随着信息时代的发展,企业中有形资产和无形资产的占比出现了十分明显的变化,物质类的有形资产占比越来越低,而知识类的无形资产占比则越来越高,软件正是无形资产的主要组成部分。从代码量来看,洛克希德·马丁公司已经超过微软成为世界第一;从软件收入来看,通信设备制造商华为已经成为中国软件收入百强榜的第一名。生产制造的概念和附加值正在不断从硬件等有形资产向软件、服务、解决方案等无形资产转移。相对于传统制造业,在如今的制造业中,软件为硬件提供支持并给硬件造成了极大的影响。与以往的物质类商品不同,人们对商品附属的服务或者基于商品的解决方案的需求正在快速增长。

在未来的企业生产服务中,不再将物质的有形产品生产视为制造业,而是会任由"软件"在生产服务中不断发挥主导作用,商品产生的服务或解决方案将给生产制造带来巨大影响。所以,未来企业的生产制造要放弃传统的"硬件式"的思维模式,向软件、服务产生附加值的方向发展。软件、服务在整个价值链和产业链中所占的比重越来越大,呈显著增长的趋势。未来,企业向顾客提供的不再是单纯的硬件产品,而是各种应用软件与服务形态集于一体的完整的解决方案。

科普作家马特·里德利（Matt Ridley）认为生物和技术归根结底都是一些信息系统。提高信息处理能力始终是人类进化的主题，在任何时代里，这种能力都是不可或缺的，甚至是起决定性作用的。企业间的竞争在很大程度上也是处理信息能力的竞争，软件化为企业构建并不断优化信息处理提供了指引方法。现在正处于技术加速进步的代际转换时期，如果企业缺乏构建信息处理的能力，不久就会出现致命的缺陷。传统企业必须提高自身的信息处理能力，以应对软件定义时代的挑战，企业软件化成了企业进化的必由之路。

软件定义时代的企业将是一个全面集成的软件化企业，它建立在集成化企业战略框架和先进的企业经营理念、管理方法、软件技术的基础上，能够不断改进和持续创新。企业可以采用先进的软件技术实现用软件定义产品功能、生产流程和组织形态；实现客户、企业和供应商的无缝连接，实现人、技术、经营目标和管理方法的集成；实现企业不同产品线的均衡发展。软件化企业不仅能够为用户提供满足其当前需求的产品，更重要的是能够实现对产品全生命周期（从用户需求分析、产品设计、制造装配、维护服务到报废回收）的管理和服务。企业还倡导一种全新的合作理念，将对供应链上每个环节的管理模式从单纯的合同契约式管理变成共同发展伙伴式的管理，伙伴之间充分实现知识共享、优势互补、利益共享和风险共担。软件化企业不仅响应市场的变化，还能够主动地抓住市场变化，通过采取技术上的改进来获取市场变化带来的商机。

第二章

企业软件化概论

一、引言

信息技术创新迅猛深入，数字经济蓬勃兴起，产业发展迎来巨大变革，生产力和生产关系也在不断创新和变革。习近平总书记指出"以信息流带动技术流、资金流、人才流、物资流，促进资源配置优化，促进全要素生产率提升，为推动创新发展、转变经济发展方式、调整经济结构发挥积极作用"。

信息与人类发展息息相关，语言的产生、文字的发明都在不断推动人类社会的进步和演化。企业的发展更离不开各种信息，如财务信息、物料信息、用户信息、市场信息等。即使是企业的产品也包含大量重要信息：产品的构成要素、产品的加工工艺等。早期的企业（如家庭作坊）都是靠技艺（产品核心信息）传承的，现代企业主要通过内化的组织机构和生产流程进行传承。随着计算机技术的应用，信息的组织和变换可以通过软件来描述和实现，企业软件化应运而生。

软件是信息技术的核心与灵魂。"软件定义"成为信息革命的新特征与新标志。软件"赋值""赋能""赋智"的作用日益凸显。软件的融合和渗透作用正在逐步增强，在互联网、云计算、大数据等新一代信息技术和创新模式的驱动下，软件的巨大辐射带动作用正在加速显现。软件的融合和渗透使得软件的边界越来越模糊化，软件已下沉为基础设施。软件正以跨界融合、全面渗透、高度耦合的新面貌席卷世界，世界将进入"软件定义"的时代。

"软件定义"加速了以生产物质化"硬"产品为主的时代向以高效、智

第二章 企业软件化概论

能化的知识、信息及服务为主的"软"产品时代过渡。面对外在环境的变化，企业应该进行改造升级，培育新型能力，以适应"软件定义"时代的发展趋势。"软件定义"制造、"软件定义"服务改变了制造业、零售业、运输业、金融业的生产经营模式，促使传统产业转型升级；"软件定义"催生了新动能，推动了新经济（信息经济）的发展；"软件定义"渗透并融入社会、民生的各个领域，开启了智能时代。

企业逐步由节点变成节点组和节点枢纽。企业成为人类关系的集中体现与社会活动的重要组成。企业作为经济社会的载体，也是经济社会中的细胞组织。面对这样的时代，企业应该进行改造升级，走软件化的道路，培育新型能力，以适应"软件定义"时代的发展趋势。面对软件定义一切的趋势，未来的企业只有两种：软件属性企业与非软件属性企业。企业软件化是企业成长进化、适应这种变化趋势的一种方式。

2011年8月21日，马克·安德森在《华尔街日报》上发表了一篇题为《软件正在吞噬整个世界》的文章，引起了业内的广泛关注。他以投资者和技术专家的双重身份，解读了科技行业的大环境，并得出结论——我们正处在广泛的科技及经济转型中，今后的赢家将是软件创新科技公司，它们渗透并融入了已经建立起来的行业结构。未来十年，预计将有更多的行业会被软件所渗透，出类拔萃的软件公司将会成为这一趋势的主要推动者。马克·安德森所说绝非夸大其词，环顾一下我们的四周，很多行业翘楚都是软件公司。

世界上领先的图书商是软件公司：Amazon

世界上领先的音乐商店也是软件公司：iTunes，Spotify 和 Pandora

世界上领先的娱乐公司也是软件公司：Zynga

世界上领先的制片商也是软件公司：Pixar

世界上领先的电信公司也是软件公司：Skype

世界上领先的营销平台也是软件公司：Google

世界上领先的猎头公司也是软件公司：LinkedIn

像工业巨头 GE 这样的重资产型工业企业，也在向轻资产化公司的方向发展。展望未来，GE 董事长杰夫·伊梅尔特希望"GE 到 2020 年成为全球十大软件供应商之一"，并提出"未来每一个工业企业也将是一家软件企业"。

企业软件化不仅是工业巨头力量的展示，也是传统产业改造升级的迫切需求，利用与发展软件有助于提升企业的生产效率。企业应紧密结合传统产业技术改造，大力发展面向企业自身的研发设计、生产自动化、流程管理等环节的软件，推动其在机械、化工、汽车、电力等传统产业中的大量应用，并使其成为企业竞争力的核心要素。

二、企业软件化是信息演化的必然趋势

随着计算机在企业中应用的不断深入，软件逐渐成为企业各部门、各环节进行业务处理的基本手段，企业软件成为帮助企业生产者和管理者组织生产工序、优化工作流程、提高工作效率的信息化系统，进而可以推进企业内部和企业间协同研发、设计和制造，整合上下游资源，融合业务流程，提高供应链商务协同水平。

第二章 企业软件化概论

企业软件化也不是一蹴而就的。回顾企业软件化的历程，有助于我们梳理企业软件应用的演化进程，全面了解企业软件化发展的必经之路。

（一）企业软件化的发展历程

企业软件化的发展历程经历了企业基础业务功能的应用、企业资源管理功能的全面拓展、企业应用软件的集成化发展及企业软件化四个阶段。伴随着软件技术的不断进步，企业实现了从利用软件管理各类资源到企业核心业务软件化的演化。

1. 企业业务功能的软件应用阶段

最早的企业软件主要应用于事务处理、计算机辅助设计、物料需求管理、财务管理等单项业务。这一阶段的企业软件主要是单独为各个职能部门服务。根据企业营运目标，实现企业资源（包括资金，设备、人力等）的合理有效利用，以期企业利润最大化。这个基本目标的实现要求企业合理安排生产计划，有效控制成本，充分利用设备，合理管理库存，及时分析财务情况等。为此人们设计了单独针对这些部门的业务软件，以期提高完成业务效率。

其中典型的例子就是早期的MRP系统，它利用计算机给库存状态数据加上时间坐标，来确定每项物料在每个时区的需求量，从而帮助企业准确有效地进行生产库存管理。除了MRP系统，企业还可以利用CAD来辅助设计，利用财务软件来记录并分析企业财务状况等。然而这一阶段企业仅仅是实现了单独部门业务数据的数字化，这在一定程度上帮助企业提高了工作效率。以早期的MRP系统为例，MRP系统最主要的目标是确定每项物料在每个时区的需求量，以便为生产库存管理提供必要的信息。MRP系统假设：物料清单（Bill of Material，简称BOM）和库存记录文件的数据完整性是有保证的；所有物料的订货提前期是已知的，至少是可以估算的；所有受其控制的物料都要经过库存登记；在计算物料需求时间时，假定用于构成某个父项的所有子项都必须在下达父项的订货时到齐；每项物料的消耗都是间断性的。运行 MRP 系统的前提条件包括：第一，要有一个主生产计划；第二，要求赋予每项物料一个独立的物料代码；第三，要有一个通过物料代码表示的物料清单（BOM）；第四，要有完整的库存记录。在满足这些条件的情况下，在 MRP 系统输入：主生产计划、来自厂外的零部件订货、独立需求项目的需求量预测、库存记录文件、物料清单。这些输入信息经过系统加工处理后，系统会输出：下达计划订单的通知、日程改变通知、撤销订单的通知、物料库存状态分析的备用数据，以及未来一段时间内的计划订单。根据用户的需求，MRP 系统还可以输出如下信息：不一致或超出界限的各种反常信息报告、库存量预报、采购任务单、作业完成情况等。首先，MRP 系统运行的前提条件就是有一个主生产计划，这意味着在已经考虑了生产能力的情况下，有足够的生产设备和人力来保证生产计划的实现。但是，对于工厂有多大生产能力，能生产些什么，MRP 系统就显得无能为力了。其次，在建立 MRP 系统时还要假定物料采购计划是可行的，即认为有足够的供货能力和运输能力来保证完成物料采购计划。而实际上，有些物料可能会因为市场紧俏、供货不足或运输工作紧张而无法按时、按量满足物料采购计划，在这种情况下，MRP 系统的输出将无法实现。

从 MRP 系统的运行过程中我们可以看出，早期的企业软件往往具有功能单一、应用面窄的特点。这类软件通常只是将一部分特定数据数字化，然后加以处理。这样的软件在实际操作中，往往会因为信息的滞后而导致生产效率降低。

2. 企业资源管理功能的全面拓展

随着企业管理实践的深入，软件应用逐渐在各部门、各业务领域展开。

但同时人们也认识到了一条基本的法则，即低水平的软件应用常常伴随着五花八门的管理子系统的产生，这些子系统往往是为了堵塞某一方面的漏洞而建立的，漏洞越多，子系统也越多。事实上，许多子系统所做的事情实质上都是相同的，只不过角度不同而已。由于在建立这些子系统的时候缺乏统一的规划，它们之间的联系甚少。因此，通常子系统越多，矛盾和问题也越多。

随着市场竞争的进一步加剧，企业统筹规划自己所拥有的企业资源的能力变得越来越重要，这些业务功能软件并不能将企业的各个系统都统一起来。因此，人们想到应该建立一个一体化的管理系统，去掉不必要的重复性工作，减少数据不一致的现象，从而提高工作效率。

因此，这一阶段的企业软件不仅仅是将企业的各个子系统进行统一，还要将整个企业作为一个整体，进行一体化的系统管理。其中最具代表性的就是MRPⅡ系统。MRPⅡ系统把企业中的各个子系统有机结合起来，组成了一个全面的、有关生产管理的集成优化管理系统。其中，生产和财务两个子系统的关系尤为密切，它们所有的数据都源于企业的中央数据库，各个子系统在统一的数据环境下工作。同时，MRPⅡ系统具有模拟功能，能根据不同的决策方针模拟出各种未来将会发生的情况。如模拟将来因物料需求而提出的任何物料短缺的警告；模拟因生产能力需求而发出的能力不足的警告。这一阶段的企业软件系统一般具有以下几个特点。

（1）计划的一贯性与可行性。这些系统往往是一种计划主导型管理模式，计划层次从宏观到微观、从战略到技术、由粗到细逐层优化，但始终保证与企业经营战略目标保持一致。它把一般情况下的三级计划管理统一起来，计划编制工作集中在厂级职能部门，车间班组只能执行计划、调度和反馈信息。计划下达前应反复验证和平衡生产能力，并根据反馈信息及时调整，处理好供需矛盾，保证计划的一贯性、有效性和可执行性。

（2）管理的整体性。这些系统把企业所有与生产经营直接相关的工作进行整合，各部门都应从整体出发做好本职工作，每个员工都知道自己的工作同其他职能的关系。管理的整体性只有在"一个计划"下才能实现。

（3）数据共享性。系统数据都源于中央数据库，任何一种数据变动都能及时地反映给所有部门，做到数据共享。在统一的数据库的支持下，按照规范化的处理程序进行管理和决策，改变了过去信息不通、情况不明、盲目决策、相互矛盾的现象。

（4）动态应变性。在此类系统中，管理人员可以根据企业内外环境条件的变化迅速做出响应、及时调整决策、保证生产正常进行。管理人员可以及时掌握各种动态信息，保持较短的生产周期，因而具有较强的应变能力。

（5）模拟预见性。这些系统可以解决"如果怎样……将会怎样"的问题，可以预见在相当长的计划期内可能发生的问题，事先采取措施消除隐患，而不是在问题发生后再花几倍的精力去处理问题。这将使管理人员从忙碌的事务中解脱出来，更加专注于实质问题的分析研究，提供多个可行方案供领导决策。

（6）物流、资金流的统一。这些系统都包含了成本会计和财务功能，可以由生产活动直接产生财务数据，把实物形态的物料流动直接转换为价值形态的资金流动，保证生产和财务数据的一致性。财务部门及时得到资金信息用于控制成本，通过资金流动状况反映物料和经营情况，随时分析企业的经济效益，参与决策指导和控制经营和生产活动。

企业资源的全面信息化管理，将企业的生产过程、物料流动、事务处理、现金流动、客户交互等业务过程数字化，通过各种信息系统网络加工生成新的信息资源，提供给各层管理人员以便其做出有利于生产要素组合优化的决策，以使企业能适应瞬息万变的市场经济竞争环境，实现经济效益最大化。

3. 企业应用软件的集成化发展

随着市场竞争的进一步加剧，企业的竞争空间与范围的进一步扩大，以及市场与客户需求变化的进一步加速，企业管理的重心逐渐从内部管理转移到面向全社会资源的管理与利用。在这种背景下，企业管理一方面要在现有基础上考虑进一步提高工作效率，以适应市场竞争并取得竞争优势；另一方面还要适应持续创新带来的市场需求的变化及其对企业生产流程不断调整的要求，并思考企业如何才能在更广阔的竞争范围内取得竞争优势。

这一时期企业软件的集大成者是 ERP 系统。它在 MRP II 的基础上扩展了管理范围，组成新的结构。在 ERP 系统中，企业考虑到了仅靠企业自身的资源无法有效地参与市场竞争，还必须把经营过程中的各个相关方如供应商、制造工厂、分销网络、客户等纳入一个紧密的供应链中，才能有效地安排企业的产、供、销活动，满足企业利用全社会资源高效地进行生产经营的需求，以期进一步提高效率并在市场上获得竞争优势；同时也考虑到了企业为了适应市场需求变化，不仅要组织"大批量生产"，还要组织"多品种小批量生产"。在这两种情况并存时，企业需要用不同的方法来制定计划。

在此基础上利用信息技术建设一个企业信息数据平台，把企业的设计、采购、生产、制造、财务、营销、经营、管理等各个环节结合起来，共享资源和信息。同时利用现代技术手段来寻找自己的潜在客户，有效地支撑企业的决策系统，以达到降低库存、提高生产效能和质量、快速应变的目的，增强企业的市场竞争力。

企业软件化

ERP 系统把客户需求与企业内部的制造活动及供应商的制造资源整合在一起，体现了完全按用户需求制造的思想，这使得企业适应市场与客户需求快速变化的能力大大增强。同时，ERP 系统将制造业企业的制造流程看作是一个在全社会范围内紧密连接的供应链，其中包括供应商、制造工厂、分销网络和客户等；同时将分布在各地的内部系统划分成几个相互协同作业的支持子系统，如财务、市场营销、生产制造、质量控制、服务维护、工程技术等系统，还包括对竞争对手的监视系统。ERP 系统提供了对供应链中的所有环节进行有效管理的功能，这些环节包括订单的下达、物料的采购、库存的评估、计划的制订、生产制造、质量控制、运输、分销、服务与维护、财务管理、人事管理、实验室管理、项目管理、配方管理等。

从系统功能来看，ERP 系统虽然只是比 MRP Ⅱ 系统增加了一些功能子系统，但是这些子系统的紧密联系和配合大大提高了企业的运转效率。正是这些功能子系统把企业所有的制造场所、营销系统、财务系统紧密结合在一起，从而实现了全球范围内多工厂、多地点的经营运作。传统的 MRP Ⅱ 系统把企业归为几种典型的生产方式来进行管理，如重复制造、批量生产、按订单生产、按订单装配、按库存生产等，每种类型都有其相应的管理标准。这一阶段的企业管理软件将企业供应链上的各项业务流程，如订货、计划、采购、库存、制造、质量控制、运输分销、服务、财务、设备维护、人事管理等，全面优化与集成，使企业与供应商、客户能够真正地紧密结合在一起，进而通过客户需求来调整企业的决策和管理。企业完成了从信息孤岛到信息集成的转化，实现了扁平化管理、网络化管理、供应链管理、电子商务和客户关系管理。

随着市场竞争日益激烈，以及计算机和通信网络技术的发展，企业寻求内部与外部信息互通的需求得以实现。信息技术在企业中的应用不再局限于企业活动的某些环节，而是开始渗透到企业活动的各个领域、各个环节中，极大地改变了企业的生产、流通和组织管理方式，推动了企业物资流、资金流和信息流的相互结合。企业需要的不只是在企业内建设一个局域网，通过计算机网络可以在电脑上查查资料、看看文件等，这些只是最基础、最简单的电脑应用。企业想要做到的是将其管理思想融入系统，使企业完全掌控人、财、物的情况，实现物畅其流、财尽其利、人尽其用。在这种情况下，企业信息的获取就变得尤为重要。企业信息的来源不仅局限于企业的内部，还包括企业外部，即与企业生产、销售和竞争相关的外部信息。而企业获取信息的质量又受企业的信息战略指向、企业内部对信息的需求、信息获得的难易程度等因素的影响，因此企业所处的不再是以往的物质经济环境，而是以网络为媒介，以客户为中心，将企业组织结构、技术研发、生产制造、市场营销、售后服务紧密联系在一起的信息经济环境。信息技术的发展对企业成长有着全方位的影响，企业彻底改变了原有的经营思想、经营方法、经营模式。在这样的背景下，ERP、OA、CRM、BI、PLM、电子商务等应用系统应运而生。

以CRM系统为例，CRM系统在整个客户生命周期中都以客户为中心，为企业提供全方位的管理视角，赋予企业更完善的客户交流能力。它既是一套原则和制度，也是一套软件和技术。其目的是缩减销售周期和销售成本、增加收入、寻找扩展业务所需要的新市场和新渠道，以及提高客户的价值、满意度和忠实度。从旧客户的关系维护到新客户的拓展、从采购物料到入库储存、从记账到催账等，企业开始通过软件将其设计、采购、生产、制造、财务、营销、经营、管理等各个环节紧密结合在一起。这有利于提高企业的运行效率，有利于企业实施更复杂有效的控制措施和控制方法；改变了企业信息的传递方式，由原来的传票、电话等方式转变为利用互联网来传递信息，这样的改变使企业信息的传递更快捷、传递信息量更大；提高了企业信息集成化的程度，企业中的高层管理人员只需坐在办公室里轻点几下鼠标，就能成交生意、调动资金、指挥员工，为企业加强内部控制提供了基础；同时也提高了信息的价值，由于企业对信息利用能力的提高，企业更深刻地认识到了数据和信息资源是企业宝贵的资产，为企业软件化打下了基础。

4. 企业迈向软件化

在 ERP 系统中，虽然考虑了企业怎样适应市场需求的变化及怎样利用全社会资源高效地进行生产经营，但并未从根本上考虑社会化持续创新和市场竞争环境的迅速变化对企业生产流程与业务管理流程的动态调整的要求。目前，很多企业都能感受到国际化竞争的压力及席卷全球的信息化革命的冲击，日益激烈的市场竞争使企业逐渐认识到原有的组织结构和复杂的业务流程已无法应对当前所面临的挑战。面对市场和经营环境的快速变化，企业必须及时进行动态调整和改造升级。

在当今社会中，企业利用相关软件将信息技术引入生产制造，实现企业生产流程的数据化再造，使生产模式高效化、信息化，形成"智能"制造，在生产模式和生产理念上进行调整，为企业进入开放式创新模式提供必要的准备。我们可以通过实例加以说明，如红领集团的转型升级。红领集团是一家生产经营服饰产品的企业。为了实现企业的转型升级，首先，红领集团建立了顾客信息平台，红领集团依靠信息处理技术对用户信息采集点进行了数据分析优化，建立了 C2M、O2O 定制框架，方便应用平台对用户信息进行数据采集。其次，红领集团研发了"三点一线"的顾客信息测量方式，对平台采集的顾客信息进行分析处理，为顾客在一分钟内建立属于自己的专属模板，将服装定制的关键信息数据化，先将服装定制的需求分解成若干相关信息参数，再将大批量的数据重新进行多重分类组合，从而将小批量的订单数据转换成大规模的专一的数据。同时将已储存的数据进行动态匹配，形成新的个性化数据，从而实现数据库的持续更新。最后，红领集团将研发部门与智能平台相连接，形成涵盖客户交互和自主研发的自动化平台，拓展了原有数据库的信息，最终构建一体化的生产系统，将生产设备和数据处理端口相互关联，以信息控制端来控制生产和设计的进程。将处理后的信息发送到生产制造端口，使产品在生产流水线上具有个性化的信息特征，将处理、重组后的定制化数据信息发送给相关的物料部门，进行产品的初次加工，形成个性化电子标签，之后再将产品发送到个性化工序生产车间进行进一步加工，让个性化工序生产车间的工人根据电子标签中的信息进行专项加工。在红领集团，所有信息都储存在线上，将顾客的身材尺码录入数据库后，数据库会自动找到合适的版型与之匹配；生产部门的自动裁床会根据顾客的数据信息调整剪裁方式；每位员工可以根据电脑识别终端识别到的信息对服装进行个性化加工。

消费者的需求变化会对市场产生极大的影响，企业软件化加强了企业的动态适应能力，为企业的转型升级带来了新的机会。企业软件化强调企业的管理结构和流程应灵活地顺应市场的发展而不断调整，帮助企业实现转型升级。企业软件化就是把企业的所有活动都数字化，通过互联网把众多信息系统紧密相连，使企业能够及时地对市场变化做出反应。企业的所有活动都可以映射到数字网络空间中，如产品研发、客户管理的大数据分析，云端的虚拟制造，前端的App管理和体验等。

企业软件化不仅包括对产品和生产流程的重整和数字化，还涉及企业组织结构与业务管理流程的数字化。数字化过程要以理顺经营过程为中心，以适应客户多变的需求和提高客户满意度为目标。企业软件化的过程并不能使企业一劳永逸，企业需要随时根据竞争环境的变化与自身在市场竞争中的势态变化进行调整，紧跟时代发展的步伐，不断进行软件研发以保持自身的市场竞争优势，因此企业软件化是一个动态的过程。

企业软件化

（二）企业信息演化的必然趋势

企业模式正在发生变革，企业生产经历了从手工制造到大批量制造到大批量定制，再到今天的个性化制造的过程。其核心是数字化转型，企业软件化已成为必然趋势。最近的一份调查表明，领先企业在数字化转型方面的支出占 IT 投资的比重正在逐步增加。

互联网信息的通用性、交互性、开放性和共享性等特点，促进了信息的自由流动，实现了人与人、人与物、物与物之间的万物互联，并将共享经济延伸到社会的各个领域。互联网的快速发展促进了信息流、资金流和物流的连接，通过发展工业互联网，可以实现基于网络化的制造，实现信息世界和物理世界的深度融合，构建具备泛在感知、深度互联、高级计算分析和精准执行功能的工业生态系统。工业互联网平台面向制造业数字化、网络化、智能化的需求，构建了基于海量数据、采集汇集分析的服务体系，提供了制造资源紧密连接、弹性供给、高效配置的载体，其核心要素包括数据采集体系、管理服务平台和工业 PaaS 平台。在数据采集方面，工业互联网平台通过传感控制系统（包括驱动系统、物联网技术、智能网关等技术）采集与设备、产品相关的数据。在管理服务平台方面，工业互联网平台将云计算、大数据技术与工业生产实际经验相结合，把技术、知识、经验和资源固化为专业的软件库、应用模型库、专家知识库等可移植、可复用的软件工具和开发工具。散落在各个工厂、各个公司里面的工业技术和经验需要通过软件将其固化，以实现快速传播和快速共享。

首先，企业创新需要软件化。科技创新始终是推动人类社会生产和生活方式发生巨大变革的重要力量。创新的特点如下：信息技术、新能源、新材料、生物技术等重要领域的革命性突破和交叉融合；信息时代制造业的创新特点正在发生显著变化;科研工具日益数字化、智能化;创新模式向异地化、协同化方向发展;用户参与创新的过程更容易,众创模式正在逐步普及;技术更新周期缩短,创新速度加快;研发手段逐步虚拟化、网络化。

其次,企业服务能力的提升依赖于软件化水平的提高。发达国家制造业的服务水平明显高于发展中国家制造业的服务水平。在美国的制造业中,服务型制造大约占60%,而在中国的制造业中,服务型制造的比例小于2%。在产业互联时代中,企业成功的核心是从观念、技术、商业模式等方面进行创新,每个企业不再只是产品的生产者、服务的提供者,而是通过产品和服务与客户建立起"强关系",24小时在线,了解、预测客户需求的"客户运营商"(Customer Operator)。服务以各种形式融入制造业的研发设计、生产制造、经营管理、销售运维等环节中,有价值创造的可能,就有服务形态的出现。

再次,智能制造的核心是虚拟平台的软件化服务。云制造成为网络化制造服务模式,它融合了先进的制造技术,以及互联网、云计算、物联网、大数据等信息技术,以公共服务平台为载体,通过虚拟化、服务化和协同化,汇聚分布异构的制造资源和制造能力,在产品制造的全生命周期的各个阶段中,根据用户的需求实现及时、低成本的服务,实现资源的高质、高效对接。

最后,企业软件化对人才和岗位提出了新的需求。智能制造的快速推进带来了巨大的人才需求。随着数字化研发设计管理工具的普及,员工需要具备应对工业4.0的基本素质,CAD(计算机辅助设计)、CAM(计算机辅助制造)、CAE(计算机辅助模拟仿真分析)、CApp(计算机辅助工艺过程设计)、MES(生产过程执行管理系统)、ERP(企业资源计划)等工具的运用已经成为员工的基本能力要求。一些传统岗位在生产中的作用将逐渐弱化,甚至消失，例如，晒图员岗位逐渐退出了历史舞台，而数字化建模、精益专员、逆向造型、3D打印、精密测量与检验岗位越来越重要。智能制造实现了制造工艺仿真优化、制造过程数字化和状态信息实时监测，企业的"熟练工种"将逐渐减少，员工将更多地从事产品设计、工艺优化、生产系统管理等工作。

三、企业软件化的概念与内涵

企业软件化是指以软件技术为手段，以软件思维为运行机理，以软件代码实现企业的研发、生产、组织、管理和营销等流程为主要内容，以培育企业新型能力为路径，以提质增效为目标，使企业具有软件属性的动态发展过程，它贯穿企业运行的整个体系，从投入、经营、决策、执行到产出，是"软件定义"理念在企业的延伸与泛化。

（一）企业软件化的本质

现代经济学理论认为，企业本质上是一种资源配置的机制，它能够实现整个社会经济资源的优化配置，降低整个社会的交易成本。传统企业运用各种生产要素（土地、劳动力、资本、技术和企业家才能等）为市场提供商品或服务。企业是根据市场需求，按照一定的方式、方法，把原材料（制造资源）加工成用户满意的产品的组织。能量、信息、技术、知识、资金、人力、软件、芯片、材料等都可以归为企业的制造资源。

但随着物联网、大数据和移动应用等信息技术的发展，全球经济进入了全面变革的新时代。尽管经济不确定性凸显，但学术界内有个基本共识：世

第二章 企业软件化概论

界将继续向"缩小""扁平化""智慧"的方向发展。在此背景下,企业软件化理念应运而生。如果没有企业软件化,"缩小""扁平化""智慧"等愿景将很难实现。简单来说,在企业软件化的各种要素中,数据是核心,知识是动力。

以制造业为例,如今制造业制造的对象、产品都可以看作人工制造系统的产物。从古老的石器、木器等材料发展到今天,制造的内涵并没有发生太大改变,无非是把相互关联的元器件组合在一起,使其正常运作,以实现某种功能。而制造的过程在发生变化,产品和工具日趋复杂。在历次工业革命中,我们可以看到人工制造系统的进化过程。第一次工业革命时期,人类通过机械装置将蒸汽转换为动力;第二次工业革命时期,人类有了钢铁,并且用上了电,源源不断的电能提供了非常稳定的能源;第三次工业革命时期,软件技术出现,软件作为制造要素加入产品要素的行列。我们今天所面对的机器,只要修改几段代码,换一个不同的控制版本,这个机器的功能就可以被改变,这正是我们所期待的。于是软件更多地被应用到机器设备中,成为一个设备的"思想者"和"定义者"。当这个"定义者"渗入企业的各个部门和领域时,就构成了企业软件化的本质。

软件作为数字化指令和数据的集合,是一系列按照预定的逻辑和格式编写的代码。软件可以驱动工业设备,可以输出某种指令,最后让底层的芯片去执行预定的功能。软件封装了工业知识,建立了数据自动流动的规则体系,这是智能的根本。

软件经历了从单一的程序发展成为在今天具有某种目的性,带有某种专业技术的系统的过程。当大量的工业软件被嵌入工业设备时,设备将变得更加好用、更加有技术含量、更加智能。在嵌入的方式上,从过去把一台分离式的计算机放在设备边上,通过接口做一些事情,后来逐步发展到专门做一个控制柜,把工业电脑放在上面,再发展到软件技术与工业流程逐渐交汇融合。现在很多的机器人或集团中都包含嵌入系统。软件与物理机器的关系经历了分离→交汇→融合→一体化的过程。企业管理的进一步"软件化"体现为构建由信息空间向人类社会与物理世界的映射,通过软件驱动信息变换,优化物理世界的物质运动和能量运动,以及人类社会的生产活动,更便捷、更高效地提供高品质的产品和服务,使得生产过程更加高效、灵活、智能、人性化,从而促进企业转型升级,加速企业软件化的进程。

(二)企业软件化的过程

企业软件化的实质就是利用计算和通信技术,优化生产操作和流程。数字化控制技术的兴起,历经了四十年到五十年的发展,将数字化控制技术应用于生产的业务管理是企业管理软件化的开端。目前工业互联网的发展可以看作企业(主要是制造业)数字化或信息化发展过程的一个新的阶段。

软件已成为推动企业发展的重要动力。企业软件化将成为企业的新常态,据此,我们可以通过软件对企业进行优化的过程了解企业软件化的三个方面。

第一,对企业流程数字化的完善和深化。主要的流程包括以企业资源计划(ERP)为首的业务管理流程及产品生命周期管理(PLM)这两个流程的软件定义。

第二,利用工业互联网技术,实现或扩大生产设备和产品的连接。无论是在生产过程中,或是在物流过程中,还是在产品的使用过程中,收集数据都是至关重要的,企业应通过工业数据分析,进一步优化制造业的生产和运营。

第三，促进信息物理系统（Cyber-Physical Systems，CPS）的发展。信息物理系统把计算和通信技术嵌入最小的单元组件，与物理感应、物理效应深度融合在一起，实现了虚拟空间与物理空间的交互。信息物理系统将计算、通信和控制融为一体，为设备自动化控制提供了崭新的动力。

以上三个方面的发展是相互关联并相互支持与推动的。目前，企业软件化在业务管理及产品生命周期管理这两个流程中的软件定义较为成熟。同时，这一领域正在向生产过程智能化和销售服务智能化的方向发展。生产过程智能化，有利于企业培育新型生产方式，全面提升企业研发、生产、管理和服务的智能化水平；企业应提升销售服务能力，探索个性化定制、按需制造等新型生产方式，为用户提供定制化产品和服务；企业可以通过线下体验、线上订购的方式构建以客户为核心的集决策、采购、延伸服务为一体的服务体系；实现企业价值链的转型升级；形成依托生产线、机器、产品、工人等高度互联的智能工厂。

而工业互联网和信息物理系统为企业软件化提供了更为广阔的舞台，也是数字化虚拟系统与实体系统映射的关键。工业互联网是实现设备、产品、人等互联互通的多种异构网络的集中组网，是网络中的网络。工业互联网中的异构网络既包括 RFID、蓝牙、Zigbee、Wi-Fi、蜂窝网等适用于不同通信距离、具有不同通信协议的无线通信网络，也包括基于 TCP/IP 协议的互联网和专用协议局域网等有线网络。企业需要明确异构网络间网关的转接机制，建立一个能够融合不同异构网络的、统一的工业互联网架构体系。这一领域的软件定义需要实现的功能至少包括：互联网与各行各业融合创新的步伐加快，研发设计、生产制造和营销服务模式不断变革，成为企业转型升级的新引擎；云端制生态体系初步形成，加速完善以云设计、云生产、云管理、云试验、云分析、云服务等为核心的云端制生态体系；利用互联网、云计算等新一代信息技术，推进研发设计、数据管理、工程服务

企业软件化

等制造资源的开放共享。

企业软件化在这一层次上，要着力加强工业互联网平台的发展，要以互联网为工具，以数据为驱动要素，以价值共创为导向，引导大量工业企业、软件开发商、系统集成商和其他开发者应用平台，构筑覆盖技术创新、资源整合、动态配置、平台服务、用户参与、多方协作的开放网状价值生态体系，打破传统封闭工业技术体系链式发展的传统路径。这一阶段企业软件化的核心是以价值实现能力，打造开放的价值网络。在互联网时代，消费者与企业之间以及企业与企业之间的关系逐步被重构，企业的价值创造能力不仅取决于自身的活动，更取决于利益相关者组成的价值网络的整体能力。工业互联网平台的价值创造过程不再主要依赖以自身技术和资源为主的线性价值链，而是通过建立平台化的新型能力体系，打造由利益相关者组成的价值网络。

以动态组织变革能力引导企业迁移至工业互联网平台。引导企业逐步将各类设备及设计、生产、管理、营销、服务等迁移至工业互联网平台，实现基于价值链的工业企业数据化、网络化、在线化、服务化，加速企业生产方式、组织形式、管理方式和商业模式的变革。

提升平台的赋能能力和价值共创能力。依托平台将各类技术、数据、资源等软件化、模块化、平台化、通用化，加速工业知识复用和创新，实现平台各方能力的快速共享和提升，并反哺于平台，实现平台的自我革新。构建以平台各方资源开放共享、动态配置、协同协作、精准服务、价值共创为主的平台新商业模式，实现平台从以产品和服务交易为核心向以能力交易为核心的转变。

构建更多主体参与的开放生态体系。开发者应围绕多行业、多领域、多场景的云应用需求，通过对工业 PaaS 层微服务的调用、组合、封装和二次开发，将工业技术、工艺知识和制造方法固化和软件化，开发专用的软件。通过用与用、需求与需求之间的双向促进和迭代，逐渐形成开放共享的工业生态体系，制造业架构体系将发生革命性的变革，工业企业将不再全程参与应用开发，而是专注于自身擅长的领域，通过平台合作机制实现价值共创。

（三）企业软件化的内涵

内涵是某一逻辑术语所包含的性质或一组性质，这种性质是用概念表达的，或包含在概念中的，或对于所指的事物的概念是主要的。总体而言，企业软件化的内涵可以从价值链视角来剖析。哈佛大学商学院教授迈克尔·波特于1985年提出了价值链理论，认为每一个企业都是在设计、生产、销售、发送和辅助其产品的过程中进行种种活动的集合体。所有这些活动都可以用一个价值链来表明。企业的价值创造是通过一系列活动构成的，这些活动可以分为基本活动和辅助活动两类，基本活动包括内部后勤、生产作业、外部后勤、市场和销售、服务等；而辅助活动则包括采购、技术开发、人力资源管理和企业基础设施建议等。这些互不相同但又相互关联的生产经营活动，构成了一个创造价值的动态过程，即价值链。基于这个视角，企业软件化的内涵主要包括：要素投入软件化、组织管理软件化、研发设计软件化、生产方式软件化、营销体验软件化、产品服务内涵软件化。而在企业数字化中，映射和镜像是基础。

1. 要素投入软件化

企业软件化对资源要素进行改造，由资源驱动向数据驱动、信息驱动、知识驱动和智慧驱动的方向发展。具体而言，企业的各种要素，如劳动者由以体力及技术人才为主转向以软件和咨询管理人才为主；物质资料由以土

企业软件化

地、原材料、机器设备为主转向以数据、信息为主；驱动方式由资本驱动转向知识驱动。在采购环节中，软件化使基于电子商务的联合采购提高了行业采购行动的协调性。资源配置和供应链管理由软件系统加以实现。

一个由数据、信息、知识、智慧驱动的组织至少会以一种及时的方式获取、处理和使用数据来创造效益，不断迭代并开发新产品。数据的有效利用是评价企业软件化程度的基本指标。

互联网的演变历史也是数据分析、数据挖掘、搜索引擎、机器学习、模式识别等海量数据商业应用进步的行业发展史。亚马逊网站创始人杰夫·贝佐斯（Jeff Bezos）很早就预见基于数据深度利用的个性化服务才是电子商务企业的加速器。而且他坚定地表示要利用云计算和数据技术在更大的市场空间里发展亚马逊的核心业务。这个决策使 Amazon 的云计算和数据技术独立成为一项赚钱的业务。Amazon 已经通过把 Echo 和 Alexa 作为前端产品和自身的数据，与 AI 服务云一起形成在下一轮竞争中的独特优势。LinkedIn 作为一家职业社交网站，通过人才招聘、广告投放、付费订阅等服务实现了盈利，这三项服务的背后都体现了数据分析的重要贡献。LinkedIn 利用数据分析为所有职场人员做出迅速、高质、高效的决策，提供具有指导意义的分析和可规模化的解决方案。马云曾在杭州·云栖大会上发表演讲时表示，未来的变革远远超过我们的想象。过去基本上是以知识驱动的科技革命，未来科技革命的趋势不仅是知识驱动，还会是智慧驱动和数据驱动。

马云认为，在三次技术革命中，第一次技术革命节省了人的体力，第二次技术革命拉近了人的距离，第三次技术革命将会解放人类的大脑。每次技术革命的完成大约需要花五十年，前二十年基本是纯技术公司的竞争和发展，而后面的三十年基本上是技术的应用。马云强调新零售、新制造、新金融、新技术和新能源将会在方方面面对各行各业产生巨大的冲击和影响。因此，数据要素驱动的企业分析不仅是一门科学，而且是实实在在可以为企业带来价值的科学。

2. 组织管理软件化

企业软件化对组织管理进行了改造，组织结构由科层式转变为平台化，组织方式由组织转变为自组织。管理重心从指令和信息的上传下达转变为组织结构的知识内化及学习型组织的构建。在企业软件化的大潮下，扁平化、虚拟化成为一种主流趋势。

组织管理软件化的另一层含义则是组织管理智慧化。通过软件定义，随着环境越来越复杂，组织不仅没有反应迟钝，反而反应越来越灵敏。由于软件定义的复杂性，可以假设组织所处的环境变化越来越快，越来越复杂，组织必须从根本上寻找一种与科斯定理不同的应对之道，软件化不是让组织机械化、官僚化，而是让组织管理在做大做强后，进一步做活，使组织的复杂性高于环境的复杂性：第一，让组织的应变速度高于环境变化速度；第二，让组织复杂性的成本低于环境复杂性带来的利润。

以 IBM 为例，当环境变化加速或复杂度提高时，IBM 组织变动的方向是与大部分短寿命的组织相反的方向。一般短寿命的组织面对环境变复杂的情况时的典型反应是化繁为简，降低组织复杂度。降低组织复杂度典型的副作用就是让组织变得机械化、官僚化。为了避免大企业病，IBM 采取了反向操作，提高组织复杂度，让组织变灵活。智慧化（软件化）最主要的作用是降低提高组织复杂度所带来的成本。通过提高组织复杂度来降低成本是个奇特的反向思维，在全球范围内，只有少数企业，如 IBM、海尔、英杰华保险、汇丰银行等公司，采用了这样的思路。这些企业与其他企业的想法相反，其他企业将复杂性视为负面因素，这些企业却将复杂性视为正面因素，用组织复杂性（导致灵活性）对付环境复杂性，而非以组织简单性（导致机械性）对付环境复杂性。上述企业将复杂性管理作为竞争优势，将其当作机遇来把握。其中的道理是只有组织的复杂性高于其所处环境的复杂性，组织才能够生存。

当然，复杂性也不是越高越好，它必须是合理的。IBM 开发出名为"复杂性搜索器"的管理工具，去除与满足有效需求无关的复杂性，保留有益的复杂性。通过主动创新提高可以带来差异化增值效益的复杂性，获得竞争优势，复杂性管理可以基于复杂性的提高来实现竞争优势。例如，通过提高产品研发与生产的复杂性提高组织结构的复杂性和企业文化的复杂性，构建竞争优势。

软件化体现了"智慧"。有智慧与无智慧的区别，这个问题直到被解决时才被真正地认识到。没有智慧，组织越复杂，成本就越高（这是科斯定理反映的实际问题）；有智慧，组织越复杂，成本反而越低（这是科斯定理的解药）。复杂性的成本变化规律是组织越向生命体方向靠拢，边际成本越低；组织越向机械体方向靠拢，边际成本越高。而生命体（如灵长类生物）与非生命体的区别，就在于是否有"智慧"。

3. 研发设计软件化

软件服务从最初的销售、采购拓展至供应链管理，贯穿企业研发设计、采购、生产制造、销售及售后服务等全流程的管理环节，涉及企业内部业务协同和外部产业链协作的全过程。企业的供应链、研发设计、生产、营销体验、客户需求等将转变为数据驱动和软件定义的方式。

以往，企业在生产或经营活动中用到的各种工具都是靠人工直接操作的，且使用的工具非常多，对员工的要求也非常高，工作量非常大。所谓研发设计自动化就是把人类研发设计的方法、方式植入研发自动化知识平台，通过这些模型化的知识驱动这些工具进行工作，这就是研发设计软件化的核心思想。AlphaGo 代表的就是研发设计自动化，即把下棋的知识和方法植入机器，让机器代替人进行创造性工作。当然，工程领域比下棋复杂得多，目前在工程领域里还很难实现使软件按照人类提出的需求把产品设计出来，这需要人和机器相互配合。人需要做些高级的工作，比如选择、分析、判断，操作性的工作可以留给机器去做。在设备运行过程中会产生数据，人们将这些数据收集起来进行分析，形成工作的闭环。人在工作环境中的行为也可以挖掘新的知识。知识工作者有一个重要的特点，很多工作是一个黑箱过程，所以需要用计算机的方式去观察和捕捉人的行为，从中挖掘一些隐性的知识，然后将其转化成模型性的知识，形成一个知识的闭环。随着工作的开展，系统里会形成更多的知识并沉淀下来，最终解放人类，使其有更多的时间去从事创造性的工作。

机器人在生产线中的应用解放了体力劳动者，知识自动化解放了工程技术人员。在这个体系里，通过工程中间件连接和驱动各种软件、设备、硬件，从而建立知识体系，通过机器学习的方式进行资料的学习和处理，形成智能顾问及知识的模型化，也叫机器智能。数据、新型的人机工作环境使人和机器的关系转变成一种人机合作的关系，这就是整个研发设计软件化的基本原理。

4. 生产方式软件化

在生产环节中，软件化使得企业的生产过程逐步走向现代化，使得企业可以采用更加灵活的数字化定制生产方式提高专业化生产制造能力。软件服务从产业链两端推进制造业产业结构优化，软件服务形成了开放竞争与合作的产业链新模式，催生了基于大数据的信息服务新形态。

企业软件化

基于大数据的云计算是互联网的另一种形式的体现，它以工业互联网的形式和软件定义的形式去打造和优化工业流程。其中一个典型的场景就是按需分配，而按需分配实际上就是优化资源配置。工厂中的各种设备自动运营，物料供应正常，机器运转也很顺畅，这背后是看不见的数据的自动流动在给予支撑。而要想这些数据流动顺畅，显然只有通过云计算和互联网才能实现。云计算是新一代信息技术的典型代表，具有高灵活性、高性价比、高可靠性等优势。近年来，云计算在工业等传统行业中的应用愈加深化，有效地帮助传统企业提升了产品附加值、提高了生产效率、创新了商业模式、加速推动了产业转型升级。随着制造业向智能化方向发展，云计算也成为智能制造的重要基础，它能够通过提供强大的数据传输、存储和处理功能，帮助制造型企业收集和处理大量数据。这种基于云计算技术，面向制造型企业进行服务的智能制造平台就是工业云平台，它能够让企业无须招聘员工，无须购买昂贵的专业软件和制造设备，只需通过平台终端就能完成产品的设计、工艺、制造、采购和营销等各个环节。当前，越来越多的企业正在探索工业云平台的建设和应用。例如，海尔等传统制造型企业依托云服务能够快速、准确地把握消费者需求，推动企业向智能化、个性化、定制化制造的方向迈进，使企业实现由硬件制造商向"制造+服务"提供商的升级。不仅是海尔，现在许多互联网厂商和硬件厂商都在提供这样的解决方案。

5. 营销体验软件化

软件化使定制产品成为可能，增强了与产业链上各个企业间的协同能力，实现了线下看样、体验、物流与线上询价、交易、支付的优势互补，促进了产品分销和售后服务水平的提升。软件化为形成集网上信息发布、交易支付、体验展示、物流配送、售后服务、价格发现、品牌推广及行情监测等功能为一体的跨区域信息系统平台提供了基础。

下面介绍这一领域中的典型应用。社交媒体与商业的结合，大大提升了客户的体验满意度。社交媒体应用和移动互联网的兴起彻底改变了人与人、人与企业、企业与企业之间的沟通方式。伴随社交媒体的广泛应用，它所带来的改变也逐渐渗透到商务领域中。社交媒体在商务领域中的应用主要包括两个方面：一方面，企业期望通过社交商务的方式，从根本上改变其核心业务流程，打破企业内外部的界限，整合企业内外部的资源；另一方面，行业领袖们正在利用社交商务创建智慧化的团队，提升客户满意度，以创造更大的商业价值。

在大众社交网络化的时代中，微博、微信、QQ等社交软件可以运用于数字营销中，与场景营销相互结合，针对消费者的需求，为其提供丰富的个性化服务。场景营销需要大数据的支持，"互联网+场景营销"可以实现数字空间与现实世界的场景对接和共享，让消费者获得舒适、丰富的场景营销体验。"互联网+场景营销"可以针对消费者的需求和体验，结合丰富的大数据信息资源，在场景中寻求设计与运用的灵感，满足消费者的体验需求。

对于企业和营销者来说，社交平台营销存在很多优越性。社交平台能够拉近企业和用户的距离，增强企业和用户之间的互动性。在传统的营销方式中，企业很难得到营销效果的反馈，但是借助社交平台，企业就能够得到用户的反馈。

企业要获得可持续的发展，就需要在其领域中不断创新并提升竞争优势。这种优势可以是规模生产的低成本、机密的自主知识产权、积极的员工或高瞻远瞩的领导决策。但在当前的知识经济时代中，企业的战略优势愈发依赖超前的精准判断与果断抉择。

6. 产品服务内涵软件化

销售行为后移和消费行为前置是从产品转向服务的核心，把消费行为提前，即让顾客提前感受产品或服务为其带来的价值；消费行为后移是指顾客不用先掏腰包，就可以享受产品或服务。软件化为产品服务赋予了新的内涵，提升了顾客的使用满意度，让产品慢慢融入了顾客的生活。互联网把知识从线下产品升级为线上服务，消费者可以通过在线交流、微博、微信等即时软件或专家咨询等方式获得产品信息，浏览照片、观看视频、在线咨询互动等技术让消费者身临其境，使得营销者可以把真实产品多方位的立体图形展示给消费者，将消费者获得的产品知识升级为服务。产品由有形的物质产品向无形的信息产品转变；由以硬件决定产品价值为主向以软件决定产品价值为主转变；生产制造由产品向服务转变；创新模式由产品（服务）创新转向商业模式创新。

以打车为例，打车虽然是一个传统的信息化问题，但科技改变行业，在产品服务上，产品软件化发挥着至关重要的作用。在 20 世纪六十年代的时候，也就是人工智能的早期发展阶段，主要是通过定义打车的规则进行车辆和客户的匹配，但是司机和客户匹配的效率很低，成本也不划算。而现在通过大数据的方法，企业可以低成本地进行客户信息的搜集和存储，然后对司机进行训练和评分，使匹配圈更加智能和优化，所以通过数据智能一方面可以降低打车成本，另一方面可以优化产品服务，提升服务水平。仍以互联网打车为例，现在的滴滴出行、美团打车的客户服务水平均高出了传统模式的出租车的服务水平。随着互联网打车的市场份额的攀升，截至 2018 年 1 月，传统出租车的收入已降至历史最低水平。有一个典型的应用场景是客户通过手机 App，可以直观地看到出行的预估价，如果最终价格大大高于预估价，客户在付款时，平台会自动弹出类似"车费异常，是否需要申诉？"的提示。

如果客户点击了"需要申诉"的按钮，滴滴、美团的 App 会立刻根据客户的既往信用弹出不同界面，如果客户信用较好，则弹出界面的大意是：您有很好的信誉记录，接受您的申诉，此次收费按**元计算（是按正常的计费水平）。如果客户信用不好，则会弹出等待申诉处理的界面。这个功能带给客户的体验是非常好的。因为，在互联网打车软件出现之前，出现类似状况时是完全不同的场景：

（1）客户可能根本不知道司机绕路了；

（2）客户事后发现司机绕路了，但下车时忘了索要票据，无法举证；

（3）客户当时就发现司机绕路了，向司机要了票据，但票据上只显示里程和时间，而没有出发地点、目的地和行车路线，无法直接证明司机绕了路。

互联网打车软件的出现彻底改变了这一状况：主动提醒客户是否需要投诉；客户提出申诉后，尽快做出令客户满意的处理。

互联网打车的投诉处理如此贴心而智能，它是怎么做到的呢？答案很简单：服务软件化。

四、全息视角的企业软件化

自科学管理诞生以来，大家就在研究如何提高企业效率。企业家们最开始研究的是如何获得规模效益，并在此基础上进一步研究科学管理，起初，

企业软件化

人们发现把人力资源管得太紧反而不利于效率的提升，因此引入了人际关系管理（行为科学），后来，对管理的研究上升到了研究战略层面，战略管理成为企业关注的重点。战略层面的管理关注环境、市场、产品和流程。随着信息化的发展，学习型管理则强调全球化、信息化、学习型组织和知识管理。

企业作为一个复杂的系统，需要用全息视角对自身进行剖析。从战略层面关注企业，至少需要分为三个层次：环境和市场维度、产品维度、运营流程维度。对复杂企业的解析，一种是使企业更简单化，如 ERP，它可以使企业既简单又有机。另一种是促使企业的视角非线性发展、跳跃式发展，有意识地发展企业的弹性、柔性和可塑性，智能制造就是其中的一种典范。上述两种思路都可以促使企业向软件化方向发展。

（一）企业的全息视角

1. 环境和市场视角

首先对环境和市场进行分析。一方面，环境的不确定性对企业而言是一种威胁，它既是战略管理者制订长期规划的障碍，也是阻止公司在战略管理中与外部环境保持平衡的障碍；另一方面，环境的不确定性也是一种机会，它使战略管理者的创造性与创新思维在战略决策中充分发挥作用。因此，分析环境，以发现潜在的机会与威胁是企业在制定战略时关键的一步，同时，这也是剖析企业时的一个必要环节。常用的环境分析方法有 PEST 分析、SWOT 分析、竞争五力模型分析等。

（1）PEST 分析。

PEST 分析是战略外部环境分析的基本工具，用于分析企业所处的宏观环境对战略的影响，企业的宏观环境主要包括政治法律环境、经济环境、技术环境、社会环境和自然环境五种。经济环境包括社会经济结构、经济发展水平、经济体制和宏观经济政策；政治法律环境包括政治制度、政治体制、方针政策、法律法规等；技术环境包括社会科技水平、科技发展趋势、国家科技体制、国家科技政策和立法等；社会文化环境包括社会结构、价值观念、人口规模、文化传统、行为规范和宗教信仰等。

（2）SWOT分析。

SWOT分析常被用于制定企业战略和分析竞争对手。所谓SWOT分析，就是将与研究对象密切相关的各种主要内部优势因素、劣势因素、机会因素和威胁因素，通过调查罗列出来，并将其依照一定的次序按矩阵形式排列，这样既可以一目了然地看出企业内部环境的情况，又可以对影响内部环境的因素进行综合分析，然后运用系统分析的思想，从中得出一系列相应的结论。

竞争优势（S）是指一个企业超越其竞争对手的能力，或者指企业所特有的能提高企业竞争力的东西。如技术技能优势、有形资产优势、无形资产优势、人力资源优势、组织体系优势、竞争能力优势等。

竞争劣势（W）是指企业缺少或做得不好的东西，或指某种会使公司处于劣势的条件。导致企业内部劣势的因素有缺乏具有竞争力的技术，缺乏有竞争力的有形资产、无形资产和人力资源，关键领域的竞争能力正在丧失等。

潜在机会（O）是指可以为企业带来自身成长和利润前景的发展机遇，是影响公司战略的重要因素之一。企业会选取那些可与公司财务和组织资源相匹配，可以使公司获得的竞争优势最大化的最佳机会。潜在机会包括：客户群的扩大趋势或产品细分市场，技术向新产品、新业务转移，为更大的客户群服务，价值链、产业链和供应链前向或后向整合，市场进入壁垒降低，获得并购竞争对手的能力，市场需求增长强劲，出现向其他地理区域扩张或扩大市场份额的机会等。

外部威胁（T）是指对企业的盈利能力和市场地位构成威胁的因素。外部威胁包括：出现将进入市场的强大的新的竞争对手、替代品的出现抢占了公司销售额、主要产品市场的占有率下降、汇率和外贸政策的不利变动、人口特征或社会消费方式的不利变动、客户或供应商的谈判能力提高、市场需求减少、容易受到经济萧条和业务周期的冲击等。

SWOT 四种战略如表 2-1 所示。

表 2-1　SWOT 四种战略

	优势（S）	劣势（W）
机会（O）	SO 战略： 发挥公司优势，利用外部机会	WO 战略： 利用外部机会来弥补自身的不足
威胁（T）	ST 战略： 利用公司的优势规避外部的威胁	WT 战略： 通过努力减少自身劣势，进而规避外部的威胁

此外，还有对微观环境（行业环境）的分析。微观环境对企业的影响是直接而明显的，进行行业分析是企业外部环境分析的核心和重点。了解自身在行业中的竞争力及盈利来源，有利于企业解决问题和制定战略。常用的行业分析方法有竞争五力模型、行业生命周期分析等。

（3）竞争五力模型分析。

竞争五力模型（如图 2-1 所示）常被用于竞争战略的分析，竞争五力模型主要用来分析本行业的企业竞争格局及本行业与其他行业之间的关系。竞争五力模型可以有效地分析企业的竞争环境，有助于企业识别行业或部门内部竞争的来源。一个行业中的竞争，不只是在原有的竞争对手中进行的，还存在着五种基本的竞争力量的竞争。这五种基本的竞争力量的状况及综合强度，决定着行业竞争的激烈程度，从而决定着行业最终的获利潜力及资本向本行业的流向程度，这一切最终决定着企业保持高收益的能力。

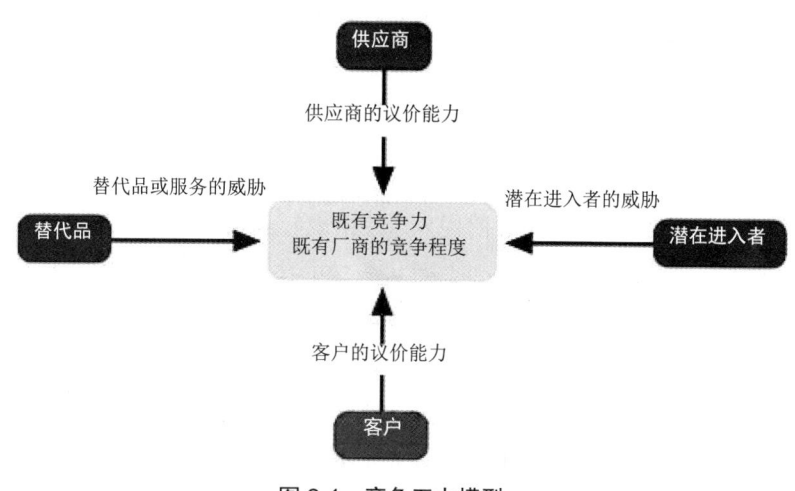

图 2-1　竞争五力模型

供应商的议价能力。供应商主要通过提高投入要素的价格与降低单位价值质量，来影响行业中现有企业的盈利能力与产品竞争力。供应商力量的强弱主要取决于他们给买主提供的是什么投入要素，当供应商所提供的投入要素，其价值在买主产品的总成本中占较大比例或对买主产品生产过程非常重要，甚至严重影响买主产品的质量时，供应商对于买主的议价能力就会大大增强。

客户的议价能力。购买者主要通过压价与要求供应商提供较高质量的产品或服务，来影响行业中现有企业的盈利能力。

潜在进入者的威胁。潜在进入者在给行业带来新生产能力和新资源的同时，还希望在已被现有企业瓜分完毕的市场中赢得一席之地，这就有可能会与现有企业发生原材料与市场份额的竞争,最终导致行业中现有企业的盈利水平降低,严重时还有可能危及现有企业的生存。竞争性进入威胁的严重程度取决于两方面的因素,一是潜在进入者进入新领域的障碍大小,二是现有企业对于潜在进入者的反应。

替代品或服务的威胁。两个处于同行业或不同行业的企业,可能会由于它们所生产的产品互为替代品,从而产生相互竞争的行为,这种源于替代品的竞争会以各种形式影响行业中现有企业的竞争战略。首先,现有企业产品的售价及盈利潜力,将会因为存在着能被用户方便接受的替代品而受到限制;其次,由于替代品生产者的侵入,使得现有企业必须提高产品质量,或者通过降低成本来降低售价,或者使其产品更具特色,否则其销量与利润增长的目标就有可能受挫;最后,源于替代品生产者的竞争强度,也会受产品买主转换成本高低的影响。

既有厂商的竞争程度。大部分行业中的企业,相互之间的利益都是紧密联系在一起的,作为企业整体战略一部分的企业竞争战略,其目标都在于使自身获得相对于竞争对手更大的优势,所以,在战略实施中就必然会产生冲突与对抗现象,这些冲突与对抗就构成了既有厂商之间的竞争。既有厂商之间的竞争常常表现在价格、广告、产品介绍、售后服务等方面,其竞争强度与许多因素有关。

2. 产品定位视角

成本领先战略是指企业通过降低自己的生产和经营成本,以低于竞争对手的产品价格,获得市场占有率,并获得同行业平均水平以上的利润。在这种战略的指导下,企业决定成为所在行业中实行低成本生产的组织。企业的经营范围广泛,为多个产业部门服务甚至可能经营属于其他有关产业的生意。企业的经营范围往往会对其成本优势产生举足轻重的影响。成本优势的来源因产业结构不同而有所不同。它们可以包括追求规模经济、专利技术、原材料的优惠待遇和其他因素。

差异化战略,又称别具一格战略,是指为使企业产品、服务、企业形象等与竞争对手有明显的区别,以获得竞争优势而采取的战略。这种战略的重点是创造被全行业和顾客都视为独特的产品和服务。差异化战略的方法多种多样,如产品差异化、服务差异化和形象差异化等。实现差异化战略,可以培养用户对品牌的忠诚。因此,差异化战略是使企业获得高于同行业平均水平的利润的一种有效的竞争战略。

集中战略是指主攻某个特殊的顾客群、某产品线的一个细分区段或某一个地区市场的战略,其所开发推行的每项方针都要考虑这一领域中心思想的崭新焦点。专一化战略常常是成本领先战略和差异化战略在具体特殊顾客群范围内的体现。或者说,专一化战略是以更高的效率和更好的效果为某一特殊对象服务,从而超过在较广阔的市场范围内竞争的对手的战略,要实行专一化战略就要实现差别化,或实现低成本,或二者兼得。

3. 价值链分析

价值链分析方法是企业一系列的输入、转换与输出的活动序列的集合,每个活动都有可能对最终产品产生增值的作用,从而增强企业的竞争力。企业在信息技术和关键业务流程方面进行优化是实现企业战略的关键。企业通过在价值链过程中灵活应用信息技术并发挥信息技术的作用,可以增强自身的竞争能力。清晰的结构框架能帮助客户快速、准确地认识企业价值链中各个相关活动的重要意义。企业价值活动如图 2-2 所示。

涉及任何产业内竞争的各种基本活动有以下五种类型。

内部后勤是指与接收、存储和分配相关联的各种活动,如原材料搬运、仓储、库存控制、车辆调度和向供应商退货等。

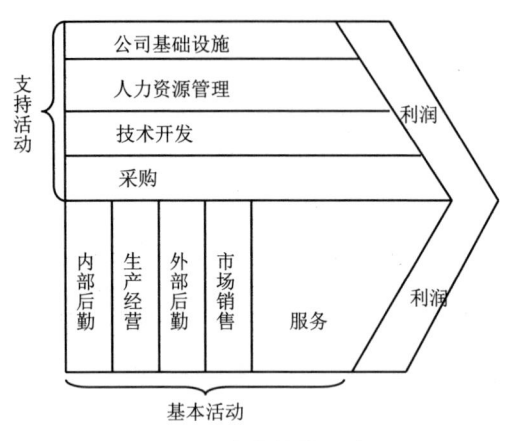

图 2-2 企业价值活动

生产经营是指与将投入转化为最终产品相关的各种活动，如机械加工、包装、组装、设备维护、检测等。

外部后勤是指与存储产品和将产品发送给买方有关的各种活动，如成品库存管理、原材料搬运、送货车辆调度等。

市场销售是指与给买方提供购买产品的方式和引导他们进行购买相关的各种活动，如广告、促销、销售队伍建设、渠道建设等。

服务是指与提供服务以增加或保持产品价值有关的各种活动，如安装、维修、培训、零部件供应等。

任何产业内所涉及的各种支持活动可以被分为以下四种基本类型。

采购是指用于企业价值链建设的各种投入活动，采购既包括企业生产原料的采购，也包括与支持活动相关的购买行为，如研发设备的购买等，还包含物料的管理作业等。

技术开发。每项价值活动都包含技术成分,既包括技术诀窍、程序,还包括在工艺设备中所体现出来的技术。

人力资源管理是指各种涉及所有类型人员的招聘、雇佣、培训、开发和报酬的各种活动。人力资源管理不仅对基本活动和支持活动起到辅助作用,还支撑着整个价值链。

公司基础设施支撑了企业的价值链。如会计制度和行政流程等。

(二)信息企业与实体企业的映射

企业一般是指以盈利为目的,运用各种生产要素(土地、劳动力、资本、技术和企业家才能等),向市场提供商品或服务,实行自主经营、自负盈亏、独立核算的法人或其他社会经济组织。无论是实体企业还是信息企业都遵循这一概念。软件服务从最初的销售、采购拓展至供应链管理,贯穿企业研发设计、采购、生产制造、销售及售后服务等全流程管理环节,涉及企业内部业务协同和外部产业链协作的全过程,实体企业的信息化、虚拟化和软件化主要包括以下几个方面。

1. 研发设计软件化

将信息化、数字化贯穿企业研发设计、采购、生产制造、销售及售后服务等全过程,就有可能实现研发的一次性成功,不仅会缩短研发周期,还会降低研发成本。研发一次性成功的关键是在设计产品的时候进行建模与仿真。由于行业的不同,对研发设计的软件的使用和要求也不同,但基本都实现了从最初的借助计算机辅助设计工具来解决效率问题到现在的随心所欲地创新设计的跨越。

企业软件化

应用软件化初期，企业利用基于网络的 CAD、CAE、CAPP 等集成技术，实现了产品全数字化设计与制造，利用产品数据管理 PDM 技术实现了并行工程，从而极大地提高了产品开发的效率和质量，企业可以通过 PDM 进行产品功能的配置，利用系列件、标准件、借用件、外购件以减少重复设计，在 PDM 环境下进行产品设计和制造，通过 CAD 等模块的集成实现产品无图纸设计和全数字化制造。随着企业软件化的加深，研发与设计出来的模型能近乎全面地反映最终生产出的产品，对新产品的改进和对新材料的应用只需在虚拟的环境中设计出模型，进行模拟实验，再将通过模拟实验产出的产品在实体环境中进行实验，这样的研发流程节省了时间和成本，改变了传统研发设计的方式。现在，软件化的深度应用将研发与设计工作的核心创新设计从诸多烦琐的工作中脱离出来，使得设计人员能将自己的想法充分展现出来。

以服装业为例，裁缝们的工作一般分为两种，制作成衣和量体定制，无论男装还是女装均是如此。即使在今天，许多制衣工艺，尤其是定制服装，仍然保持着传统的状态，裁缝们使用卷尺量取顾客的身形数据，然后在此基础上制作服装。但计算机技术的发展催生的 3D 扫描技术已能完全替代裁缝量体的工作并完成得更为出色。红外线感应器能比裁缝传统的测量方式收集更多的测量数据，还可以借助软件实现可视化，从而将数据保存下来，裁缝们也从每天拿着皮尺为顾客进行身形测量这一机械的工作中解放出来，他们有更多的时间来进行服装的制作。结合可视化的三维模型，可以将制作好的服装给模型穿上并将其效果展示给顾客，顾客满意后再进行生产，这样不仅节省了顾客试衣的时间还提高了客户满意度。企业研发设计软件化所带来的好处显而易见，软件化的发展势不可挡。

工业化要和信息化深度融合，来促进和推动制造业的发展。数控机床是重要的基础装备，它使用软件对加工过程进行模拟仿真，能够做到预测加工的尺寸精度，特别是加工后的表面残余应力，残余应力决定着零件的性能和使用寿命。而设计的软件化恰恰是实现这些预测的有力支撑。

为了迎接智能制造，中国工程院启动了网络化和数字化设计—制造—服务一体化的战略咨询项目。网络化和数字化在航空及汽车领域中的应用已取得初步成效。将网络化和数字化应用于航空工业研制飞机，使飞机从设计到首飞的时间比传统周期缩短了一半。汽车工业网络化和数字化平台的研发也取得了进展。中国一汽集团的数字化发动机的研究与开发，实现了汽车从数字化设计、数字化加工和生产、数字化检测到销售的全过程数字化。东风汽车集团也提出了商用车全过程数字化研发平台，从商品规划、设计、实验到生产，整个流程都进行仿真建模。

2. 要素投入软件化

大数据时代的人工智能的出现影响着企业运营的各个环节，采购当然也不能例外。但细化到不同的采购品类和不同的采购工作内容时，其受到冲击的程度是完全不同的。在未来10~15年中，高频采购交易将会大规模被自动化替代；依托人工智能的推荐方案，采购决策的效率和合理性将大幅度提升，间接材料采购将会消失。电子商务的出现与应用，导致间接材料的战略采购和运营采购的环节大幅度减少。企业对间接材料的采购行为正在向消费者市场的采购行为演变——去中介化，需求者可以在购物平台上直接下单购买。平台方将承担这些物料的战略采购工作，包括供应商选择和合同谈判；而需求者的采购过程就像在淘宝或京东上买东西一样便捷，不需要任何运营采购人员的介入。采购交易的细节会和企业的内部系统（如ERP）同步。

与此同时，集成知识图谱的深度学习使推荐算法在推荐效果上将逐步替代传统的协同过滤推荐模型，进一步提升需求者的采购体验和平台的服务水平。来自不同行业、不同规模和不同采购标准的企业需求在平台上看到的供应企业、产品标准和质量、产品价格都是不同的，实现按照具体企业定制的智能推荐方案。例如，京东搭建的企业级电商化采购平台将原本烦琐的采购工作简单化、信息化、透明化。

要素投入软件化导致运营采购大幅度自动化。从技术角度看，直接材料的运营采购自动化已经解决。将产品需求计划通过 MRP（物料需求计划）分解为采购需求，再将采购需求自动转换为采购订单，通过 EDI、RossetNe 等与供应商和物流服务商交换物料需求预测、采购订单、采购订单确认、物流信息和付款的数据。运营采购自动化多年来没有大规模落地，固然有客户认可和使用成本等多方面原因，但其根本原因是产品预测的准确度低，使得采购订单频繁提前、推迟或取消导致的采购效率低下远远超过采购自动化带来的效率提升。在运营采购的日常工作中，工作人员 20% 的时间在处理采购订单，80% 的时间在与计划管理者、供应商和物流商沟通协调发货的安排。

随着消费渠道去中介化的发展和人工智能技术对客户需求数据的挖掘、分析和提炼，供应链的牛鞭效应将会大幅度改善。一方面，使用人工智能精准预测客户需求；另一方面，当企业与供应方的系统数据实时联通后，人工智能技术可以分析供应方的产能利用率和瓶颈环节，企业可以平衡供应链的供需关系并实时优化库存，同时实现完全自动化的采购和订单处理。传统的 ERP 厂商如 SAP，已经在这个领域中布局。

采购的软件化使得战略采购走向智能化。战略采购包含寻筛、审核、询价和签订合同等环节，其中寻筛和询价这两个环节尤为重要。基于垂直行业知识图谱的智能经纪人（Virtual Agent）和机器学习，未来将深度介入直接材料和项目采购的这两个环节，使战略采购走向智能化。具体表现为基于知识图谱的智能寻源和人工智能驱动的商业谈判。

3. 生产方式软件化

在生产环节，软件化使得企业的生产过程逐步走向现代化，企业可以采用数字化仿真手段对制造过程中的原材料采购、制造装备、制造系统及产品性能进行定量描述，使工艺设计从基于经验的预测向基于科学推理转变，提高专业化生产制造的能力。企业发展智能制造的内在动力在于实现产品质量的可控，侧重从生产数字化建设起步，基于质量控制需求完成从产品末端控制到生产全流程控制的转变。

在生产制造的单个环节信息化建设的基础上搭建企业 CPS 系统，建立统一的可视化平台，实现产品生产全过程中跨部门的协同控制。在企业内部协同控制的基础上促进供应链的协同化，整合原材料采购和配送的需求，将 CPS 系统拓展至供应商和物流企业以实现智能生产。企业依托互联网逆向整合研发环节，打通设计、采购、生产的数据链，采用虚拟仿真技术优化生产工艺。研发设计的软件化以仿真技术为前提，形成虚拟的环境、虚拟的设计与制造过程，从而大大缩短产品的开发周期，提高产品设计开发的一次性成功率。特别是在网络技术高速发展的背景下，企业可以通过国际互联网、局域网和内部网组建企业动态联盟，进行异地设计和异地制造，然后在最接近用户的生产基地生产成品。此外，研发设计的定制促进了个性化定制生产，引入了柔性化生产线，基于需求数据模型开展精益生产。

4. 组织管理软件化

社会生产力的快速发展使得当今世界不断变革，作为企业经济发展的基本要素，能源和信息的关系正在发生变化，形成了以信息化为依托的现代企业发展格局，体现了企业组织形式网络化的趋势。信息技术与企业资源计划、供应链管理、客户关系管理相结合，形成了制造企业信息化的总体框架，为企业管理解决了实际问题。

企业的管理目标就是使企业高效运转、发挥优势、实现发展。企业管理的任务与目标为企业实现软件化创造了条件，而软件化可以促使企业实现管理目标。CAD 等软件主要用于实现产品的设计和制造过程的优化及其管理的数字化；企业资源计划 ERP 是以实现企业对产、供、销、人、财、物的管理为目标；供应链管理 SCM 用于实现企业内部与上游企业之间的物流管理；客户关系管理 CRM 可以帮助企业建立、挖掘、改善与客户之间的关系。上述技术的集成，可以整合企业内部各部分的管理，建立从企业的供应决策到企业内部技术、工艺、制造和管理部门，再到企业与用户之间的信息集成，实现企业与外界的信息流、物流和资金流的畅通，从而有效地提高企业的市场反应速度和产品开发速度，确保企业在竞争中取得优势。

身处数字化时代，产品的生命周期大大缩短，断点、突变、不连续性和不确定性使所有的行业都被重新定义，商业环境和商业竞争从可预测变得不可预测。数据、协同、智能等要素碰撞在一起，重构了商业系统的结构，带来了非连续、不可预测的变化。例如摩拜单车和滴滴打车等分别重构了自行车和出租车行业，这远远超出了我们的想象。信息化和网络化改变了企业的管理理念，具体如下。

（1）企业服务意识明显加强，顾客成为企业管理与营销的中心。

企业管理的目标与任务是实现企业利益的最大化。企业利益能否得到保证是与企业对待市场的态度紧密相连的。网络化在企业中的发展与应用强化了企业"顾客第一"的思想，使企业管理和营销以顾客为中心，最大限度地满足顾客的需求这一目标被尽可能地实现。企业还会根据顾客的需求，有针对性地安排生产与运输。

(2)级别关系变弱,部门间的协作与服务意识加强。

原有的组织结构自上而下形成了"金字塔"形,这意味着各部门间存在级别的差异,也可以将其看作一种信息资料的不平衡的差异。日渐扩大的层级"金字塔"实际上意味着复杂的委托—代理组织链条,也就是信息不对称程度的不断扩大,使得企业逐渐形成了强大的领导与被领导的关系和官僚主义作风。而网络化的应用可以对这种关系与作风进行冲击。网络化以其信息交换的快捷性和准确性,使企业的各种信息资料可以通过网络在最短的时间内进行传递,使得企业的部门及人员被优化,企业领导层的职能也不再是利用所拥有的独占的信息资料对下级人员发布命令,而是越来越注重调动企业的各个部门的人员掌握信息资料,以完成企业的任务。

(3)计算机对人脑的替代强化了科学管理意识。

计算机对人脑的替代强化了科学管理意识。有了计算机和网络,企业管理可以通过相关的管理软件实现,使得管理更加准确和规范。同时,计算机软件的广泛应用和网络间的联系使企业决策更具科学性,计算机的使用是企业科学决策的基础。

(4)企业管理中的惰性明显减弱。

网络化的时效性使管理工作效率更高,同时也使企业的管理监督更加透明。管理工作的透明化提高了员工工作的积极性,也起到了对员工的激励作用,在无形中减弱了管理工作中的惰性。

(5)办公观念变化,不再局限于固定的时间与空间。

办公室的概念已经不再是固定的概念。企业内部的网络将企业内的各项工作联系成一个整体,还将企业内部网络与国际互联网连接起来,形成了企业外部网络。

5. 营销体验软件化

软件化为定制产品提供了可行性,增强了企业与产业链下游企业的协同能力,实现了线下看样、体验、物流与线上询价、交易、支付的优势互补,促进了产品分销和售后服务水平的提升。

多年来,营销理念不断创新,客户需求不断被发掘,百年营销,就是一部营销理念与技术的创新融合史。从以产品为中心的营销 1.0,到以客户为中心的营销 2.0,以及注重情感与体验的营销 3.0,进而发展到以数据为核心的整合营销 4.0,营销发生了翻天覆地的变化。

对企业来说,永远不变的需求是"找客户,求发展"。一项调查表明,购买者在与销售人员接洽之前,已经完成了其决策流程的 57%,这一提前完成的过程,就在于互联网、移动互联网的深入应用,让消费者或企业能以更便捷的方式获知各类资讯,通过对比做出决策,当消费者走进卖场或登录电商平台时,往往已经"心有所属",这就是营销的价值,这也使得营销战略在企业内部的重要性更加凸显。当数字经济成为全球经济的新动能时,为了适应这种变化,商业营销开始从 Sales 向 Marketing 转变,营销升级成为必然。

这是市场经济最好的时代,层出不穷的数字化技术正在帮助企业用前所未有的方式连接客户。在移动互联网已经普及的今天,传统的传播手段变得更加容易被屏蔽和忽略,企业的营销主导权已回归消费者。同时,日新月异的新技术也提供了前所未有的机遇,企业可以回归营销的本质,来构建和消费者之间一体化的、可持续的生态关系。这也是"传统企业+互联网"的前提。互联网的飞速发展提高了营销的效率,改善了营销的效果。营销的主战场随之转移到了各种数字化阵地中。企业的市场负责人都在主动或被动地成为技术专家。

营销自动化，是客户关系管理（CRM）的应用范围之一。市场营销领域当前最热门的技术就是营销自动化。营销自动化指的是基于大数据的，用于执行、管理、自动完成营销任务和流程的云端的一种软件。这种软件改变了人工操作重复性很强的市场营销流程，取而代之的是为特定目的建立的用以面向性能的应用软件。

在美国有针对中小企业的营销自动化平台 HubSpot 和已经被 Oracel 收购的 Eloqua。HubSpot 成立于 2014 年，该企业整合了博客发表、社交监控、联系人管理、搜索优化、邮件营销、营销自动化处理、用户数据分析等多种实用功能。HubSpot 可以为用户提供一站式 SaaS 服务，并在其操作界面中整合了 salesforce.com、SugarCRM、NetSuit、Microsoft Dynamics CRM 等知名客户关系管理软件的部分模块对接功能。仔细研究后不难发现，欧美等国家成熟市场的自动化营销大都是围绕电子邮件而建立的，而对于中国消费者而言，这些并不是企业与消费者建立沟通的主要渠道，微博、微信等社交平台才是我国自动化营销的主战场。

企业软件化可以为企业建立一个智能的营销体系，这个营销体系包括活动营销系统、营销自动化和营销预测技术，企业软件化还能将营销系统及在与用户连接的所有数字化触点中产生的数据（包括用户的行为、兴趣、标签和旅程等）统一汇总到"客户数据平台"中。企业可以以此为核心，建立更清晰、更完整的用户画像，通过多系统的数据融合，最终完成客户的培育与转化。

客户数据平台（CDP，Customer Data Platform）。它是智能营销体系的核心，它把来自营销、销售和客服等多渠道的客户数据整合到统一平台中，并以第一方数据、用户实时行为数据为主，应用场景广阔。CDP 打通了多系统、多渠道的营销数据孤岛，为企业展现了一个更完整的客户服务流程，建立了持续、连贯的客户体验，最后形成了企业的数据资产。

活动营销系统（EMS，Event Marketing System）。在活动营销体系中，一个不容忽视的营销场景就是线下会议，特别是对 2B 公司来说，线下会议是完成最后成交过程中非常重要的环节，同时也是在客户数据平台中建立持续、连贯且完整的客户服务流程的重要渠道。智能化的 eHub 活动营销系统具备以下四个特征：活动管理数字化、会议服务自动化、商机挖掘智能化和营销效果可视化。

营销自动化（MA，Marketing Automation）。eHub 营销自动化是智能营销体系的重要组成，它基于用户的属性特征和行为特征为用户推送一对一的个性化营销内容，实现精准营销；同时在用户和营销自动化系统交互的过程中，建立客户的 Leads 评分和行为标签，完成商机转化。同时还可以将数据汇总到客户数据平台中，为下一次 Marketing Campaign 提供参考依据。

营销与销售预测（AI）。AI 与营销相结合的应用场景之一是营销和销售预测。利用 AI 技术，营销人员可以为客户提供实时的个性化讲解，AI 的机器学习能力还可以实时优化营销策略，使营销更具有针对性，为客户和潜在客户带来一对一的全新数字体验。

当前，网络技术的深入应用使营销渠道越来越多样化，在给企业带来更多营销触点的同时，应用孤岛、数据整合、潜客挖掘等问题接踵而来，智能营销体系将为企业营销带来新的动力。

（三）企业软件化的全息视角

1. 企业软件化的战略视角

软件是新一代信息技术产业的灵魂，"软件定义"是信息革命的新标志和新特征。软件和信息技术服务业是引领科技创新和推动经济社会发展的核心力量，是建设制造强国和网络强国的核心支撑。企业软件化的战略主要通过技术手段、运行机理、驱动机制、演化过程、系统角度、转型方向、背景逻辑、主体内容、实现目的等综合因素展现对企业全方位的影响和渗透。

（1）从技术手段看。

企业软件化是软件技术在企业的广泛渗透和深度融入。软件是新一代信息技术的灵魂，也是智能转型之魂。软件在企业中的广泛渗透与应用构成了企业软件化的一个显著特征。

软件和信息技术服务业是企业软件化的基础。当今社会已步入了加速创新、快速迭代、群体突破的爆发期，创业正在加速向网络化、平台化、服务化、智能化、生态化方向演进。随着云计算、大数据、移动互联网、物联网的快速发展和融合创新，先进计算、高端存储、人工智能、虚拟现实等新技术也在加速发展，进一步重塑了软件的技术架构、计算模式、开发模式、产品形态和商业模式，新技术、新产品、新模式、新业态日益成熟，正在加速步入质变期。开源、众包等群智化研发模式已成为技术创新的主流方向，产业竞争由单一技术、单一产品、单一模式加速向多技术、集成化、融合化、平台系统、生态系统方向转变，生态体系竞争成为产业发展的制高点。软件企业依托云计算、大数据等技术平台，强化技术、产品、内容和服务等核心要素的整合创新，促进企业业务重构、流程优化和服务提升，实现企业转型发展。

（2）从运行机理看。

企业软件化是指企业按照软件工程的思维运行。通常企业以建模分析、层次化分解、软件复用、敏捷开发等软件工程思维作为运行的重要指导思想。

建模分析就是建立模型，其目的是帮助用户理解事物，是指使用计算机描述一个系统的行为。建模分析是企业软件化的第一步，也是关键的一步，它是指将企业全流程的各个环节用计算机来描述，并将各流程的数据保存在计算机中，从而建立能反映现实活动的模型。如在研发设计环节中使用计算机以数学方法描述物体间的空间关系，计算机辅助设计（CAD）程序可以在屏幕上生成物体，使用方程式产生直线和形状，依据它们相互间的关系及其所在的二维或三维空间的关系将其精确放置。

层次化分解是指将一个大而复杂且高度抽象的问题逐层分解为几个小问题，每个小问题都是简单的、具体的。如在公司进行量身打造的订单管理系统中，采用自顶而下的模块化设计逐层分解、逐步细化，按实际需求实现具体的功能。例如，企业在处理大的生产订单时，也是将这套为公司量身打造的订单管理系统定制开发，使其具备订单、交易、商品、发货、收款、库存、退换、经销商、数据统计等多种功能，特别是在经销商折扣率环节中为多种价格、多种折扣率提供支持，满足不同的经销商的购货需求，从而在订货方面形成完整清晰的交易记录，提高企业的管理效率，从而更好地服务客户以增加企业收益。

软件复用是指在构造新的软件系统的过程中，对已存在的软件产品（设计结构、源代码、文档等）重复使用的技术。企业在某个运行环节中产生的数据、资源等也可以在其他环节重复使用，这样不仅能降低成本，还能提高效率。

敏捷开发是一种以人为核心，快速迭代、循序渐进的开发方法。快速迭代是指产品与服务要快速地适应不断变化的需求，不断推出新的版本满足或引领用户的需求，永远快于对手一步。快速迭代最大的优点是可以及时得到用户反馈，这样可以快速地调整产品的研发方向，避免在无用的功能上浪费时间和精力，从而降低成本和风险。

（3）从驱动机制看。

企业软件化是以软件作为企业经营的驱动力，将生产资源通过软件进行有效的组织与开发，由软件赋能企业经营。一个企业的核心竞争能力源于企业组织架构、物资资源、人力资源和市场资源的有机组合，而软件就是组合这些资源的有力工具。人们将这些资源加以有效的协调和管理，将其转化成一种管理者期望的集体行为，进而形成企业成长与竞争的原动力。这一过程就是软件作为企业驱动力的展现。

（4）从演化过程看。

企业软件化是一个不断提高和改善企业适应力、竞争力、效率和效益的动态发展的过程。企业软件化不是一朝一夕所能完成的，而是随着软件技术的进步、企业进化和组织管理的变化不断演进和深化的过程。企业软件化的演化进程分为以下四步。

企业业务功能的软件应用阶段。从事务处理、计算机辅助设计、物料需求管理、财务管理等单项业务的软件应用开始。

企业资源管理功能的全面拓展。企业资源的全面信息化管理，将企业的生产过程、物料存储、事务处理、现金流动、客户交互等业务过程数字化，通过各种信息系统加工生成新的信息资源，提供给各层次的人们，以便其获取各类动态业务中的信息，从而做出有利于生产要素组合优化的决策，使企业资源得到合理配置。这样，企业就能适应瞬息万变的市场经济竞争环境，取得最大的经济效益。

企业应用软件的集成化发展。从信息孤岛到信息集成，扁平化、网络化管理，供应链管理，电子商务和客户关系管理。

企业从物化生产到虚拟制造的镜像，企业的所有活动都可以映射到信息网络空间中，如产品研发、客户管理的大数据分析，云端的虚拟制造，前端的App管理和体验等。

（5）从系统角度看。

企业软件化是一项复杂的系统工程。它涉及软件技术的多层次应用，同时也涉及企业要素投入、人才培养、组织管理、业务流程等全方位、全生命周期的重组和再造。上述各方面构成了一个有机的整体。企业软件化需要企业加大对现代信息技术的软件和硬件投入，加强对高新技术人才的引进和培养，在组织管理方面改变原有的管理方式，借助ERP等软件进行管理。将软件融入每个业务流程，将软件化深入企业的各个部门，促使企业的整个系统更高效平稳的运行。

（6）从转型方向看。

企业通过软件化改造升级，最后成为具有软件属性的公司，将软件融入企业，使其成为"内生细胞"式的有机组织。转型后的企业以软件的开发、运营、维护作为企业运行的基础方式。企业软件化的基础是企业的管理和运行模式软件化，而不是计算机信息技术本身软件化，信息技术仅仅是企业软件化的实现手段。企业的各项活动正在一步步地使用软件来实现，员工只需要坐在计算机前面处理数据和进行设计工作。此时软件的开发设计与运营逐步成为企业运行的基础，依靠软件来进行的各项工作务必建立在软件用户友好、健壮性强、稳定且实用的基础上。

（7）从背景逻辑看。

企业软件化是"软件定义"向"人机物"融合环境的延伸，是企业在软件定义一切的背景下的自我进化。在信息化3.0的环境下，软件呈现出一系列新的特性和形态，即互联网化和数字化。企业不仅能使用软件，还能基于网络进行开发，使软件运行在网络之上，通过网络提供服务。随着软件定义的不断延伸，出现了"软件定义"存储（SDS）、"软件定义"计算（SDC）、"软件定义"环境（SDE）及"软件定义"数据中心（SDDC）。"软件定义"是通过操作系统的技术手段完成面向某个特定领域的软件应用平台的构建，这些SDI的本质都符合"基础物力资源的虚拟化、管理任务的可编程"。在信息化3.0时代中，企业需要管理的是海量异构的硬件资源，或者现在正在构建的信息基础设施，企业可以根据自身的战略目标进行软件的应用与开发。

（8）从主体内容看。

企业软件化会对企业系统的输入、转换、输出产生影响，企业软件化的主体内容会因软件技术的演变及企业的性质、规模、类型的不同而有所改变。在企业软件化早期阶段，企业信息化局限于生产过程的自动化管理及企业内部日常办公事务的处理等方面。随着计算机硬件和软件技术的发展，尤其是计算机与通信网络技术的融合，软件化逐步融入企业活动的各个领域和各个环节，推动了企业物资流、资金流和信息流的相互融合。

（9）从实现目的看。

企业软件化是以适应软件定义世界的发展趋势、提高企业的生产效率和管理水平，以及提质增效为目标的。自20世纪90年代以来，信息技术不断创新，信息产业持续发展，信息网络迅速普及，信息化成为全球经济社会发展的显著特征，并逐步向一场全方位的社会变革演进。进入21世纪后，信息化对经济社会发展的影响更加深刻。广泛应用、高度渗透的信息技术正孕育着新的重大突破。信息资源日益成为重要的生产要素、无形资产和社会财富。信息网络更加普及并日趋融合。信息化与经济全球化相互交织，推动着全球产业分工细化和经济结构调整，重塑着全球经济竞争的格局。互联网加剧了各种思想文化的相互激荡，成为信息传播和知识扩散的新载体。企业软件化在时代潮流中应运而生，企业软件化是软件定义世界的趋势中，企业发展的必由之路。

2. 信息化应用维度

产品或服务的销售和采购活动是企业运营的关键环节，物流、信息流和资金流流转的供应链体系是销售与采购活动的支撑平台，所以软件应用首先需要融入销售和采购环节，其次需要融入生产与供应链环节。要为聚集的客户提供所需求的产品或服务，企业需要整合智慧制造的全过程，包括客户体验、需求分析、产品设计、生产制造与供应链管理的所有环节。

据此，我们可以定义企业软件化应用的三个维度，应用内容维度、应用环节维度和应用层次维度。应用内容维度主要指企业的产品或服务；应用环节维度主要指企业的销售环节、采购环节，或者是供应链管理环节、生产制造环节、服务环节、用户需求分析环节和产品设计环节等；应用层次维度主要指应用深度，即利用积累的用户消费数据和消费行为开展的不同深度层次的客户体验和客户培育等。

第二章　企业软件化概论

企业软件化的范围和深度不断扩展，一方面对制造业中的产品设计、制造、供应链管理等提出了转型和升级要求，另一方面作为国家战略性新兴产业的组成部分，软件的发展也带动了物流、支付、信用、广告、云计算等一批现代信息服务业的发展，同时，企业软件化还深化了企业在库房、机器设备、物流运输、IT基础设施、电商平台等方面的建设和发展。

企业软件化应用的深度反映了商务模式的不断创新，创新能力与应用深度呈正相关性。企业软件化的应用主要包括交易层面的应用、客户数据层面的应用和客户体验层面的应用。

交易层面的应用包括销售、供应链和定制服务等。从交易层面的应用看，首先，软件研发应用于企业商品或服务的销售和原材料的采购。近年来，传统企业的电子商务应用快速发展，无论是自建平台还是第三方平台，无论是基础的B2B或B2C模式，还是新兴的O2O模式，销售和采购都是推动软件平台发展的第一动力。其次，软件应用改善了服务及流通等环节的效率，实现了信息化与制造业的渗透和融合，提升了供应链管理的资源配置水平，促进了产业转型。再次，软件应用促进了信息的深度融合，使得企业对供应链的关注进一步转化为面向客户的产品设计，即定制服务，提升了产业链价值向微笑曲线的两端延伸，实现了产业升级。

客户数据层面的应用包括客户数量、客户流量、客户行为等全面的客户关系管理。企业软件化的应用完善了企业的渠道建设，企业可以用信息化手段更加有效地收集客户信息、客户流量和隐含于流量中的客户消费行为，这些都为客户关系管理提供了基础。对企业与客户间可能发生的各种关系进行全面管理，将会显著提升企业的营销能力，降低营销成本，控制营销过程中可能导致客户抱怨的各种行为，将客户、经销商、企业销售部全部整合到一起，实现企业对客户个性化需求的快速响应，同时也帮助企业减少营销体系中的中间环节，通过新的扁平化营销体系，缩短了响应时间，降低了销售成本。

客户体验层面的应用包括客户需求分析、产品体验设计和消费习惯培养等。企业软件化更深层次的应用是充分利用公司现有的积极客户资源产生推荐效应。当客户数量达到一定规模后，客户群体不仅能够自我维持，客户的推荐和引介还能够使企业降低获取新客户的成本。电子商务应用聚集了大量的客户信息和客户消费信息，企业可以运用大数据分析等手段有效获取个性化的客户需求信息，这些技术的运用提升了企业产品营销和面向客户需求设计的能力，创新了许多企业应用模式，变革了自身的商务运营模式。

通过以上研究和分析，可以得到企业软件化应用的多维度框架，如图 2-3 所示。此框架是一个立体层次，主要从主体、客体、层次三个维度构建企业软件化应用的全息视角，力图描绘出企业软件化的全貌。

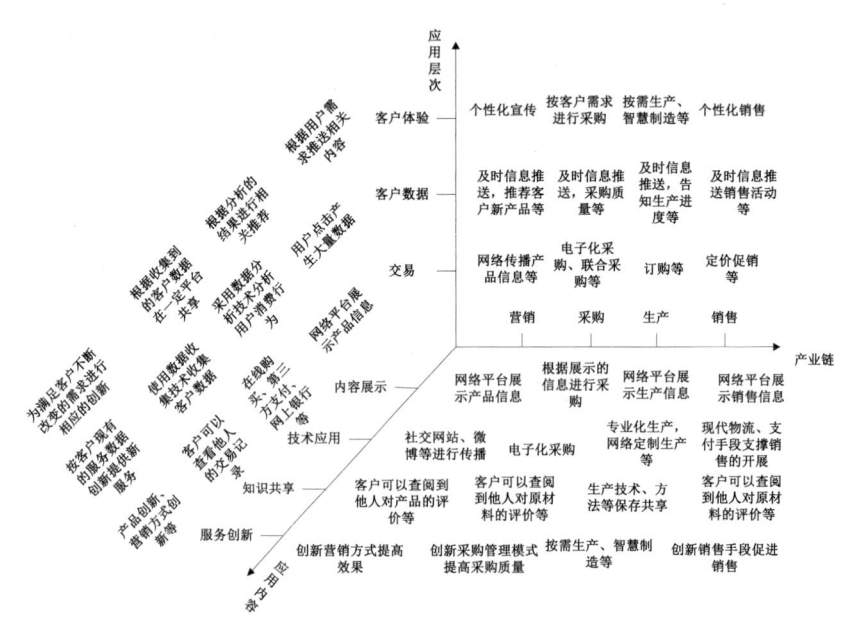

图 2-3 企业软件化应用的多维度框架

五、软件化催生企业变革

新一代信息技术飞速发展并积极向企业渗透,推动了产业变革。企业转型升级的迫切需求与信息技术向专业领域加速渗透的趋势相互交织、融合,企业软件化催生了企业变革。其主要表现为物质资产向数据资产转变;要素驱动向知识驱动转变;硬件生产向软件研发转变;生产范式向服务范式转变;企业主导向用户主导转变;固定边界向弱化边界转变。

(一)物质资产向数据资产转变

资产是指具有潜在创造价值的物质或非物质形态的事物。资产的使用意味着财富总量将有所减少,同时财富存在的价值形式会发生转变。在传统经济学中,通常将资产定义为经济社会领域内,可以给人们带来预期经济收益的有形或无形的财富,其表现形式有财产、现金等有形经济价值,以及债权、权利、证券等无形经济价值。

随着数字化经济的发展,海量的数据、信息、知识对经济社会的发展产生了巨大影响,资产的外延也从经济社会领域逐步延伸到数字领域。相对于有形的物质资产,数据资产是企业及组织拥有或控制的,能给企业及组织带来未来经济利益的数据资源。企业软件化使人们关注的焦点从物质资产向数据资产转变。

特别是在大数据时代中,数据的价值成为各方关注的焦点,数据资产成为企业管理者必须了解的关键概念,数据资产在当前的信息化战略规划中不可或缺。业界对数据资产这一新兴领域进行了广泛探讨，相关问题的研究仍处于发展阶段，数据资产对企业和组织来说，是有待开发的隐性财富。随着数据资产概念的提出，企业从以产品为核心转向以人为中心，强调客户与工作人员的认知和知识的融合，通过挖掘客户的潜在需求，实现个性化生产和服务。软件平台聚集了大量的客户信息和客户消费信息，运用大数据分析等手段，企业可以有效获取个性化的客户需求信息。

数据资产的含义一般包括以下 3 方面。

第一，数据来源。数据的获取并不局限于企业内部的信息系统产生的业务数据，也可以是通过各种渠道获得的外部数据，包括用户的基本信息和消费信息。

第二，能带来经济利益。体现数据资产的经济属性，也是数据分析的目的所在。企业运用数据挖掘等技术分析数据资产，获取个性化的客户需求信息，从而创造经济价值。

第三，数据资产的具体形态。数据资产的具体形态，包括各种以物理或电子方式记录的数据。例如，企业的产品设计、合同订单、客户信息等，以及各类使用文件或电子方式为载体的业务数据都属于企业的数据资产。

企业中的纸质文件，比如加盖公章的纸质合同、票据、审批单等，也是企业数据资产的重要组成部分。很多企业往往只注重电子文件，而忽略了海量的线下纸质文件，或者将两者分开处理和对待，这是很多企业会犯的典型错误。纸质文件不但在使用过程中容易丢失，而且不便于保存。纸质文件由于物理原因，对企业档案柜的空间要求会越来越大，而且纸质的物品也会因为潮湿等问题导致损毁。除此之外，纸质文件还有一个缺点，就是不能被快速地调用和流转。我国现在强调产业升级，淘汰落后产品，因此，是否能将纸质文件进行电子化应用，是判定一个企业能否跟上产业升

第二章 企业软件化概论

级步伐的重要标准。

在数据资产的概念被提出之前，数据的管理思路和手段主要经历了两个阶段：数据管理和数据资产管理。从传统意义上讲，数据管理是以充分、有效地发挥数据作用为目的，利用计算机技术对数据进行有效的收集、存储、处理和应用的过程。回顾数据管理的发展历史，传统的数据管理经历了人工管理、文件系统、数据库系统三个发展阶段。数据管理方式的演变得益于计算机技术的演进和保存、应用、管理数据的手段的进步。随着计算机技术的不断发展，数据管理在数据共享、独立性、完整性、管理等方面的表现越来越专业且越来越高效。随着信息技术的不断发展，数据管理也进入了面向数据应用的新时代。这一阶段最重要的特征是将元数据列为数据管理的对象，元数据是对数据对象本身的描述信息，同时也强调日志等各种非直接面向业务的过程数据，进而对数据应用过程实现更好的管理。国际数据管理协会（DAMA）对这一阶段的数据管理定义为数据管理即数据资源管理，致力于处理企业数据生命周期的建构、策略、实践和程序。而数据资产管理可以看作以资产管理的方法结合数据资产的本质特征管理好从产生与流转、存储与整合、分析与价值发现直至归档与消亡的每个环节。数据资产管理的关键包括资产管理方法和数据资产的特征两方面，其中，资产管理方法相对成熟，而数据资产不同于传统的企业资产，其特征就成为重中之重。事实上，企业业务的多样性和复杂性，企业管理者和数据工作者对于数据特征的认知大多是模糊的、不完整的，因此，理解数据资产特征就成为第一要务。

企业只有了解了数据资产的特性才能更好地驾驭数据资产，从而实现数据的价值，在数字化时代中脱颖而出。总结数据资产的特征，首先，要从数据产生的角度开始，数据资产的第一特性是业务附着性。根据企业架构理论可知，数据源于业务，数据是原始业务经过信息化处理后的数字化沉淀，因此数据本身就有特定的业务内涵。数据的价值在于还原业务状态，即使是所谓的"不正确"的数据，有时也能从侧面反映出业务流程规范性的问题，体现大数据的行业本质。

数据资产的业务附着性表现在以下四个方面：①数据标准化的定义源于业务，数据标准是按照真实的业务诉求描述出来的数据应有的指标。②数据资产盘点以业务为准绳，正确的数据资产盘点应还原业务流程和业务规则，以业务为牵引进行数据盘点，以业务分类为目标进行盘点后的数据编目。③数据资产需要回归业务本身，数据资产管理问题源于业务流程自身的规范化梳理。④数据资产的衍变离不开业务定义，即使是数据的衍生过程，也应该有清晰的业务规则，即指标统计口径。

其次，从数据流转的角度来看，数据资产具有可复制性。可复制性对安全管控、价值变现等数据资产的重要环节有关键影响。就安全管控而言，数据在企业内部按照业务需求的复制和流转是正常的，但数据在复制过程中如果要跨越不同的安全网段，就要设置基于安全的控制；如果数据有从企业内部流向企业外部的需求，就更要注意泄密的问题，企业需要采取更为严密的管控手段。

数据已成为可交易的产品，数据价值不可避免地与数据稀缺性相关联。非正常交易渠道的流转复制会损害数据的稀缺性，降低数据的价值，而在流转和复制的过程中，对数据内容进行恶意篡改的后果则更为严重，不但会改变数据资产的原有价值，甚至会导致不可预料的损失。因此，对于数据在非交易状态下的流转复制，企业首要关注的是数据安全问题，而数据在价值变现过程中的流转复制除了数据安全，企业同样需要特别关注数据防篡改问题。

再次，从数据整合角度来看，数据之间存在归并或者替代问题，尤其需要注意数据资产的真实性。在数据领域中，因为不按业务规则进行数据整合而导致企业信息衰减的案例比比皆是，过分强调数据整合可能会破坏数据的真实性，会对企业的未来决策造成负面影响。

最后，在数据加工和价值发现的过程中，典型的数据资产特性是价值的不确定性。数据的价值随着访问用户的角色不同和应用场景的不同会有很大的差异，数据加工不一定会带来价值增加，数据在不同业务场景下能够发挥的价值也是很难量化的，它取决于数据资产的垄断性和稀缺性，以及加工方式对于业务场景的价值判断和实现路径。数据价值的不确定性将会对数据的交易定价和数据交易产生影响。

对企业来说，数据资产是需要重点保护的无形资产。虽然一些企业已经投资了大量的IT系统，但大部分系统的主要功能仅限于对业务流程的管理，对于企业数据资产的管理效率是非常低的。数字化企业希望在线上完成所有工作，但数字化系统只记录了部分交易数据，整个交易过程仍存在信息孤岛问题，企业有很大的概率需要承担由于数据资产外泄或丢失所带来的直接或间接的经济损失，因此数据资产的保护至关重要，保护数据资产可以从安全、监控、访问、高效四个方面出发。

第一，安全。任何数据资产的丢失，后果都是严重的。对于企业来说，需要建立起一套严密的数据安全存储、访问机制。

第二，监控。既然是资产，就需要企业对其进行监控，建立完全可控的数据资产管控平台，对数据资产进行备份、分析或彻底粉碎。

第三，访问。数据资产可以使用多种方式进行安全访问。在确保安全的前提下，数据资产的移动性也备受企业关注。

第四，增值。数据既然是资产，就需要对其高效地利用，使其增值。对企业来说，针对业务进行数据的高效流转，就是一种资产增值。

案例：IBM 重金投资数据资产

1. 简介

IBM（International Business Machines Corporation），国际商业机器公司，或称万国商业机器公司，1911 年由托马斯·沃森创立，其总部位于美国纽约州阿蒙克市，其雇员和业务遍及全球 160 多个国家和地区，是全球知名的信息技术和业务解决方案公司，该公司历经数次变革，目前，IBM 正在利用认知技术、大数据分析和云服务为各行业提供新兴信息技术的解决方案。

2. IBM 的转型之路

2011 年，英国《经济学人》周刊曾总结了 IBM 历史上的三次重大转型：第一次经营转型发生在 20 世纪 60 年代，IBM 的计算机事业迅速发展，实现了从机械制造到计算机制造的转型；第二次转型发生在 20 世纪 70—80 年代，IBM 的业务涵盖了从大型机械制造到包括个人电脑在内的分布式计算机系统的范围，成为一个集科研、生产、销售、技术服务和教育培训为一体的联合企业；20 世纪 90 年代初，IBM 进行了第三次重大经营转型，主要实现了从硬件到软件和服务的转型。

第二章 企业软件化概论

2014年初,IBM首席执行官罗睿兰(Ginni Rometty)宣布IBM正式进入历史上的第四次转型,自此,IBM不再是一家硬件公司或软件公司,而是转型为一家认知解决方案云平台公司,IBM开发的超级电脑Watson就是公司转型最明显的标志。早在2007年8月,IBM人工智能专家便开始开发世界上第一个处理非结构化数据、可与人互动的人工智能系统,2014年,IBM人工智能系统部门正式成立,其重点开发的人工智能认知系统就是今天声名大噪的Watson,Watson的名称意在纪念IBM创始人Thomas J. Watson。2011年,Watson在美国问答游戏电视节目《危险边缘》中初次亮相,打败了当时节目中的连胜纪录保持者和最高奖金得主,这是IBM历史上继"深蓝"计算机在1997年打败国际象棋大师卡斯帕罗夫后,又一次成功地挑战了人类。从此,IBM将Watson提升到公司级战略地位,目前,这个系统成为IBM第四次转型的核心,Watson的商业化是IBM顺利转型的关键。

3. IBM重金投资数据资产

IBM第四次转型的核心是Watson的商业化,而Watson的核心资源是基础数据和垂直行业领域的专业知识。当前,IBM正在不断投资,满足Watson对数据和行业知识的需求。自2015年以来,IBM进行了多起对医疗健康领域公司的收购,其中包括分析公司Explorys,该公司可以查看5000万份美国患者病例;为医生提供数据分析的Phytel,其开发的云计算软件可以处理各种类型的健康数据;此外,IBM还收购了医疗数据公司Truven Health Analytics和医疗影像与临床系统提供商Merge Healthcare,这些公司拥有大量的医疗数据,如账单记录、病历、X射线和磁共振成像MRI图像等。这些收购案的背后是IBM关注的垂直行业的数据资产,IBM投入的资金超过了40亿美元,相当于IBM在2016年单季度净利润的两倍,未来IBM会继续对行业数据资产领域投入重金。

企业软件化

  基于基础数据的学习和训练帮助 Watson 提升了分析数据的能力，一方面，Watson 的机器学习和自然语言处理等能力得到了训练和提升，丰富了其数据处理和分析能力，以及移动化的使用场景；紧接着，IBM 在市场营销、商务、供应链和人力资源等垂直领域推出了 Watson 认知解决方案，构成了一系列可商业化的产品。医疗健康是 Watson 目前最强的领域，从最早的帕金森专项治疗，到利用医学影像狙击癌症、糖尿病、心脏病等重大疾病，不断吸收大量非结构化数据并学习是 Watson 成为全球医疗健康人工智能系统的秘诀所在，Watson 的计算能力和对数据的分析能力，很可能会颠覆医疗行业。例如，制药公司通过应用 IBM Watson 的"认知预测与计划"引擎，可以快速甄别新的机遇和风险以做出投资决策，其预测准确性从 80% 提升至 99%，产生了超过 1 亿美元的增量利润。在其他行业场景中 Watson 同样发挥了颠覆性作用，例如，旅游行业 Wayblazer 公司借助 Watson 为其客户精准定制旅行计划；日本软银集团研发的机器人 Pepper，其大脑就是 Watson；在教育行业，教育机构芝麻街尝试使用 Watson 对学生的学习材料进行个性化甄选。此外，Watson 帮助传统产业进行了流程再造，例如，德国汽车零部件供应商舍弗勒集团 Schaeffler 利用 Watson 物联网平台改造了其供应链、制造和销售等环节，使得基于 Watson 物联网平台的新客户数量增长迅速。

  Watson 人工智能系统从 2007 年开始研发，经过了十多年的布局和数据资产的积累，最终形成了基于 Watson 认知解决方案的商业化的产品，成为 IBM 第四次转型的核心。需要强调的是，Watson 必须不断补充基础数据和垂直行业领域专业知识这两方面的核心数据资源，不断训练和完善 Watson 的数据分析和智能处理能力，才能使 IBM 在多个垂直行业推广 IBM 云平台和 Watson 认知解决方案，实现 IBM 向认知解决方案云平台公司的转型。

（二）要素驱动向知识驱动转变

在工业经济时代中，英国经济学家马尔萨斯（Malthus）提出，随着人口数量呈几何级数的速度增长，人口压力会与日俱增，国家必须获取充足的物质资源才能保证各类商品的持续产出及国民财富的不断增长。这也彰显了物质资源在国民财富创造中的作用。马尔萨斯强调推动国民财富增长的核心要素是资源。在此后的近两个世纪中，经济学家、企业家和政府官员都认同经济社会财富增长的主要方式是要素驱动，并把占有物质资源作为终极目标，由此引发了大量的政治和经济事件，甚至军事冲突。直到20世纪末，人们对资源的认识才有所改变，并开始关注有形的物质资源以外的无形资源，如信息、知识等。人们发现知识等无形资源对企业、经济和社会发展的作用并不亚于有形的要素驱动，在一些特定情境中，无形要素的作用甚至比有形要素的作用更加重要。Constantin和Lusch创造性地将资源分为对象性资源（operand resources）和操作性资源（operant resources），前者主要是指有形资源，在生产活动中通常处于被动地位；后者主要包括知识和技能，在生产活动中处于主动地位。

与对象性资源相比，操作性资源通常是无形的，且是动态的、无限的。在知识驱动逻辑中，操作性资源充当了发掘对象性资源价值的角色，数据挖掘就是一个典型的例子：使用知识和技能（操作性资源）分析系统中的大量数据（对象性资源），使数据迸发出巨大的商业潜能。很显然，这种能量并非源于数据本身，而是源于人类的知识和技能。因此，企业将数据看作商业腾飞的燃料，而将数据分析技术看作动力引擎。

根植于古典经济学的工业经济把对象性资源视为最重要的资源，并把这种资源看作创造和积累国民财富的核心要素，而没有对知识、技能等无形资源给予相应的重视,导致人们在工业经济时代秉持着重要素驱动,轻知识驱动的观点。对象性资源的最终表现形式是商品,操作性资源的最终表现形式是服务。在这种逻辑下,许多学者把无形知识作为有形要素的对立面,并据此来刻画操作性资源的特征,例如,Zeithaml 等对服务特征的经典总结就是对操作性资源的描述,包括无形性(intangibility)、异质性(heterogeneity)、生产和消费不可分离性(inseparability)、易逝性(perishability)。

Mokyr 从宏观视角把知识分为命题性知识(propositional knowledge)和规定性知识(prescriptive knowledge)两类。Vargo 和 Lusch 认为知识和技能是操作性资源的两个重要组成部分,这一观点与 Mokyr 提出的命题性知识和规定性知识在理论上一脉相承。相比较而言,技能对于组织构建竞争优势具有更重要的意义,因为它是竞争对手在短时间内难以复制的。此处的技能可理解为专有技术(know-how),重点解决产品、流程和管理等方面的问题。

资源观的变迁是知识驱动逻辑产生的根本原因。在以往的要素驱动逻辑中,对象性资源被看作竞争优势的源泉,而知识驱动的一个基本命题是将操作性资源作为竞争优势的根本来源,这里的操作性资源由知识和技能组成,这是操作性资源观在知识驱动逻辑理论体系中的直接体现。要素驱动和知识驱动的观点如表 2-2 所示。

表 2-2 要素驱动与知识驱动的观点

	基于对象性资源观的要素驱动	基于操作性资源观的知识驱动
交易目的	为获得商品而进行交易,商品被视为对象性资源	为获得由专业化能力(知识和技能)创造的收益而进行交易,专业化能力被视为操作性资源
商品的作用	商品是对象性资源,由最终产品的营销者负责改变它们的形态、销售地点、时间以及它们的所有权状况	商品是操作性资源的传递者,被视为价值共创的手段

续表

	基于对象性资源观的要素驱动	基于操作性资源观的知识驱动
顾客的作用	顾客是商品的被动接受者，企业通过营销力争从顾客那里获得更多的收益，顾客被当作对象性资源	顾客是价值的共同创造者，企业通过营销来推动价值共创各方的交互，顾客被视为操作性资源
企业与顾客的交互	顾客被作为对象性资源，为与顾客进行交易，企业通常需要采取行动来维护顾客	顾客被视为操作性资源，会积极参与价值共创，主动同相关各方拓展关系
财富来源	财富源于剩余的有形资源（surplus tangible resources）和商品（goods），并且通过拥有、控制、生产对象性资源来创造	财富源于对专业知识和技能的应用和交易，并且代表进一步使用操作性资源的权利

在要素驱动逻辑中，知识和技能被看作市场竞争的外在因素，市场参与者只能利用知识来增强竞争优势，竞争本身不能对知识和技能做出任何反馈。知识驱动逻辑对要素驱动观点进行了修正，认为知识和技能等操作性资源是内生于竞争系统的，组织不但可以凭借操作性资源来构筑自己的竞争优势，而且竞争也会对操作性资源做出反馈，甚至还会强化参与竞争的操作性资源，这样的双向互动过程为企业构建可持续的竞争优势提供了保障。Dickson针对这种现象指出，在动态变化的环境中，只有那些善于在竞争中学习的企业才能实现可持续发展。

根据Vargo和Lusch的观点，基于操作性资源构筑的竞争优势不仅适用于单一组织，还可以将其扩展到供应链中。在要素驱动逻辑中，物资流是供应链的重点，而在知识驱动逻辑下，供应链成为依赖信息的生态系统，以操作性资源为支撑的信息流是供应链系统中的主角。企业的竞争优势源于提供信息或利用信息来满足合作者的需求，在这个过程中不一定有物质资源投入。因此，在知识驱动逻辑下，知识不但成为商业生态系统的参与者赖以构建竞争优势的源泉，也是提高整个商业生态系统适应性和可持续性的重要保障。Moorman 和 Rust 强调知识分享，建议把企业的组织形式由功能型转变为流程型，并且告诫企业管理者必须同时关注产品开发、供应链管理和顾客关系管理等重要环节，充分利用网络来推动各种操作性资源的扩散，在商业生态系统中创建知识共享，提升整个商业生态系统的竞争优势。

知识驱动的观点成为资源优势理论（resources advantage theory）与核心能力理论（core competency theory）的基础，相关专家提出能力是组织赖以生存和发展的高阶资源（high-order resources）。从本质上讲，高阶能力是整合了多种基础资源的"知识和技能束"（bundle of knowledge and skill）。因此，在知识驱动逻辑下，知识和技能成为企业竞争优势的核心要素。基于无形的操作性资源，知识驱动对要素驱动的观点进行了批判性重构，顺应了当今数字化经济时代注重知识和技能的潮流。因此产生了数字化时代的新趋势：关注顾客、服务与制造企业彼此之间的价值感知，运用知识驱动实现在动态协作中的资源优化配置。企业软件化进而向智能化知识学习和知识发现的方向进化。

案例：FUJIFILM 基于知识基因的另类转型

1. 简介

FUJIFILM，富士胶片株式会社，简称富士胶片，总部位于日本东京，自1934年创建以来不断创新发展，已成为影像、信息、文件处理类产品和服务的综合性的制造商和供应商，富士胶片的经营范围涉及从数码相机到胶片，从计算机媒体到医疗成像设备等多个领域，并提供有效的解决方案，其发展进程经历了数字化转型对胶片行业的冲击，富士胶片经过二次创业重获新生，对比另一胶片巨头美国柯达在数字化冲击下于2012年申请破产，富士胶片的转型之路值得探讨。

富士胶片是如何成功转型的？2017 年，富士胶片集团首席执行官古森重隆（Shigetaka Komori）回顾过去，认为是"彻底的经营结构改革""构建新的发展战略""强化关联经营"的理念使富士胶片度过了转型危机，富士胶片的新生本质上是把公司视为核心技术的组合，并利用自己的核心技术创造、延展并保持竞争力，协调不同产品，整合不同技术的创新能力，正如古森重隆所言，如果企业拥有的价值观、技术等可以称作种子，那么市场就会有对各种产品的需求，使企业技术和市场需求相吻合是企业的长久立足之道。富士胶片实现的就是基于核心知识和技术的转型。

2. 基于知识基因的另类转型

1934 年富士胶片创建初期的核心事业是胶卷和胶片，为了实现高速图像捕捉和高品质图像再现，富士胶片研发出了许多尖端技术，并将其融入感光材料，然而，随着数码技术的崛起，传统胶片的市场大幅萎缩，全球的胶片需求量在 2000 年达到峰值后，每年以 20%～30% 的速度下滑，胶片市场逐渐消失，2003 年，富士胶片开始谋求彻底转型，此时，公司面临的关键问题是如何在胶片销售额和利润持续下降的背景下，推进现有业务的增长，并寻找具有成长潜力的事业。

富士胶片认识到走出危机的关键是要确认公司所拥有的技术，以及在什么领域能够进一步应用这些技术，并在此基础上不断地探索多元化经营，富士胶片将最早的影像事业，包括传统胶卷、数码相机、数码冲印设备；

企业软件化

信息事业，包括印刷、医疗和其他光器械等光学材料；以及文件处理事业等业务板块调整为医疗生命科学、医疗设备系统、高性能材料、光学元器件、数码影像和印刷六大重点发展领域，这些新兴的重点事业领域能更好地融合富士胶片的核心技术，满足现有市场和新兴市场，并具有巨大的成长潜力。

随着市场环境的快速变迁及胶卷和胶片业务的消失，富士胶片通过整合核心技术不断地转型，并将技术进行前瞻式延展，使得富士胶片的业务组合更加多元化，从而在新的事业领域取得了不俗的业绩，实现了"彻底的经营结构改革""构建新的发展战略""强化关联经营"三条转型路径，其基于知识基因的转型主要表现在以下两个方面。

第一，保留核心技术。富士胶片的核心技术是胶片，其主要成分是明胶，胶片片基是TAC膜，胶片厚度约为20微米，一片微小的胶片就交叠了20多层感光层、100多种化合物及各种功能性粒子，这些正在富士胶片技术的核心。古森重隆认为，企业如果脱离了自身的核心技术，即使企业无畏地追求转型，也不能叫作创新，而是不负责任地冒险。因此，富士胶片不断从传统影像业中汲取经验和知识，保留核心技术，将几十年积累沉淀下来的胶片技术应用到其他领域，不断寻找和开发具有市场前景、拥有足够的竞争性的技术、具有可持续竞争力并拥有成长潜力的业务领域，最终确定了医疗生命科学、医疗设备系统、高性能材料、光学元器件、数码影像和印刷六大重点事业板块，目前，富士胶片不仅实现了"守护影像文化"，更成功地转型为一家在多个领域研发高质量产品与服务的多元化公司，而正是由于富士胶片对核心技术的坚持，使企业对变革和转型有了很好的把握。

第二，充分挖掘核心知识。富士胶片将传统胶片领域积累的精密化学、对光线与色彩的控制等核心技术反复开发和使用，通过技术融合将其延伸到医疗和生命科学、高性能材料等领域，开发出了具有自己技术特点的新产品。例如，将胶片的专业技术用于开发薄膜，并将其用于电脑、电视机及其他电子设备的 LCD 面板，已成为富士胶片极富竞争力的业务之一。另外，富士胶片将基于光学、影像的核心技术应用于开发 X 光诊断系统、内窥镜、图像信息系统等，并将其业务延伸到了包括护肤品、保健品在内的预防领域，以及包括医药品和再生医疗在内的治疗领域，打造了全新的富士胶片健康护理事业。富士胶片基于核心知识的不断创新，将富士胶片的核心技术与社会实际需求融合起来，以此创造出了具有新价值的产品和服务。

3. 富士胶片转型的启示

管理学家普拉哈拉德（C.K. Prahalad）指出，核心竞争力是企业多元化经营的根本，而核心竞争力的源泉是企业所拥有的核心技术。20 世纪富士胶片的转型重点，本质上就是不断利用尖端材料技术来研发感光材料，形成富士胶片的核心技术，并不断将这些核心技术整合优化到新的成长领域。富士胶片基于核心技术和知识基因的另类转型，将积淀的核心胶卷技术应用于生命医疗领域，并向印刷、光学元器件、高性能材料等新兴领域拓展。转型之前，富士胶片的理念是不断挑战更优秀的技术，持续创造"影像和信息文化"。转型之后，富士胶片提出了新的企业理念，运用先进和独特的技术提供最高品质的商品和服务，为社会发展、人类健康和环境保护做出贡献。

（三）硬件生产向软件研发转变

企业生产更加关注用户需求分析、产品体验设计和消费习惯培养等，这些都依赖于软件研发。产品中的感知和适应性功能为智能产品的研发提供了工具和方法论；基于软件的智能制造促使传统产业向产品设计和服务模

企业软件化

式两端进行转型和延伸；数据挖掘和商业智能等典型应用，可以精确地分析和把握客户的深层次需求，从而形成研发服务的完整反馈环。当前硬件生产的不断发展，主要体现为以硬件及固件为发展主线的大规模集成电路的研究和开发，并呈现出以下趋势。

第一，外形更小巧。历史的趋势告诉我们，硬件的发展，就是在不断地追求外形更为小巧。体积上的优势使人们可以更方便地将它们带到任何地方，未来，它们甚至可以缩小到能够内置在衣服中。实现这个梦想的关键在于生产速度更快、体积更小、价格更低廉的电脑芯片。纳米技术的运用可以使这些电器产品和数码产品更加智能化，功能更多；另一方面，掌上电脑的数据处理运算性能将大大改善，真正成为方便随身携带的"口袋电脑"。

第二，功能个性化。未来的电脑在交互式软件和芯片方面都会有很大的改进。将来的电脑可以和我们进行语音交流。目前的语音识别软件只能识别我们的声音，以后的这类软件甚至可能无须我们发声，它就可以读懂我们的唇语。将来的语音界面会更加智能化，当用户把脸转向它时，它就知道主人要下命令了，而当用户离开时，这种待命状态就会自行结束。专业人士相信这种训练有素的"电子大脑"将在未来的5~10年中被开发出来。此外，更有个性的计算机也将拥有更可靠的个人认证系统（例如手纹、声控或虹膜），从而最大限度地保障用户的隐私不受侵犯。

第三，系统更加智能化。随着计算机数据处理运算能力的不断进步，个人电脑将会变得越来越聪明。通过持续提升的硬件性能和更加高级的控制软件，能够主动学习的 PC 终将诞生。虽然现在制造和人一样智慧的"智能人"还存在着许多的技术障碍，但研究出"聪明的 PC"却大有希望。国际象棋特级大师卡斯帕罗夫 1997 年在"人机大战"中输给电脑"深蓝"的情景至今还让人记忆犹新。未来聪明的 PC 也能为主人提供更为便捷的服务，它将能够根据主人的每次行动逐渐理解主人的需求，把握主人的心意，进而变被动地找寻信息为主动地截获信息。

第四，PC运用将更普遍。目前，很多电脑厂商都认为PC发展的大方向将是无所不在的运算环境。越来越多的普通家用电器都带有PC的功能，用户可以通过PC在家中处理财务或是上网。未来的PC将通过各种具有"电脑"能力的家电产品，如以机顶盒的方式结合电视、音响而建构出无所不在的PC环境。而在公共场合中，具有运算能力的主机服务器将遍布在网络架构中的每一个角落，形成一种可移动的、无线的运算环境。使用者只需拥有可随身携带的IT设备，无须做任何连接，利用红外线的传输方式，即可随时从公共场合的服务器主机上接收自己的电子邮件等重要信息。

第五，人机连接更"无线"（无限）。人们可以在任何地点与任何机器交流。目前，随着互联网的普及，办公桌面上的个人电脑的各种功能正被运用到人们随身携带的PDA、手表和驾乘的汽车之中。联网的电脑可以控制电灯、电视、立体声音响、安全系统、空调、暖气，甚至是草坪喷淋装置。所有的控制信号通常都可以自动发出。个人电脑的网络化还意味着家庭网络与邻近网络（短程网络）、办公网络与远距离通信网络之间毫无缝隙的融合。

在巨大的社会变革和科技发展的影响下，传统的硬件设计和生产，如计算机处理器、内存等硬件设备，从巨大到小巧，从笨拙到灵便，其性能也越来越强，巨型化、微型化、网络化和智能化都可能成为未来硬件的发展方向。硬件在未来的发展历程中，将会有更大的进步与创新。

迅猛发展的计算机硬件技术，为计算机软件的不断更新创造了良好的平台。未来计算机的发展，应更进一步缩短高级语言与机器语言、操作系统与系统结构，以及程序设计环境域系统结构之间的语义差距，这些差距是用

企业软件化

软件来填补的，语义差距的大小实质上取决于软件和硬件功能的分配，差距缩小会加强系统结构对软件的支持。软件跟上硬件的发展步伐还需要时间。目前，随着数字模拟融合、电路板硅片融合、硬软件设计融合的进一步发展，新一代集成电路技术和IP核产业的发展势在必行，嵌入式整机的开发工作也从以传统的硬件为主变为以软件为主，嵌入式软件的发展将成为主流，将会拥有超长的生命周期。

第一，互联互通、交互方式优化是发展重点。从产品层面来看，互联互通与交互方式的优化将成为智能硬件产品发展的重点。智能类产品的用户黏性与其实用性息息相关，简单、多样化的交互方式更能满足消费者的需求。以京东微联为例，场景化模式让用户通过一次简单的触控或是语音操作就可以触发智能家电一系列的预置动作，从而迅速便捷地享受完整的智能生活。其中语音的交互入口是由JD+生态中的DingDong智能音箱来完成的。设备间的互联互通及交互方式的优化不再是单一的智能产品所能够完成的，它带给用户的体验也是完全不同的。

第二，优势互补，平台接入更多第三方服务。智能产品的终极目标是为用户服务。整合其他产业优势，接入智能产品体验等更多的第三方服务是硬件生产拓展的重点。在与传统产业合作方面，以京东智能为代表的智能平台已经做出了诸多尝试。如京东智能在2015年底与万科地产合作，搭建京东微联智能家居馆，让消费者体验真正的智慧生活；同年，京东微联联合紫薯家装推出了互联网智能家装业务，消费者不仅能通过京东采购家电智能产品，更能借助京东的品牌与合作关系，获得更优惠的价格。这种跨界的合作，带来的是基础设施层面上的智能化，可以想象智能小区的出现一定会给用户带来不一样的体验。凡此种种，通过与传统企业的携手，智能硬件将从概念化迅速向C端落地，让智能真正走进人们的生活。

案例：Pixar 从图像处理计算机转型为数字动画工作室

1. 简介

Pixar，皮克斯动画工作室，简称皮克斯，总部位于美国加州的爱莫利维尔（Emeryville）市，是一家制作电脑动画的公司，该公司发展的尖端电脑三维软件，包括专为三维动画设计的软件 PRMan，可以做出如相片般拟真的三维景像。

皮克斯的前身是乔治·卢卡斯（George Lucas）的电影公司旗下，工业光魔公司（Industrial Light and Magic，简称：ILM）的电脑动画部。1975 年，乔治·卢卡斯创建了工业光魔公司从事电影特效制作，1979 年，卢卡斯影业成立了电脑绘图部，雇请艾德文·卡特姆（Edwin Catmull）和其他技术人员负责设计电子编辑和特效系统，卡特姆后来担任了皮克斯动画工作室总裁，被认为是皮克斯的缔造者和纯电脑制作电影的发明人。1986 年，史蒂夫·乔布斯（Steve Jobs）以 1000 万美元收购了乔治·卢卡斯的电脑动画部，成立了独立的制片公司：皮克斯动画工作室，自此，皮克斯正式成立。2006 年，皮克斯被迪士尼（Disney）以 74 亿美元收购，成为迪士尼公司的子公司。

企业软件化

　　皮克斯自创立就引起了世人的注意，该公司的《玩具总动员》《海底总动员》《怪兽电力公司》《赛车总动员》《料理鼠王》《虫虫总动员》《飞屋环游记》《超人总动员》《机器人瓦力》《头脑特工队》等作品是电脑动画的经典，很多都被收录在电脑动画教学的教材里作为参考，自成立以来，皮克斯获得了 24 次奥斯卡金像奖，7 次金球奖，3 次格莱美奖以及诸多其他奖项。它的全球电影票房总计 63 亿美元，旗下的动画渲染 API RenderMan 成为行业标准。

2. 从图像处理计算机到数字动画工作室

　　皮克斯在业界取得了杰出成绩，但其在发展过程中也经历了重大转型。1986 年，乔布斯从卢卡斯制片厂收购皮克斯的初衷是生产图像功能强大的计算机，皮克斯当时也制造出了一批功能强大的图像处理计算机，但其价格非常昂贵，只有一些医院和美国军方购买了少数几台。到 1988 年为止，皮克斯共出售了 120 台电脑，其硬件产品线发展战略失败，公司面临倒闭的危险。

　　之后，皮克斯团队中的约翰·拉塞特（John Lasseter）带领的制图小组，在 1989 年制作的 5 分钟的动画短片《锡铁小兵》（Tin Toy）拿到了当年的奥斯卡最佳短片奖，这是首部获此殊荣的电脑制作动画短片，而最初约翰·拉塞特团队制作这些动画短片的目的是演示计算机的 3D 图像处理功能有多么强大。乔布斯表示"看好约翰在做的东西"，皮克斯由此从硬件生产转向软件研发。

1993 年，皮克斯与迪士尼合资开拍了首部数字动画电影《玩具总动员》，并于 1996 年圣诞节前夕上映，仅周末两天票房就达到了 2900 万美元，在乔布斯的推动下，皮克斯迅速在 IPO 上市，成为真正的数字动画电影工作室。至此，皮克斯由生产先进的图像处理计算机，转型成为以软件研发和动画制作为主营业务的公司，成功地完成了从图像处理计算机到数字动画工作室的转型。

3. 皮克斯转型的启发

皮克斯的《玩具总动员》是全球第一部完全由计算机制作的大型故事电影，当时，影评家罗杰·埃伯特（Roger Ebert）称赞它为"极有远见的电影"，皮克斯以此开创了新的电影时代。皮克斯不仅创新了电影的制作形式，也在一定程度上颠覆了电影行业，正是皮克斯研发的 RenderMan 计算机图像渲染系统成就了《玩具总动员》等一系列经典动画电影。在《玩具总动员》之前，人们觉得利用计算机制作电影是荒诞的，而在这之后，不利用计算机技术制作电影才是可笑的。皮克斯的转型也印证了乔布斯当年扭转皮克斯命运时所描述的愿景：技术将会变革电影的制作，皮克斯会成为和迪士尼一样伟大的品牌，皮克斯正用动画软件方面的实力和优秀作品不断验证这一愿景。

（四）生产范式向服务范式转变

由传统产品制造为核心，向提供产品和依托产品的服务转变，提供整体解决方案。这些转变提升了企业产品营销和面向客户需求设计产品和服务的能力，也丰富了产业链条上的分工，创新了许多企业商务模式。通过营销体验，传统企业不断利用共享平台拓展自己的业务，变革自己的商务运营模式。

20世纪50年代以来，美国的营销思想逐渐由产品制造导向转为市场导向。根据传统的以产品制造为主的生产范式，企业应该先对市场和消费者进行研究分析，然后通过生产适销对路的产品来满足消费者或目标市场的需求。在生产范式的影响下，企业总是先对消费者进行细分并确定自己的目标市场，然后通过采取促销手段来激发消费者的持续购买行为。随着知识经济的兴起和全球化竞争的加剧，企业的战略和营销思想在不断变化。Prahalad和Ramaswamy基于竞争理论的研究视角，提出在新经济背景下，企业与消费者共创价值是企业构建核心竞争力的重要方式之一，创造性地指出企业与消费者共创价值是企业构建新的战略资本和塑造新的核心能力的全新战略趋势。传统的生产范式已难以诠释现代商业环境的变化，一种能够适应现代企业战略及营销的新思想呼之欲出。Vargo和Lusch在Journal of Marketing上发表了题为"Evolving to a new dominant logic for marketing"的文章，提出了新的主导逻辑和范式，建议使用服务主导逻辑（service dominant logic）来取代传统的产品主导逻辑（product dominant logic），服务范式逐渐取代生产范式，指导企业的战略制定和运营实施。服务主导逻辑的基础性假设如表2-3所示。

表2-3　服务主导逻辑的基础性假设

	基础假设	解　释
H1	服务是交换的基础	操作性资源（知识和技能）的应用，服务是所有交换的基础，为服务而交换服务
H2	间接交换掩饰了交换的基础	产品、货币和组织制度等掩盖了交换的本质
H3	产品是提供服务的分销机制	产品（包括持久性的和非持久的）通过它们提供的服务驱动价值

续表

	基础假设	解释
H4	操作性资源是竞争优势的源泉	包括知识、技能、经验等,竞争受到期望变革的比较优势的驱动
H5	所有经济都是服务经济	服务业的核心地位,不断增加的产业分离、专业化和外包,使服务成为最重要的经济状态
H6	顾客是价值的共同创造者	价值创造是交互的,而不是隔绝的
H7	企业只能提供价值主张,不能传递价值	企业的价值主张在得到顾客的认可后,才能提供资源以及与顾客互动地创造价值。企业不能单独创造和传递价值
H8	顾客和关系导向的服务为中心的观点	服务是顾客决定和共同创造的
H9	所有经济和社会主体都是资源整合者	价值创造情景是网络化的,涵盖企业、顾客、员工、合作伙伴及利益相关者,拓展了价值共创的源泉
H10	价值总是由受益人独特地用现象学方法来决定	价值具有独特性、体验性、情景性和充分意义性

基于操作性资源观,Vargo 和 Lusch 把服务定义为"某实体为了实现自身或其他实体的利益,通过行动、流程和绩效对自身的知识和技能等专业化能力的应用"。这一服务定义超越了产品主导逻辑中"分"的思想,而把具体的产品(goods)和服务(services)统一为服务(service)本身。这样,具体的产品作为传递服务的工具就成了间接服务的手段。必须指出的是,这并不意味着在产品与服务之争中服务的最终胜出。其实,在服务主导逻辑下,产品与服务已经不是同一水平上的概念,因此,关于两者的争论也就失去了意义。Zeithaml 等按照不同服务特性在文献中的出现频率对服务特性进行了归纳,提出了著名的 IHIP 模型,用以描述服务特性,即无形性(intangibility)、异质性(heterogeneity)、生产和消费不可分离性(inseparability)、易逝性(perishability)。服务范式的属性描述如表 2-4 所示。

表 2-4 服务范式的属性描述

维　度	服务范式的属性
价值驱动	使用价值
价值创造者	企业和顾客（为主），以及企业员工、合作伙伴及利益相关者（为辅）等其他网络伙伴
价值目的	充分利用操作性资源来提高价值网络系统的可持续性和适应性
所用资源	知识、技能、经验等操作性资源
价值创造场景	顾客自我服务消费过程
价值创造过程	企业提出价值主张，顾客通过使用资源和企业及其他网络伙伴共同创造价值
产品的作用	向顾客提供服务的载体和价值传递的媒介
企业的作用	提出价值主张，提供资源，创建互动平台以及激励顾客进行价值共创
顾客的作用	整合企业资源、其他社会资源以及个人知识、技能、经验来共创价值，并参与企业的生产
企业和顾客关系	资源生产、价值创造的合作者

　　服务范式不仅把一切经济都看作服务经济，认为服务的核心就是顾客导向，产品只是提供服务的分销机制，而且非常注重企业和消费者共创价值的过程。服务范式日益得到管理学界和企业界的认可，在数字化经济时代具有重大意义。

　　第一，服务化战略转型。随着制造业产业链的日臻完善和消费者需求的升级，全球经济逐渐由产品经济向服务经济转变，制造业与服务业加速融合的趋势越来越明显，制造业所占的比重呈下降趋势，而服务业所占的比重则不断提高。一批制造业巨头，如 GE 和 IBM 都实施了从制造型企业向服务型企业的战略转型，并据此来扩大自己的竞争优势，提高获利能力。对于面临转型和升级压力的中国制造企业来说，把握全球制造业与服务业相互融合的大趋势，以服务主导逻辑主张的价值共创服务思想为指导，积极探索和发展相关服务业务，不失为突破当前发展困境并获得竞争优势的重要战略选择。

第二，建立服务战略体系。在战略目标上，企业应当把构建服务生态系统作为核心目标。鉴于企业与消费者之间已不再是简单的交易关系，而是紧密合作的价值共创关系，企业应该与消费者一起创造价值；在战略规划上，企业应该注重无形服务的价值，而不是只注重有形产品的使用价值，要把通过"产品+服务"的方式帮助消费者获得完美体验作为战略规划的重点，从传统的价值创造过渡到以消费者体验为中心的价值共创；在战略执行上，企业应该意识到整合资源的重要性，对现有流程进行调整，最大限度地实现企业内外部资源的有效配置和整合利用。

第三，使用操作性资源构建可持续竞争优势。服务主导逻辑强调知识和专业技能等工具性资源对于企业构建和保持竞争优势的重要性。随着体验经济的到来，企业应该善于利用顾客资产，努力构建多样化平台主动与顾客进行对话，积极引导顾客把自己掌握的工具性资源投入到价值创造过程中，通过与顾客的积极互动来构建可持续竞争优势。

案例：万达从地产到服务的战略布局

1. 简介

大连万达集团股份有限公司，简称万达集团，由王健林于1988年在辽宁省大连市创立，最初主要从事住宅开发、旧城区改造等项目，目前已形成了商业、文化、网络、金融四大产业集团。除了大家熟知的万达商业地产项目，万达文化集团还涉及电影放映制作、大型舞台演艺、电影科技娱乐、连锁文化娱乐、报刊传媒、中国字画收藏等行业，文化产业成为万达集团重点发展的支柱产业之一；万达网络科技集团是实业+互联网大型开放型平台公司，旗下拥有飞凡信息、快钱支付、网络信贷、大数据等诸多子公司，主要运用大数据、云计算、人工智能、场景应用等技术为实体产业实现数字化升级；万达金融集团则拥有多家投资、资管、保险等公司，旨在实现金融全牌照运营，为消费者提供生活圈内的全新消费服务。

由此可见，现在的万达已经不是最初将业务集中在房地产制造领域的企业，万达的商业王国正在向以文化、网络和金融等为代表的服务行业延伸。不断拓展和整合万达资源，以"万达产品+万达服务"的方式帮助消费者获得完美体验，万达的发展理念和战略布局都显著呈现出从生产范式向服务范式转变的趋势。

2. 万达四次转型

万达的发展历程也经历了多次重要转型，第一次转型万达实现了业务从大连到全国的跨区域发展；第二次转型则从住宅房地产转向商业地产；第三次向文化旅游方向转型；目前万达正在进行的第四次转型，便是转向以服务业为主的企业，这次转型范围更广、力度更大，代表着万达未来发展方向的全新转型升级。

从 2014 年开始，万达集团加紧战略布局向服务业转型推进，在众多新兴服务领域斥巨资并购一些国内外知名的企业，万达集团构建的服务生态系统之上的商业王国已日见雏形。2014 年 8 月，万达、百度、腾讯三巨头合作投资成立了新的电子商务公司，其中，万达持股 70%，占主导地位，万达、腾讯和百度将打通账号体系、会员体系、支付与互联网金融产品体系，逐步建立通用积分联盟、大数据融合、产品整合、流量引入等方面的合作。万达、腾讯和百度三方将建立大数据联盟，万达电商通过打通万达、腾讯和百度等线上线下资源，整合多项互联网技术，打造了通用积分联盟平台，并且创造了由通用积分联盟、大会员体系、一卡通、大数据等组成的全业务管理平台，帮助万达完成了从实体商业向"互联网+"方向的转型，万达集团的服务战略布局将促进万达实体商业焕发新的活力。

万达集团向服务业的转型。除了传统的万达商业地产业务，万达也将加速发展文化旅游、金融产业和电子商务三个新兴服务产业，预计到2020年形成商业、文旅、金融、电商基本相当的四大板块，实现万达向服务业的全面转型升级。

3. 万达向服务业转型的启示

万达通过向互联网服务业的拓展，成立了新的万达电子商务部门，万达集团在万达广场、影院、酒店等实体产业链条上布局线上线下O2O，万达在服务业的布局将为其提供技术支持并贡献优势业务，大会员体系、大数据技术等组成的全业务场景解决方案，将为消费者提供全新的用户体验。预计未来，万达基于互联网技术的服务场景将广泛应用于万达购物中心、商户、酒店、电影院等传统的商业地产项目，万达服务将为购物中心等实体商业提供线上线下一体化发展的解决方案，万达不仅完成了从地产到服务的战略布局，更将形成全新的服务业生态系统。

（五）企业主导向用户主导转变

企业软件化应用更深层次的发展会充分利用公司现有的客户资源，产生推荐效应。当客户网络达到一定规模之后，客户群体就能自我维持，客户的推荐和引介还能使企业降低获取客户的成本。企业应当主动将顾客引进产品制造和应用服务的过程中，主动发现顾客需求，并对顾客展开针对性服务。

新古典经济认为只有劳动才能创造价值，工业革命诞生的现代企业是分工化的劳动者的集合，它们成为工业经济时代的经济主体。随着科技的推进，关键资源的重心从自然资源、有形资产等转移到对生产技术和支撑它的资本的掌握，生产方式转变为以标准化和专业化为特征的大规模生产。在传统的生产范式下，企业开始通过生产过程使产品的某些属性增加或扩大，劳动也被转化为某种顾客需要的效用而嵌入商品，实现价值的增值。因此，在工业经济时代，企业被看作价值的创造者，而价值是企业通过商品的形式体现的。这种有价值的商品必须拿到市场中交换才能实现价值从生产者到顾客的传递；与此同时，价值也通过公平交换来体现，即购买者愿意支付的价格。

在传统的工业经济中，企业与用户有着明显的区别，用户是整个价值链系统中商品的接收者，位于价值创造活动之外，绝大多数的微观经济学教材都称产品的用户为消费者（Consumer）。根据剑桥简明词典，英语中的"Consume"源自拉丁文的"Consumere"，含有毁坏、浪费、挥霍、用光（特别指吃光和喝光）、占用和浪费时间的意思。因此，传统的用户被看作价值的毁灭者和消费者。换言之，在原材料经过价值链被逐渐生产成商品的过程中，价值在不断增加；但是商品在通过市场交换转移到用户手中后，用户却在使用商品满足其某种需要的过程中销毁其价值。从这种意义上讲，最终用户是无法对国民财富的增长做出贡献的，因此经济增长的源泉应该是盈余的有形资源和商品。

Vargo 和 Lusch 对营销学界中以企业和产品为主导的观点提出了质疑，重新定义了市场和用户的概念，提出了新的主导逻辑。产品主导逻辑以产品为中心，以价值的"交换功能"为基础，强调价值由企业创造，并通过产品和货币交换在市场上进行分配。生产者和消费者在这个过程中扮演着彼此分离的角色,生产者在生产过程中创造价值,并通过最终的市场价格来体现价值;而服务主导逻辑以价值的"使用功能"为基础,强调价值是由生产者和消费者共同创造的,知识和技能是获取竞争优势和创造价值的关键资源(工具性资源)。表 2-5 所示为企业主导和用户主导的比较。

表 2-5 企业主导和用户主导的比较

	企业主导	用户主导
所用资源	以对象性资源为主	以工具性资源为主,通过对象性资源传导
价值创造者	企业、产业链中的企业	企业、合作伙伴和用户
价值创造过程	企业将价值嵌入产品或服务中	企业通过市场提出价值主张,和用户共创价值
创造价值目的	增加企业利润	充分利用工具性资源(知识和技能)提高价值生态系统的可持续性
用户角色	消耗企业创造的价值	主动整合企业资源和其他公共及私人资源来进行价值共创
产品角色	产品是嵌入了对象性资源的价值的载体	产品充当价值传递的媒介
企业角色	配置资源、组织生产	提出价值主张,创建平台以激励用户共创价值
企业和用户的关系	用户在交易过程中被动接受企业的产品	企业不断提供与用户对话的平台,激励用户主动参与价值共创

综合上述观点,用户主导逻辑的特征包括如下几点。首先,是对无形性特征的完善。服务通常也需要有形的展示,在消费者因自己的需要而接触服务企业之前,服务企业可以利用自己的品牌、营销手段帮助消费者了解自己,从而降低消费者为了解服务企业而花费的时间成本、体力成本和精神成本;在消费者接触服务企业的过程中,服务场景、服务标准和流程、服务过程展示和体验、服务定价、服务承诺等都能够帮助消费者认识服务、建立合理预

期并降低消费服务的风险；在消费者购买和消费服务之后，相关服务的全部有形展示都会成为消费者回忆体验服务过程的依据，并影响消费者的重购意愿。

其次，是对异质性特征的完善。一方面，有形产品通常也是异质的；另一方面，越来越多的服务产品（如民航服务、常规医疗服务、银行柜台服务等）开始采用相对标准化的流程来提供。Vargo 和 Lusch 认为，从消费者的角度看，他们真正需要的是同质化的服务生产（这样能够保证服务质量）和能满足其个性化需求的异质化流程。然后是对生产和消费同步性特征的完善。如今，消费者可以参与服务的整体设计，借助企业提供的平台与企业对话，进而使自己从过去的被动受众（passive audience）转变为主动的角色扮演者（active players），最终主动与企业共同创造价值。

最后，是对易逝性特征的完善。一方面，许多有形产品难以储存；另一方面，由于标准化服务可以带来持久的收益，服务企业可以采用许多方式把标准化服务"储存"起来。Gummesson 曾经指出，服务可以储存在许多服务系统（如 ATM）、建筑物（如酒店客房）、机器设备（如航空公司的航线和座位）、知识和人群（管理经验和技能）中。

案例：海尔以用户为中心的核心价值观

1. 简介

海尔集团，1984 年创立于山东省青岛市，从一家资不抵债、濒临倒闭的电冰箱制造小厂发展成为全球大型家电著名品牌，海尔集团坚持以用户需求为中心的创新体系不断推动着企业发展。

在互联网时代，海尔颠覆了传统企业的封闭系统，积极参与成为网络互联中的节点，致力于联通各种资源以打造共创共赢的新平台，实现各方的共赢增值。目前，海尔集团已从传统的制造家电产品的企业转型为面向全社会孵化创客项目的新型平台。

2. 海尔基于互联网的战略转型

海尔集团经过了名牌战略发展阶段、多元化战略发展阶段、国际化战略发展阶段、全球化品牌战略发展阶段四个发展阶段，2012年12月，海尔集团宣布进入第五个发展阶段——网络化战略阶段。2012年至2019年是海尔集团的网络化战略发展阶段，其转型的核心要素是网络化的市场和网络化的企业。海尔集团抓住了互联网发展的时代机遇，从一家以企业自身为中心的传统型企业，转型为互联网时代的平台型企业，不断探索"人单合一双赢"的商业模式，进行以用户为中心的管理创新。

互联网颠覆了传统经济的发展模式，新兴商业模式的基础和运行主要体现在网络化上，市场和企业更多地呈现出其网络化特征。海尔将网络化发展战略的实施路径总结为"企业无边界""管理无领导""供应链无尺度"。2014年，海尔向互联网全面转型，推出了空气盒子、空气魔方、智能烤箱等智能终端设备，在"互联网+"和"工业4.0"的时代，企业和用户在市场中的主导地位发生了逆转，海尔集团基于新的互联网企业和客户关系提出了"人人创客"的口号，发起了新一轮管理变革，打造了全新的"平台型组织"，在海尔平台之上，用户可以主导产品的设计和生产，甚至孕育出创新项目的小微企业。海尔自互联网转型以来，已经孵化了上千个小微创业项目，过去的海尔是一家传统的家电制造企业，未来，海尔将成为一家产生创

企业软件化

客和企业家的企业。

3. 海尔用户为中心的核心价值观

在当前的互联网时代中,海尔集团的按需设计、按需制造、按需配送,无不体现出了海尔集团将用户需求放在第一位的核心价值观,具体表现在以下三个方面。

第一,将用户需求放在首位。海尔不仅满足用户需求,还要创造用户需求,海尔在发展过程中不断审视和变革已有的商业逻辑,不断挑战和重塑商业模式,顺应时代发展而不断发展,实现以变制变、变中求胜。海尔以用户需求为中心的价值观是企业在动态市场中保持竞争优势的能力内核。

第二,强调创业和创新精神。创业和创业精神是企业家精神的延伸,海尔提倡每个员工都应具有企业家精神,从被动经营变为自主经营,把不可能变为可能。创新精神的本质是创造差异化的价值,差异化价值的源泉来自创造新的用户资源,因此,海尔一直强调以开放的视野,有效整合和运用各方资源,发掘并满足新的用户需求。

第三,共赢是海尔持续发展的保障。海尔的利益相关方主要包括创客、用户、股东及其他主体,在网络化时代,海尔与全球创客、消费者等利益相关方共同组成了商业生态系统,共创共享商业价值,而在开放的平台生态系统中,只有所有利益相关方持续共赢,才能实现永续经营。为此,海尔不断进行商业模式创新,每个员工通过为用户创造价值而实现自身价值,企业价值和股东价值也从中得到体现,整个创业创新平台不断演进、优化。海尔的共赢模式为员工、用户、创客等利益相关者提供了机会公平、结果公平的机制,让参与者以自组织的形式主动创新,为海尔的持续发展提供了保障。

（六）固定边界向弱化边界转变

软件化带来的开放式的平台和架构,主要体现在资源的共享与开发、产业机会的开放接入及产业价值的共同创造等层面。软件化使得依托互联网的资源和信息被有效地共享,有效地减少了供给和需求的信息不对称问题;开放接入则能有效地匹配消费者需求,以最低的成本和适当的服务满足消费者需求;而产业价值的共同创造和开放则提供了更有利的创新环境,其强大的集成能力和良好的柔韧性使得更多的企业从开放式系统中获益。开放式系统打破了传统的行业界线,使不同行业的企业走到了一起,增加了各自的市场机会,形成了互利共生的商业生态系统。开放式系统将以往的排他性竞争转变为互利共生,不再以较低成本反复应用自身的生产要素,而是凭借合作共生发挥异质的技术、信息、知识互补作用,使得企业的效益最大化。

价值共创（value co-creation）的思想受到了管理学界和企业界的关注,2010年美国营销协会教育者年会把价值共创作为分组讨论的一个重要议题,美国营销科学学会也把价值共创列为2010～2012年优先研究的方向之一。价值共创模式注重企业和消费者共创价值的过程。

在商品主导逻辑中,生产者与消费者被人为地割裂开来,因此,价值创造也被视为一个离散的过程:生产者通过完成一系列的生产活动把价值嵌入商品,然后把商品投入市场与消费者进行交易,最终实现商品的交换价值（value in exchange）。可见,商品主导逻辑不但把顾客排除在价值创造的过程之外,而且把他们视为纯粹的"价值消耗者"或"价值毁灭者"。而服务主导逻辑则把价值创造看作一个连续的过程,并且认为是顾客与其他相关主体一起完成的"价值共创"过程。无论是服务的直接提供者还是以商品为载体的服务间接提供者,提供服务只是价值共创过程中的一个环节,价值共创不会随着这一环节的结束而终止。等服务传递到顾客那里以后，顾客就会利用自己的知识和技能来享受和维护服务，这其实就是在延续价值创造的过程。服务主导逻辑把人们的关注焦点由商品主导逻辑下的交换价值转向了使用价值（value in use），并且发现顾客在价值创造过程中扮演着不可替代的角色。因此，我们可以这样来理解：在服务主导逻辑下，顾客被认为是一种作用于对象性资源的操作性资源，并且最终由他们来完成价值创造的过程。于是，Vargo 和 Lusch 提出了服务主导逻辑的基本命题：顾客是价值共创者。

在明确了顾客在价值共创中扮演的角色之后，Vargo 和 Lusch 进一步解释了以顾客为代表的受益人对价值实现的影响，并提出了基本命题：价值总是由受益者独特地用现象学方法来决定。这是对顾客是价值共创者的进一步拓展，此处的价值是指使用价值。例如，技术经验丰富且倾向于率先采用新技术的用户通常可以自如地操作智能手机，使得该手机的使用价值得以充分体现；同样的手机在技术经验欠缺的用户手中，其使用价值就会大打折扣。一般地，同样的服务在同一时间针对不同的受益人就会产生不同的使用价值，相同的服务在不同的时间针对同一受益人所产生的使用价值也可能截然不同。某种服务的使用价值本身并无客观的评判标准，它完全取决于受益人的自身特征（如知识、技能）和使用服务的情境。用 Vargo 和 Lusch 的话来说，"使用价值总是由受益人独特地用现象学方法来决定"，使用价值是一种主观感知价值，并且具有体验性和情境依赖性。因此，Vargo 和 Lusch 认为，用情境价值（value in context）来取代使用价值或许更为贴切。

受益人的价值决定作用从根本上改变了企业在价值共创过程中的作用。在商品主导逻辑下，企业把价值嵌入商品，通过市场交易来实现商品的交换价值，而服务主导逻辑把关注焦点由交换价值转向使用价值。在服务主导逻辑下，企业无法单独创造价值，而只能根据顾客的需求提出价值主张，并对顾客参与价值共创的行为加以引导，因此，Vargo 和 Lusch 提出了基本命题：企业并不能传递价值，只能提出价值主张。在此基础上，Vargo 和 Lusch 对企业在价值共创方面所扮演的角色进行了进一步的解析，并且认为企业应当充分整合自身和合作伙伴的资源，设法挣脱企业内部和外部的各种制约因素的束缚，与合作伙伴沟通、对话，共同提出价值主张、提供服务和构建价值网络，为最终实现服务的使用价值创造条件，企业在价值共创中的作用如图 2-4 所示。

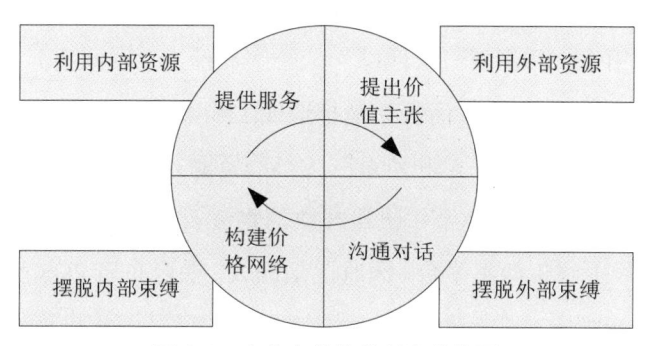

图 2-4 企业在价值共创中的作用

案例：苏宁云商模式的价值共同创造

1. 简介

苏宁云商集团股份有限公司，简称苏宁，创办于 1990 年，总部位于江苏省南京市。苏宁最初从事商业零售行业，经营范围涵盖家电、消费电子、百货、日用品、图书、虚拟产品等多种品类，拥有近两千家线下实体门店，线上的"苏宁易购"位于国内 B2C 行业的前列，苏宁线上线下的融合发展引领着零售业发展的新趋势。

以前提起苏宁，消费者印象中的苏宁卖场是传统的电器销售实体企业，然而，现在提起苏宁，大部分消费者首先想到的是"苏宁易购"，苏宁已经通过不断转型实现了电商化，成为国内有代表性的互联网零售企业。苏宁董事长张近东用"一体两翼三云四端"八个字概括了互联网新苏宁："一体"是坚持苏宁的零售本体；"两翼"是打造线上线下开放平台；"三云"是围绕着零售本质将商品、信息和资金三大核心资源社会化、市场化，建立面向供应商和消费者及社会合作伙伴开放的物流云、数据云和金融云；"四端"是围绕线上线下两翼平台，因时因地因人，融合布局 POS 端、PC 端、移动端和电视端。

2. 云商模式的价值共同创造发展

苏宁的发展经历了从线下到线上，O2O 融合发展及价值共同创造的不同阶段。苏宁创立之初是位于南京市宁海路的一家空调专营店，围绕市场需求和专业化、标准化的原则，苏宁的线下实体店逐渐形成了旗舰店、社区店、专业店、专门店等种类，并采取"租、建、购、并"同步开发的模式，不断扩展线下连锁店，以店面标准化为基础，通过自建开发、订单委托开发等方式，不断加大旗舰店的拓展。

自 2011 年以来，苏宁持续推进"科技转型、智慧服务"的发展战略，进一步深化云服务模式，探索线上线下多渠道融合、全品类经营、开放平台服务的业务形态，提出了"店商+电商+零售服务商"的零售模式，并称之为

"云商"模式。2012年,苏宁推出了全新的Expo超级店作为主力门店,它标志着苏宁线下实体门店综合经营的发展,到2012年底,苏宁新街口店全面升级为第一家苏宁生活广场。2014年,已经获得虚拟运营商牌照的苏宁正式宣布成立"苏宁互联"独立公司,全面进军移动转售业务,以通信业务为基础打通社交、购物、娱乐、资讯等多方面资源,为消费者提供围绕移动互联生活的增值服务和解决方案。苏宁的用户将可以体验社交休闲、视频娱乐、线上线下购物、金融理财、智能家居等各方面的新型互联生活。

目前,苏宁云商拥有线上线下两大开放平台,实体、内容和服务产品为主的经营事业群形成了苏宁云商的新架构,其平台类型包括连锁店面平台和电子商务平台;服务类型涵盖实体产品、内容平台和服务产品;在组织架构方面,苏宁云商新增了连锁平台经营部、电子商务经营总部和商品经营总部。其中,电子商务经营总部下设网购、移动购物、本地生活、商旅、金融产品、数字应用、云产品和物流等不同事业部;电子商务经营总部的业务类型包括实体商品经营、生活服务、云服务和金融服务,而物流事业部也被纳入电子商务经营总部,支持小件商品的全国快递服务。

3. 苏宁云商模式转型的启示

苏宁已形成了基于线上线下多渠道融合、全品类经营、开放平台服务的业务形态,此次转型可以看作苏宁电器的科技战略转型的又一重要举措,也宣告着苏宁"云商"新模式的正式面世。苏宁云商持续强化科技创新,转型云服务模式,凭借新兴信息技术的支持建立了内部共享服务平台,实现了企业分散经营、集约化管理的目标,同时,苏宁也在不断优化供应链,提升管理效率。基于多年的经营经验积累和转型实践,苏宁已经构建了面向内部员工的管理云、面向供应商的供应云及面向消费者的消费云,并推进了云服务模式的市场化运作,陆续推出了苏宁私享家、云应用商店、云阅读等应用,苏宁云商将进一步为用户打造集社交、休闲娱乐、数字化产品、线上线下购物、智能家居等方面为一体的新型生活方式。

六、软件化增强企业新型能力

在软件定义和开放协作为重要体征的新计算时代背景下，企业需将软件视为企业的核心资产和新型动力，通过把握软实力，挖掘创新技术的新智慧，才能在竞争激烈的市场环境中获取持续的竞争力。

（一）企业能力的定义

企业能力是指企业在生产、技术、销售、管理和资金等方面的力量总和，其中包括企业配置资源，以便充分发挥其生产力和竞争力。企业能力源于企业的有形资源、无形资源和组织资源的整合。企业的竞争力源于企业能力，而企业能力只能源于企业在市场竞争中的学习：积累相关的知识和能力并将其嵌入企业组织，主要体现在企业的运作程序上。

企业能力指企业为完成既定的战略，所具备的资本和能力，泛指企业在日常经营管理活动中满足企业生存、成长和发展的系统方法和综合表现水平。从企业经营的宏观角度来看，它包括企业发展战略规划能力、品牌运作及企业定位能力、资源获取能力、资源整合能力、价值链管理能力、关键核心竞争优势和能力等；从企业内部管理的微观角度来看，它包括企业组织运作能力、指挥控制能力、战略分析与执行能力、综合管理能力等；从企业职能分配的角度来看，它包括企业产品开发与设计能力、市场与客户服务能力、产品与服务提供能力、生产与品质保障能力、供应与物流管理能力、人力资源开发与利用能力、成本管控能力、品牌策划与运作能力、后勤保障支撑能力等基础能力。

需要分清楚的是，资源不等于能力。虽然资源有重要价值，但它仍然不是能力，如某一物流企业拥有为数众多的仓库和配送中心，而另一家物流企业仅有几个仓库和配送中心，但是这家物流公司有强大的物流信息系统，在这种情况下就不能贸然断定拥有众多仓库和配送中心的物流公司的服务能力要强于另外一家物流公司的服务能力。

企业能力主要分为三类：技术能力、功能性能力（研发能力、生产管理能力、营销能力、财务能力）和组织管理能力等。

（1）研发能力。企业的研发能力主要从研发计划、研发组织、研发过程和研发效果几个方面进行衡量。

（2）生产管理能力。生产管理能力主要涉及五个方面：生产过程、生产能力、库存管理、人力管理和质量管理。

（3）营销能力。企业的营销能力可以分为以下三种能力：产品竞争能力、销售活动能力和市场决策能力。

（4）财务能力。企业的财务能力主要涉及两方面：一是筹集资金的能力；二是使用和管理所筹资金的能力。

（5）组织管理能力。组织管理能力主要可以从以下几个方面进行衡量：职能管理体系的任务分工；岗位责任；集权和分权的情况；组织结构（直线职能、事业部等）；管理层次和管理范围的匹配。

（二）企业能力内涵的演化

关于企业能力的起源和演化，也有不同的观点。纳尔逊和温特把企业看作路径依赖性知识基础的集合，企业通过长期的"干中学"将积累的知识嵌入一系列"惯例"。企业是一个历史实体，生产性知识是内生的，是企业"干中学"的结果。企业是拥有异质性能力的实体，异质性能力是惯例和搜寻的函数。这些能力根植于组织的技能和惯例中，并作为组织的记忆不断地实施生产性服务活动。这些组织的技能和知识具体体现了组织进行生产性活动的知识和能力。也就是说能力是嵌入惯例和在"干中学"中积累的隐性经验的结果。Grant 认为，组织的惯例是在个人层次的知识和组织层次的能力间的一种结合，能力是分层级地进行组织的。高层级的能力在结构上是跨职能的组合，并由低层级能力构成，职能层级能力包含一个职能领域的特定的任务能力，属于个人专门的知识。因此，能力的起源是个人所拥有的知识。Zollo 和 Winter 认为，能力不仅是嵌入惯例和在"干中学"中积累的隐性经验的结果，还是对组织结构和系统的有意投资以促使惯例和实践持续改进的结果。Ethiraj 等认为，能力是对资源的配置，能力难以复制且难以在要素市场中获得，能力的演化不仅反映了企业通过"干中学"努力的结果，还反映了企业在学习和取得进步方面主动投资的结果。

企业能力是知识性的系统能力，企业能力的形成只能建立在企业的系统学习经验基础上，是集体"干中学"的结晶，是企业个性化发展长期积累的产物，它无法通过一次重大的技术发明或资源并购来实现，其形成过程也不可能压缩和突击。吴建南、李怀祖等认为，形成企业能力要经过两个步骤：第一是开发或获得构成的技巧和技术，以组成特定的竞争能力——物质基础；第二是整合这些技巧和技术以形成竞争能力——发挥主观能动性。前者一般可以通过物质和精神的投入获得，后者需要发挥主观能动性，是形成企业能力的关键所在。

企业能力的构建和培育对于确立企业的市场领导地位和持续竞争优势是极为重要的。企业能力的构建和培育并非朝夕之功，而是一项复杂的系统工程，大致可以从以下几个步骤来考虑企业能力培育的战略决策。

第一，必须要了解企业能力的组成要素。

第二，企业需要审视自身业务、现有资源与能力、市场竞争状况和发展趋势，决策者应独具慧眼地确定培育企业能力的战略意图，并保证该战略意图能被员工理解、认同和接受。

第三，将现有资源与企业能力的战略意图相比较，然后依照企业能力和公司战略的要求对资源进行重新配置，通过内部培育和外部获取的方式获得企业能力要素，弥补差距。

第四，将本企业所拥有的各种能力和资源与外部获取的各种能力和资源进行有机整合，形成全新的企业能力。

事实上，企业能力的根本体现就是如何整合企业特有的技术与资源。正如哈梅尔与普拉哈拉德所提出的，企业能力是组织的集体学习能力，它强调协调多样化产品的技巧，在考虑如何集成多种技术的同时，也强调工作的组织和价值的传递。

（三）企业新型能力的增强

企业在完成发展的初期积累后，往往会投入巨资购买很多先进的软件和设备，但使用效果并不是很好，很重要的原因是企业并没有建立使用这些软件以及操作这些设备的方法和技术体系，而主要依靠个体技术人员去摸

企业软件化

索,其弊端如下:第一,这些工具很难充分发挥作用;第二,现在很多工程技术人员,80%的时间是在做重复性的低层次工作;第三,企业没有建立可持续积累的工程技术体系,没有形成能力,企业中的很多核心和技术都在员工的大脑中,很多人退休就带走了。所以,企业软件化,并非要企业成为传统意义上的软件公司,其本质应该是通过购买或自行开发软件,使企业全流程智能化、知识化和软件化。区别于以往的任何时期,当今企业的竞争更多地依靠企业的自动化和智能化水平。以工业技术的软件化为例,也可称之为操作技术的数字化,即通过自定义代码操作标准技术工具,去完成产品的研发、设计制造等。工业技术软件化或操作技术的数字化,相当于工艺或配方,如果没有这些,再好的设备都制造不出好的产品。很多企业都非常注重在整个产品研制过程中进行工程技术的沉淀和积累。波音787的整个研发过程用到了8000多款软件,其中只有不到1000款的商业软件,其他7000多种都是波音公司自己开发的软件。有了这些软件,那些商业软件才能更好地发挥作用。也正是因为有了这些软件,任何人的离职都不会影响波音公司飞机的设计水平。再如GE提出,要在未来五年之内变成全世界最大的软件公司,它并非要成为微软、IBM这样的软件公司,而是要成为把工业技术软件化的公司。

我们以工业制造业为例,工业制造企业的基本作业流程,包括设计仿真、生产试验、制造、运营、服务的上下游价值链。在整个基本作业流程层面,企业软件化的助推应用具有不同的层次,分别为工具、系统、平台、业务。我国工业制造业的发展历程表明,企业软件化应用的工具和系统层面已经非常成熟,有非常多的厂商可以提供成熟的产品。业务层实际上代表的是企业的业务方法、业务支持和业务体系,这些是国内,包括国外很多IT厂商没有办法提供的。企业的业务方法、业务支持和业务体系实际上就代表着企业的未来发展能力,企业软件化在整个制造业中将会发挥越来越大的

第二章 企业软件化概论

作用。

软件发展经历了三个阶段，早期可以称之为软硬一体化的阶段，从程序演变而来的软件一直作为硬件的附属品。20世纪70年代中期，软件开始成为独立的产品，并且开始逐步形成一个巨大的产业，软件应用覆盖了我们生活的方方面面。20世纪90年代中期，随着互联网商用的起步，软件产品走向服务化和网络化，开始渗透到人类社会生活的每一个角落。随着云计算和虚拟化应用的普及和深入，软件定义正在成为企业和技术厂商追逐的热点。从理论上来说，企业软件化必须依靠"软件定义"来实现，从而实现企业智慧。软件定义打破了在传统IT架构中以硬件为主的运行模式，第一次突出了软件在整个IT基础架构中的重要地位，而软件定义不同于虚拟化，它彻底实现了软件和硬件的分离，硬件负责存储和计算，软件负责管理和控制。由此，我们可以认为，软件定义就是通过虚拟化将软件和硬件分离，将服务器、存储和网络三大计算资源池化，最终将这些池化的虚拟化资源进行按需分割和重新组合。

软件定义的概念广泛，包含了软件定义网络（SDN）、软件定义存储（SDS）和软件定义数据中心等不同领域。实现软件定义后，企业可以提升硬件资源的利用率。因为，基于软件定义架构，企业可以彻底分离软件和硬件，由软件统一对资源进行管理和调度。在这种架构下，虚拟化环境下的资源池效率能得到进一步的提升。实现软件定义后，企业也可以降低硬件资源的投入成本。因为，IT效率越高，购置IT硬件的成本就越低。软件定义架构能充分利用现有的IT资源，并不需要企业重新购置，因此，能极大地降低企业的IT成本。实现软件定义后，企业硬件资源的可扩展性能会大幅提升。软件定义可以实现软件和硬件之间的彻底分离，底层硬件的变动并非直接和业务发生关系，而是由软件进行管理，因此，软件定义架构有着更好的可扩展性和灵活性。最后，软件定义可以支撑智能IT转型。随着软件定义应用逐渐成熟，企业已经开始了软件定义数据中心的实践，通过将计算、存储和网络以软件定义的形式进行部署，软件定义数据中心将变得更加智能。目前，软件定义数据中心已经具有内置的智能功能，可以消除系统的复杂性及创建弹性计算，并且无须人工干预。

依赖于计算机技术发展和互联网的普及，企业制造能力和生产控制能力实现了质的飞跃，供应链企业之间地理距离上的障碍被极大地消除，企业软件化使得供需协同和制造协同的全球化大生产时代到来。信息传递方式的变化促使供应链结构和关系也随之变化，供应链过程中的物流结构日趋复杂，信息流内容也越来越复杂。软件化利用信息技术对供应链信息流进行有效的组织管理，组织引导物流和资金流的运转，使供应链过程流程化和标准化，进而不断优化和改进供应链的整体结构。可以将软件化对企业能力的提升概括为四个方面：执行、保障、决策、创新，如图2-5所示。

图2-5 软件化提升企业能力

1. 执行

软件化对企业能力的提升体现在企业内部信息化集成和企业供应链集成两个方面。内部信息化集成体现为客户需求与企业生产的有效集成；而供应链集成是企业与业务伙伴的有效连接，为供应链业务的有效执行提供了通道。软件化在执行层面主要表现为个性化定制生产和异地在线协同研发等。

个性化定制生产，即运用软件分析在网络营销服务策略中引入个性化服务，按照用户需求进行生产，以满足网络时代用户的个性化需求。定制化生产根据用户对象可以分为两类，一类是面对工业组织市场的定制化生产，这部分市场需要供应商与订货商的协作，如波音公司在设计和生产新型飞机时，要求其供应商按照其飞机总体设计标准和成本要求来组织生产。这类属于工业组织市场的定制化生产，它主要通过产业价值链来完成。下游企业向上游企业提出需求和成本控制要求，上游企业通过与下游企业进行协作设计、开发和生产来满足下游企业需要的零配件产品。由于用户的个性化需求差异性大，加上用户的需求量又少，因此企业实行定制化生产时必须在管理、供应、生产和配送各个环节上适应这种小批量、多式样、多规格和多品种的生产和销售变化。

异地在线协同研发是在异地协同环境下，实现设计信息的充分沟通与共享，是软件化对企业能力提升的利器。企业间有效的业务协同可以显著提升供应链的整体效率。常用的业务协同系统包括基于订单协同和物流协同的供需协同系统、基于 JIS 的制造协同系统、基于项目管理的设计协同系统。供应链协同系统要求供应链企业间高效响应。综合应用 B/S 和 C/S 模式，使产品开发、设计成果及设计任务等信息能够实现及时的沟通，并使规范的设计信息能够按照一定的流程为各地的开发团队成员所共享。通过 PDM 系统的设计对象分类管理、状态管理、工作流管理、设计资源管理、邮件通知管理和应用软件集成管理等功能模块保证设计对象在异地协同过程中数据的有效控制和一致性。

2. 保障

企业管理软件的优化和细化，不仅仅能提升效率和控制成本，企业软件研发如何与客户在"供"与"应"这两个关键业务上做到紧密配合，满足客户多方面的要求，归根结底是要考验企业的制造能力与软件开发管理能力，而软件开发管理能力又特指企业的反应速度、供应成本控制与供应质量保障。在企业软件化方面，可以围绕质量优化和成本控制构建软件开发的核心竞争力。国内外如戴尔、沃尔玛等行业龙头，都是借助软件开发管理实现了企业能力的再提升。因此，软件化对企业能力的提升在保障层面主要表现为质量管理与优化，以及成本精细化管控等。

随着生产力的迅速发展和科学技术的日新月异，用户对产品的质量要求从注重产品的一般性能发展为注重产品的耐用性、可靠性、安全性、可维护性和经济性等多个方面。在生产技术和企业管理中要求运用系统的观点来研究质量问题，重视用户的需求，强调依靠企业全体人员的努力来保证质量，全面质量管理应运而生。全面质量管理是为了在最经济的水平上，在充分满足顾客要求的条件下进行生产和提供服务，并把企业各部门在研发质量、维持质量和提高质量方面的活动融为一体的一种有效体系，其核心是成本控制及时全面，持续改进自动化。企业软件化是全面质量管理的有效保证，使企业的质量操作符合某种认证要求的操作规范，使企业所提供的产品（服务）符合质量要求，质量管理包括从产品设计、制造、检验、品质分析到产品售后的一体化大型系统，为企业满足某种强制规范提供了可操作的平台，为企业的产品设计人员、制造人员、检验人员共同搭建了一个系统，满足了企业对产品设计、产品制造、产品检验、产品实验、产品追溯等一系列操作提供数据分析的要求。

成本精细化管理是指以精细化、量化的管理思维，采用专用的管理方法，分产品、分订单、分部门对企业的采购、物流、生产、销售等环节产生的成本数据进行采集和分析，为管理者做出详细、科学的成本决策提供依据，以实现成本最小化和效益最大化。精细化管理既突出了全局观念，要求企业的管理视角触及企业运作的所有环节，又突出了精细的思维，要求企业分品种、分订单对产品成本进行管理，对部门的成本按项目进行分析和管理。企业软件化为成本控制和精细化管理提供了有力保障。软件系统围绕保障企业投入产出效益最大化这一中心，抓好供、产、销三个环节，达到采购供应及时、价廉质优和生产安全，从广度上来说，作为企业的主要管理者，除完成现有的事务性工作和企业信息的采集外，还应更加广泛地搜集相关的行业信息。关注企业所处行业的发展动态，并对其进行深入的分析。从深度上来说，企业管理者应侧重参与企业的业务活动和资源整合，并对企业的财务活动进行深入了解与研究分析。

3. 决策

企业软件化不仅可以管理企业的日常经营信息，还能够科学全面地记录并汇总各项数据，其所记录的数据对企业的生存与发展意义非凡，通过对相关数据的分析与研究，能够帮助企业更好地分析之前做过的业务，更好地找出企业在经营中存在的问题，并做好今后的经营决策分析。大数据的智能分析技术的发展还依赖于新型的数据存储和组织技术以及新的、高效率的计算方法的支持。企业级数据与知识集成平台，通过采集和整合企业内部和外部的各类专业数据与专业知识资源，为企业管理决策提供了信息资源的支持保障。

4. 创新

软件系统的创新至关重要，当技术难度大且组织间互动增多时，软件能够消除许多语言上和计算上的错误，软件在最基本的水平上把设计者从艰巨的、昂贵的和易于出错的制图、实验、原型设计、制模和人工操纵中解放出来，从而扩展了设计者的创造力。例如，克莱斯勒公司在创造新的 Dodge

企业软件化

发动机的过程中，用数字软件建造并测试了 2000 多种不同的设计方案，甚至可以进行毁灭性试验。这种能力在全世界范围内的所有行业中掀起了迅猛的创新和竞争的潮流。

软件化通过大量运用数据和顾客资料探索创新路径。大多数创新都是为了迎合广大顾客的需求，所以对顾客类型、市场数据、时代潮流或在应用中的特定环境的了解是十分关键的。创新就是为了满足顾客不断变化的需求，而软件系统可以较早地洞察这种需求并允许顾客直接参与设计，预先试验设计方案，同时可以降低推广创新成果的市场风险。以日本最大的消费产品公司 KAO 为例，它开发了 ECHO 软件系统用来捕捉、分析顾客的问题。该系统每年可以接受来自 50000 位顾客的 350000 个问题的访问。该系统使 KAO 公司可以用它的产品对顾客的问题做出及时回应，而 KAO 在世界各地的设计者们可以同时把信息输入数据库以便能够设计出更好的产品。

企业软件化有助于扩展合作范围。最复杂的创新活动如今需要世界范围内大量的专家在不同的地方、不同的组织中，在一定时间内通过软件数据、模型和通信系统共同工作。软件化可以提升人类做出新选择的能力，洞察顾客需求，刺激市场和技术创造力。以软件为核心的互联网正在改变传统的合作本质，它打破了创新活动的参与者在时空上的阻碍，使合作更少地受到社会规范的制约、政治因素的影响以及直接与顾客接触所产生的文化冲突，独立进行创新的个体或小团体能够通过软件系统与更多的参与者开展远距离的、不同步的合作。这种合作可以让与开发者的时间不一致的顾客和局外人参与创新过程，让他们通过共享范例、模拟设备和电脑屏幕相互质疑，直接参与创新过程。当不同的专家和团体贡献出他们特有的知识、文化观点和创造力时，原有的创新力量便会成倍增强。

软件化推进了全球化经济的进程，创新与竞争的性质正在改变，商业模式也在不断创新。任何人都可以通过互联网把一项创新成果立即投放到市场上去，从而获得顾客的回应。顾客会在应用这项成果的过程中根据需要对其进行进一步完善。当越来越多的顾客参与创新过程时，传统的创新过程便改变了。顾客成为创新者之一，从而通过不同的参与者的智慧使初步成果的价值获得成千上万倍的增长。

第三章

企业软件化实现路径

企业软件化是企业赋能的一种工具和方法，软件化所有活动的出发点都要服务于或服从于企业战略。企业软件化通过分析企业核心价值链和商业模式，找出企业经营所需的核心业务能力及对应的信息化能力，并进一步发现IT支撑点和机会点，构筑企业的软件应用蓝图、IT治理模式、信息资源体系及软件系统实施规划等。

一、企业软件化实施步骤

通常企业软件化有八个实施步骤：明晰业务战略、优化商业模式、分析业务能力、提炼信息能力、梳理IT战略、设计应用蓝图、设计IT解决方案和制订IT行动计划，如图3-1所示。

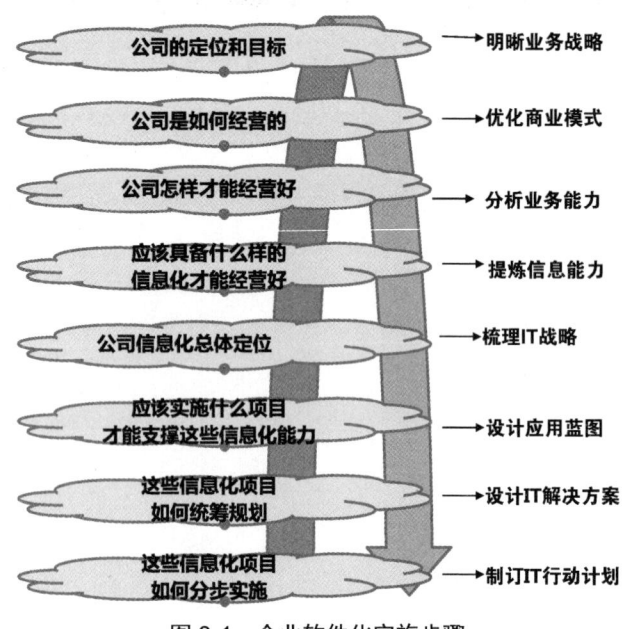

图3-1　企业软件化实施步骤

（一）明晰企业战略，定位软件化的输入

可以用四个词来描述当今商业世界的状况——动荡、无常、复杂、模糊，英文简称 VUCA。

- V=Volatility（易变性），是变化的本质和动力，也是由变化驱使和催化产生的。
- U=Uncertainty（不确定性），缺少预见性，缺乏对意外的预期和对事情的理解和意识。
- C=Complexity（复杂性），企业为各种力量、各种因素、各种事情所困扰。
- A=Ambiguity（模糊性），对现实的模糊是误解的根源，是各种条件和因果关系的混杂。

在多变的外部环境下，传统的经济发展模式已经难以为继，中国经济发展已进入了新时代，从短缺经济到过剩经济，从功能需求到精神需求，从高速增长阶段进入高质量发展阶段。随着竞争环境的不断变化，企业发现客户消费升级了，客户对企业、产品、服务等的要求也越来越高，企业比以往更需要通过战略规划重新定义价值主张，升级产品与服务，提高组织柔性，提供高质量、高价值、高便捷度的产品与服务。

企业战略是保证企业持续生存和发展的重要基础，企业战略对企业的外部环境与内部环境进行了分析，对企业的全部经营活动进行了根本性和长远性的指导。企业战略需要重点回答以下几个问题：寻求建立怎样的竞争优势？应当如何满足消费者需求？怎样使自己的产品区别于竞争者的产品？如何吸引顾客，找到企业的市场定位？

为了构建企业的核心竞争优势，企业一般有以下三种竞争战略。

1. 成本领先战略

成本领先战略是企业通过有效途径降低成本，使企业的全部成本低于竞争对手的成本，甚至在同行业中是最低的成本，从而获取竞争优势的一种战略，具体如下。

（1）简化产品功能。去除非核心的功能，聚焦核心功能，系统地降低产品的成本。

（2）改进设计型成本领先战略。

（3）材料节约型成本领先战略。

（4）人工费用降低型成本领先战略。

（5）生产创新及自动化型成本领先战略。

以沃尔玛的成本领先战略为例，沃尔玛连续50年快速扩张，10年上一个台阶。是什么使得沃尔玛具有如此强大的竞争力和扩张能力呢？沃尔玛的经营秘诀是什么？"天天平价，始终如一"，沃尔玛低廉的价格与卓越的品质赢得了顾客的青睐。沃尔玛主要通过以下措施来降低成本。

（1）实施仓储式经营管理。沃尔玛的商店装修简洁，大部分商品都采用大包装，其店址通常不会选在租金比较昂贵的商业繁华地段。

（2）和供应商密切合作。通过电脑联网来实现信息共享，这样供应商就可以在第一时间了解沃尔玛的销售与存货情况，以便及时安排生产活动与产品运输。

（3）以强大的配送中心与通信设备作为技术支撑。沃尔玛拥有强大的私人卫星通信系统与私人运输车队，每个分店的电脑都和总部相连，通常分店在发出订单的 24 小时内就能接收到配发中心送来的物品。

（4）严格控制管理费用。沃尔玛对于行政费用的控制非常严格，沃尔玛规定采购费不得超过采购金额的 1%，公司的整体管理费是销售额的 2%，而行业的平均水平是 5%。

（5）尽量减少不必要的广告费用。沃尔玛认为保持天天平价就是最佳的广告，所以沃尔玛不做太多促销广告，而是用节省下来的广告费用推出更为廉价的商品，以回报顾客。

沃尔玛低成本战略的实施高度依赖企业内部的软件化支撑。信息系统帮助沃尔玛实现了快速响应、快速配货、全球物流，使其总成本在一定程度上达到了最低水平，从而获得了持续的竞争优势。

2. 差异化战略

差异化战略是使企业产品、服务、企业形象等与竞争对手有明显的区别，以获得竞争优势而采取的战略。差异化战略的方法多种多样，如产品差异化、服务差异化和形象差异化等。

以 85 度 C 咖啡的差异化战略为例。85 度 C 是来自台湾的一家咖啡店，其品牌名称源于其经营的咖啡煮制温度在 85℃的时候，饮用口味最佳。85 度 C 利用"平价咖啡+新鲜面包"的组合模式，在两年内开了三百多家分店，其营业、利润、市场占有率在台湾当地均打败了星巴克，单店月平均营业额为 120 万，单店净利率达到了 20%。

（1）85 度 C 一般店面很小，只有几把椅子供顾客休息使用，其顾客 90%都是外带，它强调的不是传统的"翻台率"，而是"外带率"。小店面、外带率大大降低了店面的固定成本投入和人工成本，直接对冲传统咖啡店店铺的高租金。

（2）85度C的咖啡8元/杯，售价仅为星巴克的1/3，最便宜的面包3元，蛋糕5元。咖啡便宜的价格同时带来了面包和蛋糕销量的提升，其错位经营得到了丰厚的回报。

（3）85度C产品的低价，并不建立在牺牲产品品质的基础上，它的咖啡豆源于世界顶级咖啡产地——危地马拉，优秀的产品质量是其客源不断增加的基石。

传统理念中的咖啡厅更多的是一种休闲、交流、交友的地方，如星巴克，而85度C的经营者打破了这种传统的理念，其主旨是"喝咖啡就是喝咖啡，咖啡就是一种饮料"，它不掺杂文化和品位的概念，85度C的店面没有优雅的环境，仅有两三套桌椅而已，方便顾客在排队等待时休息，它彻底颠覆了已经经营得非常成功的星巴克咖啡模式。85度C准确地抓住了消费者的需求，在同行业中为消费者提供了更为实用的产品和服务，其打破常规的差异化经营理念赢得了细分市场的竞争优势。

85度C成功的背后是前台模块化、后台流程化、扩张连锁化等管理系统的构建，业务各环节的系统化、标准化和信息化是其重要的支撑。除此之外，85度C建立了完善的培训系统，包括面包师傅、服务员、店长、督导等人员，以店长为首的训练团队负责对新人进行培训，新店开业人员储备到位，支撑了业务的快速发展。

3. 聚焦战略

聚焦战略是指围绕某个特定的顾客群，对市场内部的某个特定狭小空间或某产品系列的一个细分区段做出的战略选择，以低成本或者差异化的产品和服务作为竞争力来实现竞争优势。

以Swatch手表的聚焦战略为例，当瑞士钟表业在市场上被日本石英表全面击溃时，Swatch 的新手表诞生了，其全球销量已高达两亿只，Swatch 的目标聚焦体现在以下几个方面。

（1）目标定位在手表行业的低端细分市场中。在瑞士手表行业中，低于 100 瑞士法郎的瑞士手表基本没有人生产。要找到一个方法，在瑞士以 30 美元的价格出售手表。

（2）功能的差异化。改变了手表单纯的计时功能，并开发了其作为服装配饰的新功能，使计时工具走向时尚。

（3）质量的差异化。低端市场往往会与劣质相连。然而 Swatch 手表尽可能保持最高的质量，它的返修率低于 1%。而世界上最好的手表的返修率约为 3%。

Swatch 手表聚焦成功的背后是软件化系统的价值发挥。产品定位体现了企业对潜在客户需求的精准识别和对客户需求的准确把握，其受众大部分属于 80 后和 90 后的年轻人，这些人的消费心态是不走寻常路，实现自我的个性消费。

严格把控生产过程中的供应链，Swatch 手表的零部件从 155 个减少到 51 个，通过减少转动的部分，系统地降低了损坏的概率；减少了组装手表的工序，降低了生产成本，其劳动力成本占比从 30%降到了 10%。

企业软件化是新形势下企业建立竞争优势的重要手段，软件化通过软件赋能的方式推动企业战略步入有效实施状态，它以企业战略为纲，明晰了企业战略中的业务发展策略和企业价值链中各个业务环节的竞争活动，明晰了企业战略对软件的内在要求，具体如下。

- 企业发展战略、业务组合及核心经营能力。
- 业务管理需求。

- 经营管理需求。

以某环保企业为例,企业战略对软件的内在要求如图3-2所示。

业务发展战略	• **公司战略**:成为中国最有实力的环保服务商和香港资本市场的蓝筹公司 • **业务组合**:强化和巩固环保产业,发展新能源及垃圾回收业务,充分关注国际化业务 • **核心经营能力**:战略管理、资本运作、财务管理、人力资源、生产经营等核心能力

业务管理需求	经营管理需求

• 核心业务板块—环保业务:
  ➢ 保障环保企业的稳定、安全运行
  ➢ 降低环保成本,增加垃圾处理,提高盈利水平
  ➢ 优化资产结构,减少固定资产,提高资产回报率
• 新业务板块—新能源业务:
  ➢ 加强新项目储备,提高业务市场占有率
  ➢ 降低新业务运作成本,提高新业务盈利能力
• 非战略单元—后勤业务:
  ➢ 根据业务成熟度类型,选择不同的管理方式
  ➢ 妥善处理后勤产业的各类人员
	• **加强总部管控**:通过企业的财务、资本、人力资源、生产经营、信息管理等手段,加强集团管控能力
	• **提高管理效率**:增强总部与各个板块的工作协同管理,实现总部与各下属企业的管理协同,提高企业管理效率
	• **推进科学决策**:通过收集、汇总、分析各个板块的生产、市场、经营等信息,实现总部经营分析和企业知识管理,推进企业科学决策

图3-2 企业战略对软件的内在要求

(二)优化商业模式,定位软件化的起点

管理大师德鲁克曾说过,当今企业之间的竞争,不是产品之间的竞争,而是商业模式之间的竞争。

商业模式与战略不同,战略要选择行业,找准企业定位和目标;商业模式是实现目标的路径和方法,同一行业可以有很多不一样的商业模式,同一商业模式也可以用于不同的行业,商业模式的根本在于构建企业独特的、具有相对差异化的、聚焦企业与其利益相关者的价值创造过程。描述企业与企业之外的实体(如代理商、最终客户、供应商等)在整个产业链中的关系,需要回答以下四个问题。

- 企业从供应商和联盟伙伴获取哪些产品/服务；(where)
- 为哪些客户提供什么样的增值产品/服务；(who/what)
- 将增值产品/服务通过什么样的方式提供给客户；(how)
- 企业从中获取什么样的价值。(why)

《商业模式代表企业的根本属性》这一文中指出，商业模式由定位、交易结构、金融模式及资源能力四个要素组成，企业通常也是从这四个方面实现企业价值最大化的，具体如下。

第一，准确的定位。准确的定位包括产业定位、品牌定位与价值定位。产业定位是指企业选择通过一定努力就可以进入的产业，而且产业基础规模较大；品牌定位是指企业选择一个相对空白并且比较容易占领的消费者心智资源；价值定位是指企业选择一个自身生产与运营体系能够支持的价值要素组合。

第二，良好的交易结构。良好的交易结构包括利益相关者、要素资源及交易方式三个方面。利益相关者是交易结构的对象主体，除了通常所讲的"某企业的商业模式"概念中的企业主体，还包括在一个交易结构中的其他所有主体。良好的交易结构要求所有的利益相关者在交易中都必须获得适当的利益，这是一个商业模式是否能够稳定推广、长期存在的核心保证。要素资源是指利益相关者之间交易的资源和要素，包括物流、信息流和资金流。良好的交易结构要求进行交易的要素资源对各利益相关者来说都是有用的，而且可替代性越低，交易结构就越稳定。交易方式是指人们需要针对要素资源的特点设计交易方式，保证要素资源有效地交易。

第三，优化的金融模式。优化的金融模式包括企业收支结构、现金流结构及资产结构。通过金融模式，企业可以达成企业价值的分配，尤其是与拥有要素资源的利益相关方的价值分配,以此达成交易的持续稳定,降低交易成本,并从财务上体现出企业价值。

第四,与之匹配的资源能力。与之匹配的资源能力包括企业自身具备的内部资源能力,以及需要通过合作进行整合的外部资源能力。企业只有具有与商业模式中的其他要素相匹配的资源能力,才能够保证商业模式的正常运转。这种资源能力既可以是有形的产品、资金、人才、平台等,也可以是无形的技术、管理能力、行业影响力等。成功的商业模式能够充分发挥企业资源能力的价值,并且往往会帮助企业提高整合外部资源的效率,实现多方共赢。

互联网、大数据、云计算等软件化工具不断创新企业的商业模式。在当今世界中,新一轮科技和产业革命正在蓬勃兴起。数据是基础性资源,也是重要生产力。大数据与云计算、互联网等新技术相结合,快速地改变了人们的生产生活方式,"互联网+"将对提升产业乃至国家综合竞争力发挥关键作用。

"互联网+"时代的交易结构体现了去中心化,企业需要积极突破以往经验的束缚。在"互联网+"时代,每个人都是中心,企业需要提供的往往只是场所,或者称之为"平台"。"罗辑思维"的成功就是媒体行业去中心化的里程碑。

互联网背景下的企业边界正在变得越来越模糊,批量化生产的模式已成为过去,定制化生产的模式将成为产品制造的主流,传统的以产定销逐渐演变为以销定产,甚至是顾客共同参与设计。信息和知识成为企业竞争的关键因素,商业模式需要不断改进、调整优化、升级重构,准确、合理地积累信息、管理信息、应用信息是现代企业商业模式创新的核心。

案例：猪八戒网——中国领先的服务众包平台

猪八戒网是中国领先的在线服务平台。自2005年创立至今，猪八戒网一直进行的是非标准化的服务买卖，而不是售卖标准化的商品。作为中国早期的专业技能分享经济平台，猪八戒网聚集了大量的专业技能人才和机构。

超过六百万家企业通过猪八戒网找专业人做专业事，包括购买标识设计、编程、知识产权、财税等全生命周期服务，猪八戒网为企业、公共机构和个人提供定制化的解决方案，通过建立双边交易的连接，从交易当中获取佣金，同时猪八戒网为商家提供展示服务，收取相应的广告费或会员费等。

猪八戒网主要通过项目成交的佣金、会员费和广告费等方式获取盈利，将创意、智慧、技能转化为商业价值和社会价值。

2015年猪八戒网开始重构商业模式，放弃佣金盈利模式，依托平台积累的大数据，通过提供知识产权服务、金融服务等衍生业务获取盈利。

猪八戒平台以10年来积累的海量的中小微企业用户、数以千万计的拥有专业技能的服务商和庞大的原创作品库等大数据为基础，以"数据海洋+钻井平台"为战略，先后拓展了八戒知识产权、八戒金融、八戒工程、八戒印刷等业务，同时，猪八戒网在各地设立了猪八戒众创空间，积极推动"百城双创"，不断完善服务生态体系。八戒知识产权仅仅成立半年，就已经成为国家商标总局里平均单日注册量最高的公司。

案例：戴尔商业模式梳理

戴尔电脑公司所采用的商业模式是一种非常优秀的商业模式，人们称之为戴尔模式（DELL MODEL），一般企业的经营活动是将已经制造出来的产品卖出去。这种模式存在两个问题：

第一，商业费用多。许多产品出厂以后需要经过几级批发，层层加价，到最终消费者的手里，产品的价格会比出厂价高出许多。

第二，库存积压多。厂家按自己的主观想象，先将同一种产品制造出成千上万件，再一级一级地批发到各地商场中。结果可能有许多产品并不符合消费者的需要，这些产品就会被大量积压，有的积存几个月，有的甚至积存几年。经过长期积存后，企业再削价处理。

戴尔面对制造型企业这些典型的问题，创新了一种直销模式，其核心是网络直销+产品低成本+运营高效率+好的售后服务，其主要特点如下。

第一，按需配置、按单生产。戴尔根据顾客通过网站和电话下的订单来组装产品，顾客有充分的自由来选择自己喜欢的产品配置。公司则根据订单订购配件，无须囤积大量配件，占用资金。

第二，直接与顾客建立联系。戴尔通过直销与顾客建立了直接联系，不仅节省了产品通过中间环节进行销售所浪费的时间和成本，还可以更直接、更好地了解顾客的需求，并培养稳定的顾客群体。

第三，以高效的流程降低成本。戴尔通过建立超高效的供应链和生产流程管理体系，大大降低了生产成本。

第四，零库存生产管理。戴尔公司奉行零库存生产管理，加强与供应商的协作关系。戴尔公司通过互联网和供应商组成了一个"虚拟企业"，供应商能从网络上获知戴尔的需求信息并及时预估其生产能力，以信息代替存货。将库存周期缩短至4天，使得戴尔的库存减少到其他竞争对手的10%，有效地降低了生产成本，并使戴尔得以将成本降低的优势迅速反馈给消费者。

第五，产品技术标准化。戴尔所经营的技术产品多是标准化的成熟产品，因此该公司总是能让顾客享受到有关行业进行大量技术投资和研发而取得的最新成果。

戴尔的生产和销售流程，以其精确管理和超高效率而著称，有效地将成本控制在最低水平。公司把电话销售流程分解成简单的 8 个步骤，其自动生产线全天候运转，配件从生产线的一端送进来，不到两小时就能变成成品从另一端运送出去，然后直接运往客户服务中心。戴尔在简化流程方面拥有五百多项专利。

对于处在转型期和创新期的企业，首先面临的是结构效率优化的问题，其次才是提升运营效率的问题。就像上述的猪八戒网和戴尔公司，如果企业所处的产业结构或企业自身的业务结构、商业模式和资源配置出了问题，致力于运营效率的改进往往是徒劳的。没有结构效率的提高，运营效率根本无从提高，和君咨询曾经对这个问题进行过系统的分析，提出了"结构效率大于运营效率"的商业构想。结构效率的提升往往是企业软件化的最大动力之一。

（三）分析业务能力，定位软件化的价值

1. 波特价值链分析

由美国哈佛商学院著名战略学家迈克尔·波特提出的"价值链分析法"，把企业内外价值增加的活动分为基本活动和支持性活动，基本活动涉及企

业生产、销售、物流、服务等。支持性活动涉及人事、财务、计划、行政、IT 等，基本活动和支持性活动共同构成了企业的价值链。

价值链咨询模型把企业的经营管理分为三个层次：决策层、管理层和运营层。决策层负责对企业的经营方向和资源配置进行决策；管理层主要包括财务、行政、人力资源、信息服务等职能，负责对企业的效率和成本费用进行控制；而企业的运营层则涵盖了企业从采购、生产到销售和服务的诸多环节，这个层次主要应该体现各个环节的增值性，进行收入和费用的核算和控制。

在不同的企业参与的价值活动中，并不是每个环节都创造价值，创造价值的经营活动，就是价值链上的战略环节。企业要保持的竞争优势，实际上就是企业在价值链某些特定的战略环节上的优势。

建立业务能力框架首先要站在企业全局的高度分析企业的业务流程，确定企业业务发展的核心业务流程、主要业务流程和辅助业务流程。基于波特企业价值链分析（以某制造企业为例），梳理企业的业务能力框架，如图 3-3 所示。

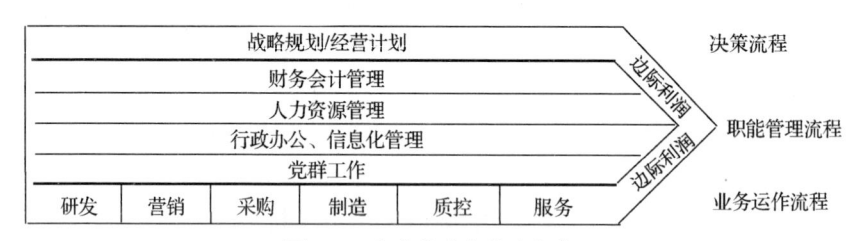

图 3-3 企业的业务能力框架

2. 业务能力梳理

业务能力逻辑关系如图 3-4 所示。

第三章 企业软件化实现路径

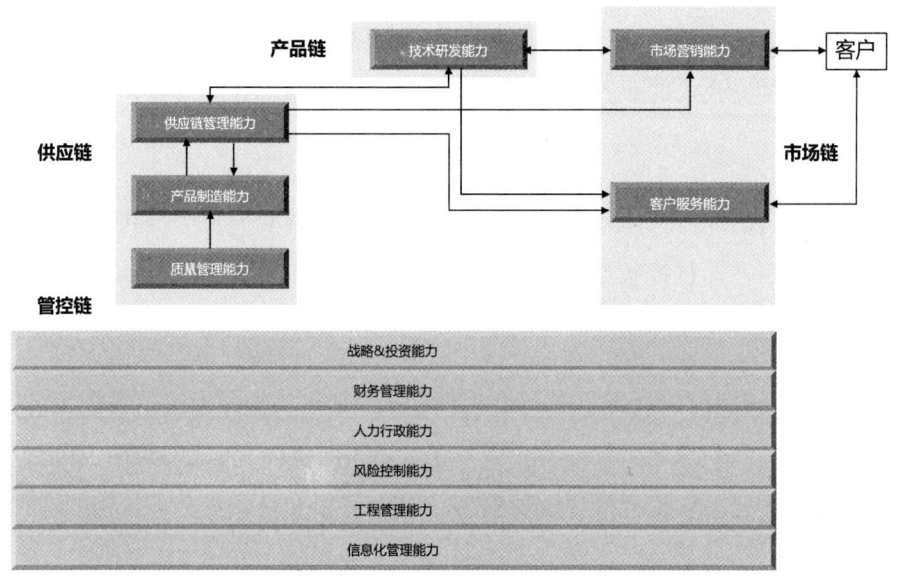

图 3-4 业务能力逻辑关系图

作为一个传统的产品制造类型企业，业务能力至少应包括：

- 供应链管理能力。
- 产品制造能力。
- 质量管理能力。
- 技术研发能力。
- 市场营销能力。
- 客户服务能力。
- 战略投资能力。
- 财务管理能力。
- 人力行政能力。
- 风险控制能力。
- 工程管理能力。
- 信息化管理能力。

> 企业软件化

制造业作为国民经济的支柱产业，国家明确提出要坚持建设制造强国，定位智能制造企业的业务能力，还要增加智能化、绿色化和服务化等方面的要求。

① 研发智能化，即深入实施工业强基工程，攻克一批关键共性技术和先进基础工艺，提高核心基础零部件的产品性能和关键基础材料的制造水平，有效破解制约产业发展的瓶颈。

② 生产智能化，即引导制造业朝着分工细化、协作紧密的方向发展，促进信息技术向市场、设计、生产等环节渗透，推动生产方式向柔性、智能、精细方向转变，实现批量化定制生产。

③ 管理智能化，即通过信息管理系统实现产业链各个环节的集成，将数据与资源交互共享，实现信息化、系统化、精细化管理，达到降低库存、提高生产效能和质量溯源、快速应变的目的，增强企业的核心竞争力。

④ 产品智能化，指智能交通工具、智能工厂机械、服务机器人、智能家电等智能产品的发展及物联网技术的应用，促进了互联网和经济社会融合发展。

⑤ 装备智能化，即实施智能制造工程，构建新型制造体系，促进新一代信息通信技术、高档数控机床和机器人、航空航天装备、海洋工程装备、高技术船舶、先进轨道交通装备、节能与新能源汽车、电力装备等产业发展壮大。

⑥ 服务智能化，即加快发展现代服务业，放宽市场准入标准，促进服务业优质高效发展。推动生产性服务业向专业化和价值链高端延伸，推动生活性服务业向精细化和高品质服务转变，推动制造业由生产型向生产服务型转变。

3. 业务能力描述

业务能力四维描述模型，如图 3-5 所示。

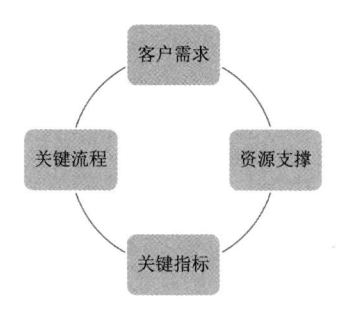

图 3-5　业务能力四维描述模型

- 业务能力承接的客户需求。
- 业务能力开展的关键流程。
- 业务能力实施的资源支撑。
- 业务能力评价的关键指标。

以客户需求管理能力为例，描述业务能力四维如表 3-1 所示。

表 3-1　业务能力四维

序　号	业务能力维度	业务能力描述
1	客户需求	把握客户关于产品和服务的需求，提供满足客户要求的产品和方案
2	关键流程	客户拜访流程、客户需求收集流程、客户需求分析流程、方案编制流程
3	资源支撑	客户数据库、客户分析工具、电话、互联网、打印机
4	评价指标	客户满意度、客户需求的完整度、客户转化率

4. 业务流程梳理

哈默教授曾经说过："对于 21 世纪的企业来说，流程将非常关键。"优秀的流程将使企业在竞争者中脱颖而出。流程设计的原则如下。

（1）客户导向，从一个高层次的流程开始，到下一层次的流程（子系统）结束。

（2）设计要符合流程目标，将流程首尾连接。

（3）流程与业务模式匹配，通过业务场景进行验证。

（4）关注流程的内涵（关注输入、输出）。

（5）对流程按照简化、整合、增加、调整（ESIA 原则）等方式来提升效率。

福特汽车的很多配件是由一些小公司制造的，所以公司就设立了一个拥有 500 名员工的货款支付处。后来福特公司发现，日本马自达汽车制造公司也有这样一个货款支付处，但只有 5 名工作人员，福特公司非常好奇，派人去考察。经过调研，福特公司发现是因为马自达的信息管理自动化程度很高。于是福特公司通过流程优化和强化信息自动化管理，把员工人数从 500 人缩减到 125 人，提升了业务效率，节省了一大笔成本开支。

总之，企业软件化的最终目的是通过设计软件化为产品重新赋能；通过生产软件化实现虚拟—物理世界的协同；通过管理软件化实现从流程驱动到数据驱动的转变；通过营销软件化推进大规模制造向大规模定制模式发展。

企业软件化将软件全面融入制造业的全过程，实现了生产模式和组织管理的变革，优化了资源配置方式，提升了各类生产要素的效率，带动了技术产品、组织管理、经营机制、销售理念和模式的创新。

（四）提炼信息能力，定位软件化的目标

在信息化能力分析阶段，企业需要结合企业战略和业务能力明晰对 IT 的支撑需求点，从核心业务能力环节入手，分析并形成企业不同层面的 IT 需求和 IT 目标，然后构建合理的 IT 评估模型对企业的信息化现状进行全面的评估，并进行对目标距离和约束条件的分析，为后期的企业 IT 蓝图及系统规划提供依据。

1. 分析关键信息技术发展趋势

信息技术及信息系统的发展对企业软件化的进程影响巨大，顺势而为，企业就能把握住机遇，建立竞争优势，如果漠视新技术的发展，有可能会导致黑天鹅事件的发生、跨界技术颠覆或打击传统的企业。然而如果企业软件化的目标过于宏大，不切实际，也会造成投资决策失误，影响企业生存。近年来，推动企业软件化进程的信息技术和信息系统可以分成三个层次：信息基础技术、信息系统驱动和信息使能技术，下面分述之。

1）信息基础技术——物联网。

物联网是指通过各种信息传感设备，实时采集任何需要监控、连接、互动的物体或过程的信息，与互联网结合而形成的一个巨大网络。其目的是实现物与物、物与人，以及所有的物品与网络的连接，方便识别、管理和控制。物联网可以通过各种传感器抓取物理世界的数据，再通过对数据的分析和应用，帮助企业优化生产流程，提高运营效率，而且，物联网还可以持续感知客户的需求，创造新的服务模式，推动业务增长。从运营到以开辟新收入为核心的全新客户体验商业模式创新中，物联网扮演了一个桥梁的角色。物

联网作为软件化体系架构的基础层，其快速发展意味着软件化体系架构的快速构建与完善。

2）信息系统驱动。

（1）企业信息门户。

企业信息门户是指通过浏览器提供给员工、客户、供应商、事业伙伴一个安全的、个人化的、单一窗口（single point of access）的界面以取得企业内部或外部重要的商业资料，以及使用企业的应用系统或服务。通过企业信息门户使企业内部及外部的信息可以更容易地交换，从而使企业员工、客户、供应商、事业伙伴可以更有效地获取他们需要的信息。企业信息门户是给企业管理阶层提供决策支持的辅助工具。

（2）企业资源计划。

企业资源计划系统，是由美国著名的计算机技术咨询和评估集团 Garter Group 公司提出的一整套企业管理体系标准。它是现代管理思想和现代信息技术共同发展的产物。ERP 系统能够让企业实时掌握生产进度、降低库存数量和占用资本、提高库存周转率、减少延期交货的次数、缩短采购提前期、降低制造成本、减少停工待料、掌控销售和财务情况及企业整体运营状况，全方位地提高效率。企业资源计划系统可以为管理层提供事前、事中、事后的决策支持，保证企业高效率、低成本、低风险持续运行。

（3）办公自动化。

办公自动化就是将计算机技术、通信技术、系统科学及行为科学应用于传统的数据处理，如难以处理的、数量庞大且结构不明确的数据和非数值型信息的办公事务处理的一项综合技术。办公自动化系统的核心是知识，实现的基础是知识管理技术,办公自动化帮助企业从"怎样去做"的过程转到"知道主动解决问题"的过程,企业应将办公自动化系统由模拟手工作业向改变并提高手工作业的效率过渡。随着知识经济时代的到来,企业开始建立和整合企业知识体系并采取知识管理手段,以增强企业的核心竞争力和持续发展动力,使办公系统从知识积累到分类整理再到知识的挖掘和应用,成为企业知识宝藏,为管理层提供决策支持。

(4)产品数据管理。

产品数据管理(Product Data Management,PDM)是以软件为基础,管理与产品相关的信息(包括审批和发放过程、工程更改过程、一般工作流程等)的技术。它提供产品全生命周期(包括市场需求调研、产品开发、产品设计、销售、售后服务)的信息管理,并可以在企业范围内为产品设计和建立一个并行化的协作环境。采用 PDM 技术可以大大地提高产品质量,减少各种各样的差错,开展并行工程,降低成本,缩短产品开发周期,创造巨大的经济效益。PDM 是企业进行产品创新的有效工具,实施 PDM 对企业的制度创新、技术创新和管理创新必将起到积极的推动作用。PDM 中先进的管理思想将提高企业的整体素质,使企业更具竞争力。

3)信息使能技术。

(1)大数据。

对于"大数据"(Big data),研究机构 Gartner 给出了这样的定义:大数据是需要新处理模式才能具有更强的决策力、洞察力和流程优化能力的海量、高增长率和多样化的信息资产。

大数据技术的战略意义不在于掌握庞大的数据信息,而在于对这些含有意义的数据进行专业化处理。换言之,如果把大数据比作一种产业,这种产业实现盈利的关键在于提高对数据的"加工能力",通过"加工",实现数据的"增值"。

为大量消费者提供产品或服务的企业可以利用大数据进行精准营销。做小而美模式的中长尾企业可以利用大数据做服务转型。面临互联网带来的挑战,传统企业也需要充分利用大数据的价值完成企业转型。

(2)云计算。

云计算是一种把 IT 资源、数据、应用作为服务,通过网络提供给用户的技术方式,它把大量高度虚拟化的资源管理起来,组成一个大的资源池,用来提供服务。近年来,随着云计算等技术的成熟,传统企业逐渐由"信息化建设"转向"软件化转型"。过去的企业信息化是借助信息技术帮助企业降低成本、提高效率,但在软件化的新时代,以云计算为代表的新一代信息技术已经不再是企业的辅助工具,而是成为企业商业模式、管理模式变革的引擎。云计算已不再是单纯地供给计算能力,而是逐渐成为一个包含基础设施、运算平台乃至整套管理、软件解决方案的庞大体系。云计算还降低了企业创新的门槛,会聚了数以百万计的开发者,催生了平台经济、分享经济等新经济模式,进一步丰富了数字经济的内涵。据统计,中小微企业通过采用云服务,平均节省的信息化成本达到40%,在云计算的支撑下,O2O、共享单车、众筹平台等各类新模式企业也得到了快速的发展。金融、通信、能源等信息化程度较高的行业都已经开始了对云计算的探索,并取得了一定的成效。金融行业由于业务连续性、稳定性的需求,在云计算上一直向着混合云的模式发展,核心业务部署在私有云,互联网新兴业务部署在公有云。通信运营商拥有很好的网络和基础设施资源,以及基础设施的运营,其云计算的发展也更加快速和平滑。在工业领域,工业云也融合了新一代信息技术,向下整合资源,向上承载各类软件的应用,已经成为构建智能制造生态的核心要素。

第三章 企业软件化实现路径

（3）人工智能。

人工智能与以往的IT技术相比，最大的差别在于数据的关键作用，人工智能必须通过相关数据的学习才能获取知识和能力。数据是观察世界的桥梁和知识的载体，只靠通用计算机硬件和软件算法是无法凭空产生数据的。任何数据都源于产生数据的体系，这决定了人工智能必须依赖数据、软件算法和各类硬件的结合。

人工智能将彻底改变企业价值创造和获取的逻辑，它影响深远、范围广泛，从而开启了智能商业新时代。越来越多的企业开始结合自身实际情况，灵活地将人工智能、机器学习等技术应用在企业业务上。当前，企业意识到需要对数据进行收集，甚至部分企业已经拥有了大量的数据资源，人工智能的发展为这些数据的充分运用奠定了技术基础。在企业中，人工智能在面向客户的角色和流程方面将产生很大的影响，人工智能能够减少每天重复的任务，提高员工关注度，增加价值。利用人工智能、机器学习等工具能够帮助企业的营销人员和市场人员更好地掌握个性化信息，并针对客户不同的喜好进行更加精准的分析，从而能够准确把握用户的根本诉求。未来人工智能计算平台将由云和各类前端设备构成。计算平台经历了多次演变，前台由人机交互的能力所驱动，后台由计算资源的规模驱动。人工智能的后台将是能够提供各类通用AI技术能力和行业知识的云计算资源，其前台将不再是通用的计算设备，而是传感器+芯片+智能算法，它可以切入任何一台设备、任何一个事物、任何一个器件，使得每台冰箱、每台空调、每台电视、每辆车都能与云端连接在一起，从而获得越来越多的数据，通过不断学习和训练得到越来越多的知识与能力。AI的行业化途径、商业化途径是通过数据+算法+软件+硬件实现用户价值并产生商业价值，从而使更多的数据和更大的价值进入快速循环，创新速度越来越快。人工智能的商业化途径就是通过数据+软件算法+硬件来解决行业需求，从而获得更多的数据，进入快速正循

175

环的过程。

2. 对照业务能力提炼出企业的软件化能力

企业的软件化能力是企业为支持经营战略和业务模式,在软件化方面所应具备的能力水平,源于业务能力和业务流程梳理,制造企业一般包括如下17项软件化能力,如表3-2所示。

表 3-2　制造企业软件化能力

序号	名称	简要说明
1	内外信息门户	将公司各应用信息通过门户进行展现
2	移动与无线接入	使用各类无线终端(手机、平板电脑)接入
3	信息收集处理能力	收集、管理、分析各类内外部信息
4	销售信息管理能力	对产品销售、销售渠道进行管理
5	客户服务信息管理能力	对客户进行售前、售后服务
6	生产制造信息管理能力	对产品制造过程进行信息化管理
7	研发信息管理能力	通过信息化手段管理产品数据和研发过程
8	供应链信息管理能力	对采购、物流配送过程、供应商进行有效管理
9	质量信息管理能力	对产品整个生命周期的质量进行管理
10	财务信息管理能力	对企业资金、成本、预算等财务活动进行管理
11	风险信息管理能力	对企业运作的关键环节进行风险分析和控制
12	人力资源信息管理能力	对员工招聘、薪酬、绩效、培训提供支持
13	决策信息支持能力	整合、提取各种业务信息,为不同层面的管理者提供决策支持
14	信息化项目管理能力	对各类信息化项目进行规范管理
15	IT系统运行与支持能力	保证信息系统的稳定运行,降低系统运行风险
16	IT系统构建与开发能力	根据业务需要进行系统分析、选型、开发、配置应用系统的能力
17	信息安全能力	保证企业信息系统安全运行

（五）梳理 IT 战略，定位软件化的原点

在 IT 战略明晰阶段，需要分析企业的战略、愿景和目标，并对核心价值链的相关业务环节进行深入的分析，从业务能力和 IT 现状评估入手，找到 IT 的支撑点和机会点，进而构建支持业务发展策略的 IT 战略，制定信息化建设的目标。

1. IT 现状诊断

在信息技术快速发展的时代，企业发展与信息技术的关系日益密切，企业创新日益加快，信息化建设无疑将成为企业创新和发展过程中最重要的工作，也是企业发展的助推剂。但不同企业的信息化程度差别较大，缺乏客观的评价标准，关于企业信息化成熟度水平的评价可以参照第四章的内容，根据笔者多年的实践，也可以通俗地将其表达为信息化评价 20 条，具体如下。

- 企业是否有信息化战略专项规划。
- 企业是否有专业的信息化部门。
- 企业是否每年有专项信息化预算。
- 信息化建设是否代表未来 IT 技术的趋势。
- 信息系统是否覆盖了主要的业务环节。
- 应用系统是否能有效地支撑企业经营活动。
- 企业的各个业务系统是否实现了互联互通。
- 企业是否有明确的信息管理标准。
- 企业的商业智能应用水平。
- 企业的知识管理应用水平。
- 企业是否有可靠的信息安全管理。
- 企业信息系统的运行和维护否有成熟的流程标准。

- 企业与合作伙伴信息系统的衔接程度。
- 企业的网站建设是否完善。
- 企业供应链管理系统的应用水平。
- 企业研发设计管理系统的应用水平。
- 企业客户关系管理系统的应用水平。
- 企业电子商务系统的应用水平。
- 企业销售管理系统的应用水平。
- 企业数据容灾备份的应用水平。

2. IT战略设计：明确信息化的定位、阶段、原则和目标

信息化使命：信息化是企业战略的重要组成部分，是公司管理和业务创新的重要手段。培育企业的信息化能力能够提高各板块业务的运营效率，提升企业集团的总体管控水平，加强各板块间的业务协同，保障公司全面、协调、可持续发展。下面以某集团公司为例，具体介绍其IT战略设计的目标系统。

信息化总体目标：力争用5年左右的时间建成较为完善的IT应用系统、IT基础架构及IT治理结构，全面促进各板块业务的运作效率和总部管理能力的提升，具体如下。

（1）高效的IT应用系统。

在总部层面，建设支撑财务管控的财务管理系统，支撑战略管控的决策支持系统、知识管理系统和竞争情报系统，支撑集团人力管控的人力资源系统，支撑总部统一管理的协同办公平台和信息门户等。通过信息集成技术，实现总部关键信息系统同成员企业信息系统的高度集成，及时获得成员企业的经营管理信息，对上支持决策管理，对下合理行使管控职能。

在各事业部及成员企业层面,在总部信息规划的指导下,建设与各自业务密切相关的各个专业信息系统,涉及市场、研发、制造、采购、销售、库存、物流、服务等领域。

(2)坚实的IT基础架构。

具备稳定的网络、服务器、存储、数据库架构,建设完善的信息安全体系,有效支撑IT应用系统稳定、安全、高效地运行。

(3)完善的IT管控组织。

实现组织完整、流程完善、责权清晰、保障有力的IT管控组织。

信息化愿景:建成适合集团总体战略的IT系统,支撑总部"多元化投资、专业化经营、差异化管理"的业务模式,实现集团管控集成化、生产运营数字化、业务运营协同化、管理决策智能化,最终提升企业的核心竞争能力。

(六)设计应用蓝图,定位软件化的框架

企业可以通过对整体战略、业务模式、组织架构、业务流程及IT现状的分析和解读,同时结合外部标杆的经验借鉴,形成企业IT蓝图。企业IT蓝图的内容主要分为IT应用架构、数据架构和技术架构(基础设施)。以下用某制造企业为例,设计企业IT蓝图。

1. 将应用系统依照其业务特性加入逻辑分组,最终形成IT蓝图

企业IT蓝图主要包括底层的集成技术基础、中间的管控链和上层的使用界面,如图3-6所示。

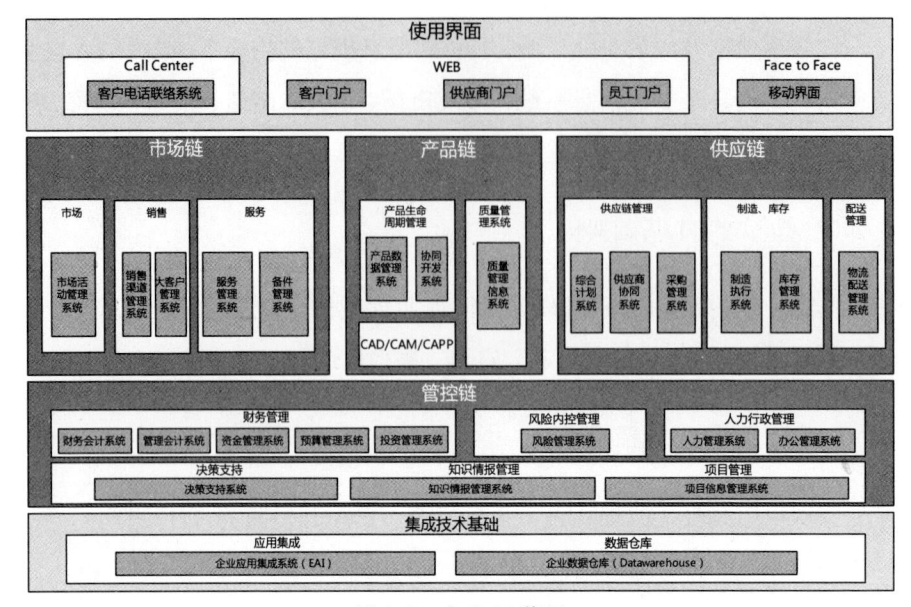

图 3-6　企业 IT 蓝图

2. 企业软件化中期目标蓝图：实现企业数字化管理

（1）行政办公数字化。

行政办公数字化是指由集团总部建立统一的、通用的、可集成的、支持管理和业务的信息交流平台及知识共享平台，从而建立起快速的信息传递通道，并有效协同各方工作，使集团总部和各分支机构间的信息得以有效贯通，并达到降低日常办公成本和内部资源有效共享的最大化。

（2）基础管理数字化。

基础管理数字化包括工作管理的数字化、绩效管理的数字化、日常事务管理的数字化、项目管理数字化、计划预算管理的数字化、知识文档管理的数字化等。基础管理的数字化不仅可以有效地降低管理和运营成本，而且能够相对精准地把握员工的工作任务、工作绩效，以及量化地管理组织的工作计划和经验知识的积累。

（3）关键信息数字化。

集团决策层实际上管控的是来自下属企业的诸多关键信息。这些信息有些是需要集团高层能够实时在线查阅的，有些是定期需要集团高层详细了解的，有些是需要集团高层知晓的，有些是需要集团高层事后备案查证的。为便于集团高层及时掌控来自基层的关键信息，实行业务数字化管理是一大途径。企业应在财务信息管理、安全信息管理、人事信息管理、资产信息管理等方面实行数字化管理，做到关键数据对上透明化，以便集团高层在任何时候都能及时了解并掌控来自一线的信息。

（4）业务支持数字化。

IT 手段始终是为集团战略和业务服务的，企业信息化的另一个主要动力正是来自业务部门的迫切需求，而许多 IT 系统也只有经过业务部门的实际运作和验证才能取得最终成功。企业的信息化建设可以帮助企业在精益生产、高效物流、市场营销、产品销售，以及打造战略同盟平台、构建虚拟企业平台等方面实现数字化运营和管理。

（5）管理决策数字化。

企业信息化建设对集团决策层的贡献之一就是建立企业的"决策支持系统"。企业"决策支持系统"包括集团战略决策支持系统、集团竞争情报支持系统、商业智能（BI）支持系统、投资决策支持系统等。

（6）公用服务数字化。

永续提升客户满意度是企业赖以成长并百年长青的基础。数字化不仅可以提升企业品牌价值，提升客户高满意度，更重要的是可以将客户服务这一成本较高又必须承担的业务合理变为成本相对低而又可以进行价值增值的途径。企业的"公用服务数字化"包含客户服务系统、呼叫中心系统及客户关系管理平台（CRM）。将企业所有客户资源的信息有序整合到一个统一的平台中，是集团价值增值的一种重要方式。

（七）设计IT解决方案，定位软件化的内容

1. IT建设原则

在IT解决方案阶段，需要结合前面两个阶段的成果，将企业IT蓝图的实现分解成各个信息化建设子项目，并构建企业的IT基础架构和IT治理架构，同时对这些内容进行深入的描述和分析。从IT定位、组织、流程和人力资源四个方面回答做什么、谁来做、怎么做的问题。帮助企业合理利用IT资源，有效规避IT应用带来的风险，促使IT项目投资收益最大化，最终保证IT战略的落地。构建IT建设的总体原则和应用系统的设计思路如下。

（1）业务驱动，需求导向，动态评价：根据集团总体战略和业务发展现状，把信息化作为业务发展的推动要素，确定各业务板块信息化需求的优先级，重点支持核心业务发展，在IT项目实施中导入动态评价机制，采取自我评价、用户评价、专家评价等方式对IT投资项目进行成本收益分析。

（2）统一规划，统一标准，专人负责：集团IT建设需要统一规划，公司上下一盘棋，防止个别"短板"的产生；逐步建立数据及应用架构标准，实现IT应用间的集成及无缝衔接；针对不同的业务需求，在IT项目实施中指派专人进行IT项目管理，协同各业务板块的需求，防止信息孤岛的出现。

（3）分步实施，逐步推广，持续改进：立足业务发展现状，充分考虑各

业务所处的不同发展阶段对 IT 的需求特点，确定 IT 系统建设和改进的优先级；IT 项目建设应该先试点、后推广，成熟一块推广一块，从而实现 IT 建设的有序推进，在实施中应不断提炼、总结经验，持续改进 IT 系统对业务运营的支持水平。

（4）集中管理，就近支持，协同服务：根据 IT 系统的规模和层级，针对全局性的 IT 系统，总部需要实施集中统一管理，建立总部服务中心；针对时效性要求较高的生产企业，总部需要采用就近服务的方式，下属公司应按照总部授权或由总部派遣开展定点 IT 服务，实现统一的 IT 服务水平。

2. IT 应用系统设计

1）办公协同系统。

（1）项目说明。

为了实现集团的异地协同，提高办公协作效率，企业应建立集团协同办公平台，包括办公自动化、远程办公、视频会议等，办公自动化系统为企业的所有员工提供了一个建立内部通信和信息发布的平台，实现了工作流转的自动化，以及流转过程的实时监控与跟踪。

（2）项目目标。

通过办公自动化系统支撑总部管理流程、制度、文化的向下传播，减少系统内部的部署成本和员工的访问成本。

（3）项目范围。

集团的所有子公司采用分布式方式在集团范围内进行系统部署。

（4）功能模块。

① 收发文管理：包含对具有约束能力的文件的发送，对外来公文的登记处理，以及对相关文件的组卷归档等。

② 电子邮件：包含用户界面和文件传输两部分，需要支持及时传递及延时传递等多种情况。

③ 公共信息管理：包含对电子公告、会议管理、电子简报、规章制度、公共通讯录、工作事项等公共信息的管理。

④ 工作流程管理：对流程、文档和用户进行强关联，使文档、人、事均能被方便地查询。

⑤ 个人办公管理：为每个用户提供个性化的信息门户，用于处理日常办公事务。

2）人力资源系统。

（1）项目说明。

通过建立人力资源信息系统实现企业范围内经营业务人员和各类专业人员的分类检索、动态考核、业绩档案、薪酬激励等管理功能。

根据下属公司的业务需要，动态调配各类核心人才，提高人力资源的利用率。使经营管理人员和专业技术人员的使用、管理、考核规范化，保障公司人力资源的集成管理。

（2）项目目标。

根据人力资源业务规划进行人力管理系统的分级建设。总部与子公司人力资源系统之间遵循相同的人力资源政策和数据标准，通过集成平台实现系统对接。

(3)项目范围。

总部部署一套完整的人力资源系统,各板块根据管控模式与总部共用或自行建立自身的人力资源系统。

(4)功能模块。

① 功能层面:劳动人事、档案管理;组织机构管理、流程及岗位管理;工资、薪酬、福利、差旅及费用管理;绩效考核;干部任免、晋级管理;人力资源计划、招聘管理;教育培训管理;内部劳动力市场管理(含公司间人才调动)。

② 集成层面:与总部财务系统、项目管理系统、应用集成平台等系统集成。

3)财务管理系统。

(1)项目说明。

在统一的财务管理政策下,总部部署一套完整的财务管理系统,业务单元公司根据总部的管控模式部署自己的财务系统。总部与子公司财务系统之间遵循相同的财务政策和数据标准,通过集成平台实现系统对接。

(2)项目目标。

根据不同的权限设置,总部财务人员可以实时查看下属子公司的财务信息,集团合并报表时可以按照一定的处理逻辑自动提取下属子公司的账套数据或报表数据,保证财务数据来源的唯一性和数据处理的真实性。

（3）项目范围。

总部财务部；分/子公司财务管理。

（4）功能模块。

① 总部层面：资金管理、投资管理、融资管理、资产重置、预算、结算、合并报表、权限设置、财务分析。

② 分/子公司层面：总账、应收、应付、资产管理、现金管理、财务报表、报表合并、预算管理、成本与费用、采购核算、库存核算、销售成本、项目会计、预警管理。

③ 集成层面：与市场营销系统、应用集成平台、人力资源系统等集成；与银行、税务等外部机构集成。

3. IT治理结构设计

（1）优化信息资源配置，充分利用信息资产。

控制和统一管理集团关键信息资源，制定和落实信息管理规范。

集团信息资产，一方面是有形的信息资产，如硬件和网络设备、信息技术文档和软件系统等；另一方面是无形的信息资产，如企业多年沉淀的经验知识、所制订的信息管理规范、管理制度、信息化建设经验等。

为合理调用全集团的信息资源，确保信息资源为集团业务服务，集团需要加强对这些信息资产的管理。在信息资产管理过程中，要正确处理集中控制和分散控制的矛盾。分散控制可能会降低IT资源利用的规模效益，但能够更快地响应业务需求，有益于更好地服务用户；而集中控制可以提高资源利用效率，但会导致反应缓慢和官僚主义。

第三章 企业软件化实现路径

作为集团层面,应抓大放小,有所侧重。在分散和集中的策略选取中,可采取"菱形"控制策略,有集中,有分散。对技术资源和人力资源的管控,集团可采用分散控制的方式,而对策略、标准、新技术研究、基础设施、核心系统的管控,则应采用适度的集中控制,如图3-7所示。

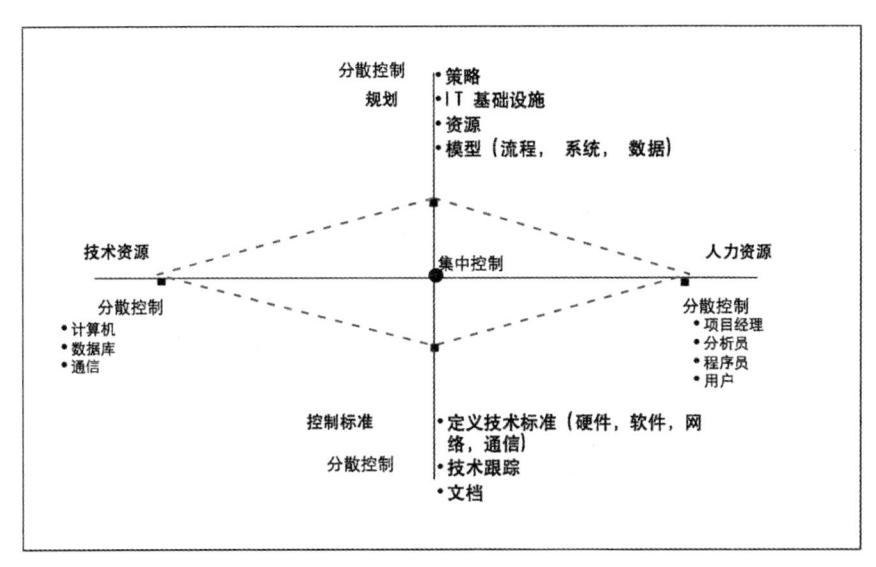

图3-7 企业信息资源配置

当前,企业需要重点关注的关键信息资源有网络基础、企业信息门户、企业资源计划系统、电子邮件系统、数据中心、集团各域名和网站、集团信息规范和管理制度等。

(2)设计集团IT组织结构。

集团信息中心全权负责企业的信息化建设,具有管理变革、流程优化、组织调整、信息化规划控制、信息系统建设与开发、信息系统运营管理、信息系统安全管理等职能,以保障集团组织和流程规范化,以及信息系统的正常运作。

集团信息中心的具体职责如下。

- 牵头制定公司信息化战略规划，上报给信息化领导小组审批。
- 负责制定企业信息化建设、实施、运营的管理规范。
- 负责提升全员IT应用水平，组织全员IT管理培训。
- 负责审核各业务部门提出的IT系统建设需求。
- 负责实施公司批准的IT应用系统项目。
- 负责为已经上线运行的IT应用系统提供运营保障。
- 负责IT服务水平（SLA）管理。
- 负责信息化质量的持续改进。
- 负责对IT服务外包商的管理和考核。
- 负责对IT人员的规划、管理和发展。
- 负责制定IT部门的预算和费用控制。

集团信息中心负责集团范围内与信息化密切相关的重大管理变革和信息系统项目的建设与推动，主要负责制度管理、信息化规划制定、流程执行检查、信息化评估标准的制定、变革管理职能及大型信息系统建设等。为此，集团信息中心需要建立严密的、科学的、规范的信息管理体系，并能切实有效地在集团范围内贯彻执行。

此外，集团信息中心需要帮助、支持和管理成员企业按照集团整体的信息化规划原则，对信息化建设进行投资；同时，为了对成员企业信息化应用的状况进行有效的评估和考核，在企业内部应建立一整套信息化应用考核体系，并与集团KPI考核指标挂钩，以便量化地评判成员企业的信息化应用水平。

在信息中心之上、总裁之下设置决策参谋机构——信息化领导小组。

- 组成：总裁任组长，成员由成员企业、事业部负责生产经营的高管和总部职能部门的管理者构成。

- 职责：
  - 审查和批准公司信息化战略和建设规划，明确信息化战略对公司战略的作用和影响，把握公司信息化建设的方向。
  - 审查和批准信息化建设的年度计划和预算，确定重大 IT 项目的优先级。
  - 共同研究公司信息化的前瞻性问题，审核和批准 IT 建设的指导原则和技术标准。
  - 审查和批准重要的信息技术管理政策和规定。
  - 审查和批准在公司信息化建设中涉及的业务管理变革的重大措施。
  - 控制重大信息系统建设项目的进度，对过程中的重大问题进行决策。
- 工作机制：每 2～3 个月召开一次会议，由集团信息中心负责召开。
  - 重点 IT 项目进展汇报（进展、问题、原因和计划）。
  - 涉及公司信息化整体发展的问题研讨。
  - 邀请行业专家进行前瞻性的内容学习研讨。
  - 小组成员间进行知识经验共享。

总之，统一制定和贯彻一套集团信息化建设流程、制度、标准和体系规范，实行集中管控、分散应用，从而做到"控而不死，散而有序"，全面推动集团信息化建设。

（八）制订 IT 行动计划，定位软件化的路线

1. IT 总体阶段设计

在 IT 行动方案设计阶段，需要对 IT 蓝图（如图 3-8）进行全面的计

划，制定企业的信息化建设步骤，进行风险及效益分析，同时给出企业 IT 治理方案，并在此基础上形成企业具体的信息化行动方案，指导企业的下一步行动。

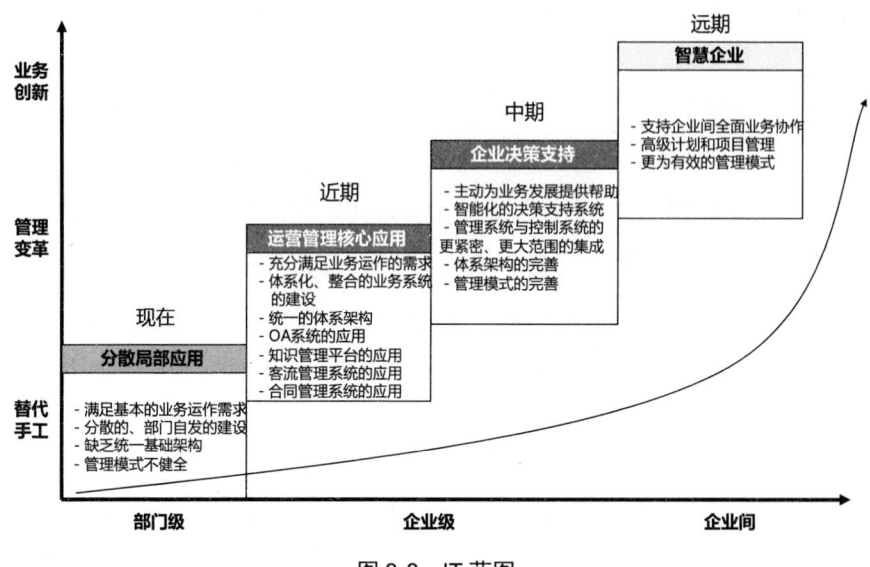

图 3-8　IT 蓝图

明确 IT 建设的实施路径，规划出未来 3 年内每个子项目的行动计划，将每个子项目的实施目的、组织范围、主要工作内容、关键控制点、主导部门、参与部门等定义清楚。

2. IT 应用系统实施优先级

根据业务战略与成熟度（如图 3-9 所示）评估 IT 系统建设的优先级，处于图右上角的 IT 系统（业务成熟度高+战略需求急迫性强）属于优先级最高的，需要纳入计划尽快实施。以案例为基础，系统建设实施计划如图 3-10 所示。

第三章 企业软件化实现路径

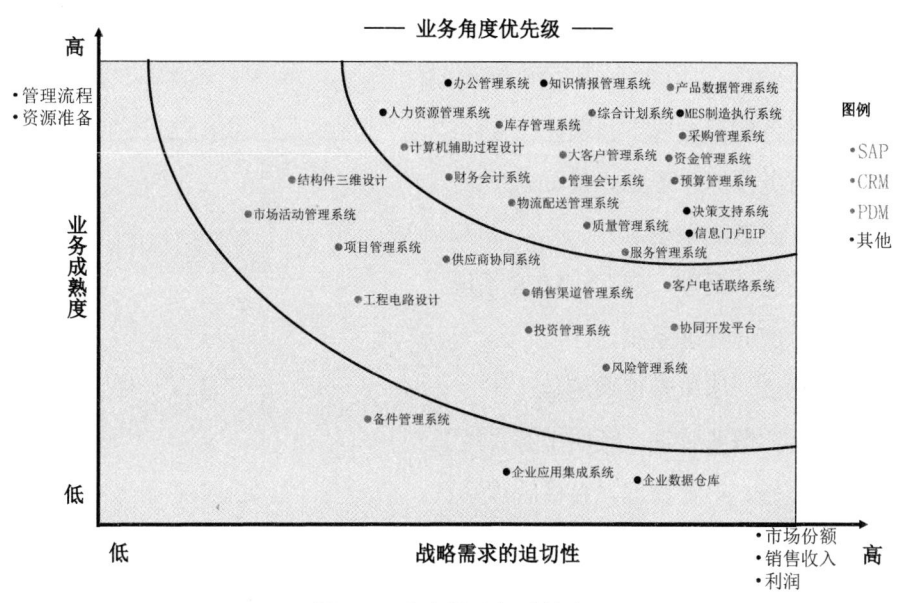

图 3-9 业务战略与成熟度

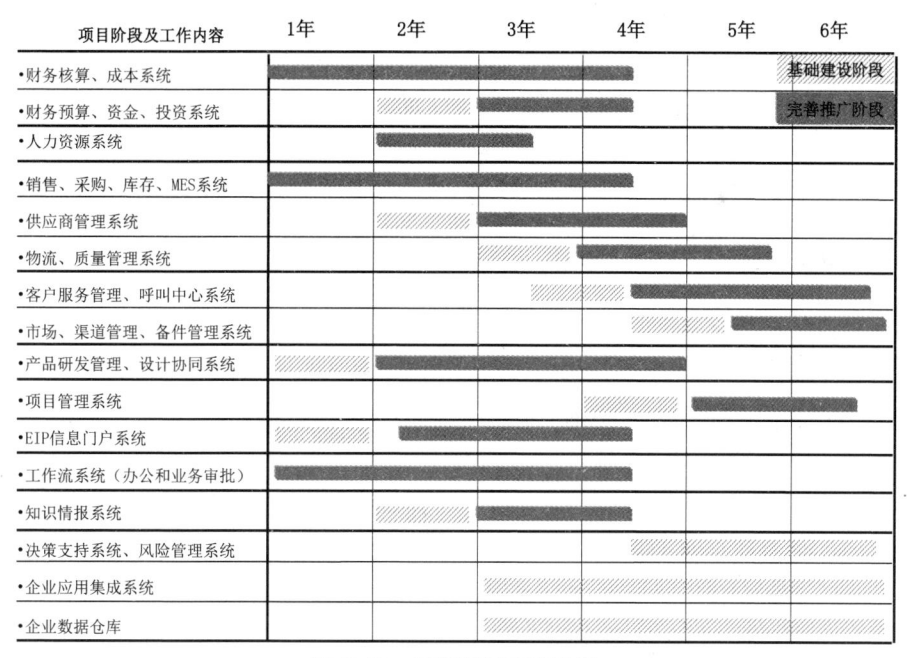

图 3-10 系统建设实施计划

191

根据待建系统清单，设计各个系统的实施计划：

- 财务核算、成本系统。
- 财务预算、资金、投资系统。
- 人力资源系统。
- 销售、采购、库存、MES 系统。
- 供应商管理系统。
- 物流、质量管理系统。
- 客户服务管理、呼叫中心系统。
- 市场、渠道管理、备件管理系统。
- 产品研发管理、设计协同系统。
- 项目管理系统。
- EIP 信息门户系统。
- 工作流系统（办公和业务审批）。
- 知识情报系统。
- 决策支持系统、风险管理系统。
- 企业应用集成系统。
- 企业数据仓库。

3. IT 管理流程制度

IT 部门按照规划、建设、运维、改进四个主要阶段开展业务，形成了 18 个主要管理流程，如图 3-11 所示。

- IT 规划评审流程。
- IT 预算评审流程。
- IT 项目立项流程。

第三章 企业软件化实现路径

```
战略规划 → 系统建设 → 运营维护 → 持续改进
                   需求管理

·理解公司业务战略    ·项目立项        ·事件、故障管理    ·业务部门反馈
·制定IT战略         ·系统选型        ·变更、版本管理    ·系统评估
·制定企业IT架构      ·项目管理        ·配置管理         ·服务质量评估
·滚动规划           ·需求分析、设计   ·服务水平管理     ·新增需求调研
·项目组合管理        ·代码开发、实施   ·可靠性、容量管理  ·改进措施
·IT预算管理         ·项目上线验收
```

·IT规划评审流程 ·IT预算评审流程	·IT项目立项流程 ·IT系统选型流程 ·IT设备采购流程 ·项目需求评审流程 ·项目设计评审流程 ·IT项目风险管理流程 ·IT需求变更管理流程 ·IT项目验收流程	·IT系统维护流程 ·IT故障受理流程 ·IT故障通报流程 ·IT系统变更流程 ·IT应用账号及权限申请流程 ·IT应用数据使用申请流程	·IT系统评估流程 ·IT满意度调查流程

图 3-11 IT 管理流程

- IT 系统选型流程。
- IT 设备采购流程。
- 项目需求评审流程。
- 项目设计评审流程。
- IT 项目风险管理流程。
- IT 需求变更管理流程。
- IT 项目验收流程。
- IT 系统维护流程。
- IT 故障受理流程。
- IT 故障通报流程。
- IT 系统变更流程。
- IT 应用账户及权限申请流程。
- IT 应用数据使用申请流程。

- IT 系统评估流程。
- IT 满意度调查流程。

二、服务型企业软件化

信息化打破了制造业与服务业的边界，改变了我们对企业的认知。信息企业与实体企业的映射构建了传统企业的数字化影像。从产品本身到设计、生产过程乃至客户体验都可以在数字化空间中表达。软件化成为企业演化的必由之路。一方面，传统服务业必然要经历软件化的演化过程；另一方面，信息化的应用不断衍生出新型服务业模式，使服务业软件化精彩纷呈。

以公共服务业为例，现阶段，社会管理和公共服务的需求在持续增长，这也带来了一个变化，这个变化不是中国特有的问题，而是全球普遍的问题，按照传统理论，公共服务业是低效率的产业，增加公共服务业的供给将导致财政支出和社会成本持续上升，甚至会导致经济增长的停滞，国外有学者把高收入阶段以后公共服务的持续增长看作经济增长率下降的重要因素。进入网络信息时代后，在这个由网络和技术推动的高度联通的社会中，公共服务效率由于信息化的发展而得到了极大提升。比如教育、医疗、文化、养老，这些服务行业都不能用机器设备替代人力，多少年来，在制造业效率数十倍提升的同时，传统服务业，包括公共服务业的效率是很难提升的。单位的公共服务成本快速上升，即使服务总量不变，也需要越来越多的成本投入。

在数字时代中，网络信息实现了经济社会的高度联通，服务或产品信息可以非常便捷、低成本地传递给消费者，消费者也可以便捷、低成本地搜索到他们所需要的服务和产品,供需双方可以通过网络进行实时沟通。

高度联通导致服务业的性质发生了变化,网络空间服务改变了服务最基本的性质,一方面是服务对象的数量显著上升,一部网络剧的网络观众是一个还是一亿个,其制作成本不变;另一方面是服务范围显著扩大,一个服务平台形成后可以销售多个产品。软件化形成的慕课系统上,好的课程有几万,甚至几十万人在线观看。还有人工智能辅助医疗、网络空间文化服务等都带来了公共服务效率的极大提升。

(一)彩生活物业服务软件化

彩生活是一家集物业服务、楼宇智能、社区服务为一体的科技型、综合型社区服务平台型企业。彩生活率先提出了构建智慧社区生态圈,以软件化的思维创新社区服务运营,以彩之云平台为依托的各类 E 化软件产品成了彩生活生态圈内的"明星"。

彩生活突破了行业的传统壁垒,建立了在当今互联网技术、物联网技术、云计算技术基础之上的一种全新的物业服务模式——彩生活服务模式。彩生活服务集团将"对物的管理"转变为"对人的服务",研发并运营了彩之云社区服务平台。

彩之云社区服务平台以社区服务为基础,围绕社区基本服务和配套生活服务,为业主和商家提供对称的信息与交易平台,满足社区业主"衣食住行娱购游"等主要居家生活服务需求。在提供全新的客户体验的同时,彩之云以网络技术结合本地服务,为业主打造了一个一站式的居家全国共享生活服务平台。

企业软件化

1. 传统物业管理面临的挑战

- 社区交流少。
- 物业管理的大规模扩张受到了制约。
- 社区安全隐患大。
- 物业管理成本高居不下。
- 传统物业服务缺乏发展动力。

2. 彩生活采用了如下的突破三部曲

（1）建立智慧物联网平台。为业主提供安全、便捷、智能的居住环境，提升居民的生活品质，提高业主满意度。

（2）建立服务平台。通过软件化的基础设施为业主建立客服中心，建立业主与商家的联系。

（3）突破传统模式。把物业服务作为入口导流业务，为物业构建综合服务平台，充分挖掘业主生活服务与周边商户资源，引入各项全新业务及商业模式，带来新的利润增长点。

3. 彩生活的业务模式

（1）基础物业服务实现软件化的管理。

通过软件化对整个小区的管理实行一种标准化、制度化、流程化的管理，以解放简单劳动岗位上的劳动力。被解放出来的劳动力可以从事更有价值的社区服务，把服务送到千千万万个家庭中，从而形成新的服务模式。彩生活优化了对保安、保洁、保绿等岗位的管理，转而招收学历、文化程度和服务意识等都相对较高的人员，成为彩生活社区的"生活管家"。"生活管家"需要和业主进行互动，将业主居家生活方方面面的需求纳入彩生活的服务体系中。

（2）B2F 商业模式创新。

B2F，即 Business to Family，这是彩生活创新的商业模式。彩生活品牌的"陪伴型"服务理念，其核心在于通过软件技术与消费者之间建立如亲人般的信任感，以贴身式服务满足人们各方面的生活需求。对消费者而言，彩生活创造了社区周边商业生态圈，对投资者而言，彩生活创造了一公里商业生态圈，将服务直接转化成了商业通道。

（3）彩之云。

彩之云是由彩生活服务集团研发，为彩生活社区业主提供各类生活、家居服务的一站式服务移动 App，可以有效帮助用户解决与生活息息相关的问题，包含物业服务、B2F 商业服务、虚拟服务、商品服务、智能管家和连锁经营的社区服务等。

彩生活通过软件化由原来传统的服务商、物业管理公司变成了整合社区资源进行服务的服务商，而彩之云就是彩生活的服务具体模式。

彩之云平台以物业管理服务为基础，围绕小区基本服务和配套生活服务，通过软件为业主和商家提供对称的信息与交易平台，提供全新的客户体验，以软件技术结合本地服务为主，为业主和住户打造一站式的本地生活服务平台。

该平台通过软件提供物业服务、房屋银行和房屋打理服务、周边商家订购服务、机票酒店充值等线上服务、生活用品电子商城与团购服务、饮用水营养早餐六大本地连锁服务，能够满足业主衣食住行等主要的居家生活服务需求，成为社区生活的好帮手。

企业软件化

（二）软件化派生出的新型大数据服务业

近年来，我国逐渐意识到了大数据产业发展的重要意义，并将加快大数据产业化进程提升到了国家战略的高度。2015 年，随着国家对大数据产业的不断重视，在促进经济发展的背景下，国务院颁布了《促进大数据发展的行动纲要》，明确要求推动大数据发展和应用。

随着大数据的飞速发展，通信行业纷纷将大数据技术引入自己的公司，并将其发展成具有自身特点的数据处理系统。但近年来，无论是固话还是手机，通话时间同比都在下降。而手机上网流量却在持续增长。通信行业面临着巨大变革，探索创新产品，寻找新的增长点成为行业的首要任务。

衍生于国内运营商流量运营及通信业务增值服务的服务企业，软件化不仅是其业务实现的基础，也是其持续发展的动力。

随着企业用户的运营规模不断扩张，用户流量也随之递增，依靠传统的结构化数据分析已经远远不能满足现代服务企业发展的诉求。在软件驱动初期，企业用户处理用户流量和关键技术主要是通过单线程或者多线程的方式，对留下网页痕迹的用户进行数据采集和处理，数据类型包括访问、点击、关键词检索和反馈等。这些数据在计算机和服务器的后台进行运算，产生的结果会被分类，为企业用户提供统计归纳的基础，从而有针对性地开展目标用户营销。这样的数据处理还是建立在结构化数据的层面上的，仅是将原来计算机对形式逻辑数据的处理水平进行了提升。企业软件化的演化历程要求企业持续改善相关技术，调整相关模型，改善传统的流量运营和数据处理方式。

1. BDF 模型总体设计框架

在传统运营商的流量业务管理系统中，基层技术人员一般只能单纯地通过用户某一阶段的消费活动和行为对其进行判断，可变因素还比较多，对结果的预测还无法做到十分精准的地步。流量压力还局限于前端销售部门的信息采集、电话回访等方式。这种低效、传统、毫无目标的业务模式还无法胜任对大数据流量模型的支持。

为了确保运营商提高对用户流量的数据挖掘效率，BDF 平台的建设必然需要一个强大且兼顾用户全方面需求的设计框架。在业内，对该系统设计的需求模块组建包括如下内容：Hadoop、HDFS、Hive、MongoDB 等技术的前端展示平台开发，流量事件的驱动方案，输入输出系统（即 I/O），serve 交换数据服务端口等。这一系列技术因素是后端挖掘数据对前端展示平台的重要支持。集成上述技术因素后，接入层、应用服务层、数据平台层、物理设备层构建出来的 BDF 流量管理系统的模型总体架构设计如图 3-12 所示。

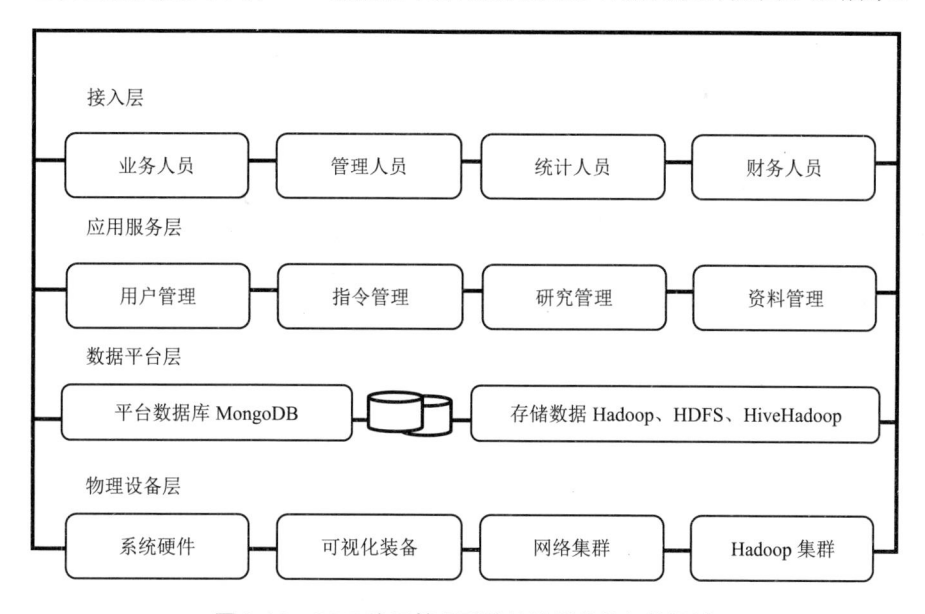

图 3-12 BDF 流量管理系统的模型总体架构设计

（1）接入层：主要包括业务人员、管理人员、统计人员和财务人员等运营商内部人员对平台的接入能力等进行统一的身份认证，以及对数据平台不同权限管理内容的录入。

（2）应用服务层：应用服务层主要包括对程序对象的管理，其中包括用户管理、指令管理、研究管理和资料管理。其主要目的在于，满足接入层各类信息人员对客户数据流的实时管理和监控，实现大数据分析和企业经营分析的结合。

（3）数据平台层：数据层主要由平台数据库构成，其中 MongoDB 可以直接存储 JSON 格式的非结构化数据，并通过 Simple System 类操作系统实现对数据的迅速检索和查询，并通过遍历结构的方式将数据传递给前端用户。另外，数据平台系统嵌入的仓库 Hive 功能，主要是负责分析数据，目的在于有效处理整个平台中用于数据分析预测的海量非结构化数据。

（4）物理设备层：包括基础设施建设，依附在大数据价值链上的所有物理装备和设备均属于物理设备层。对运营商企业而言，物理设备层则包括一些系统硬件、可视化装备、网络集群和 Hadoop 集群等。

2. 数据驱动的转型

企业软件化使数据资产成为企业的核心竞争力。其管理的数据不仅是传统软件企业的结构化数据，更多的对象是非结构化数据。传统的遍历、选择、循环等数据处理方式已经无法满足 BDF 数据库对数据对象的调用、排查和选取。因此，BDF 数据库在研发阶段中就要求将数据的采集与处理、大数据计算、批处理和实时处理、存储、分析与挖掘、可视化分析、大数据流量体系等作为数据库操作过程的重要功能对象，如图 3-13 所示。

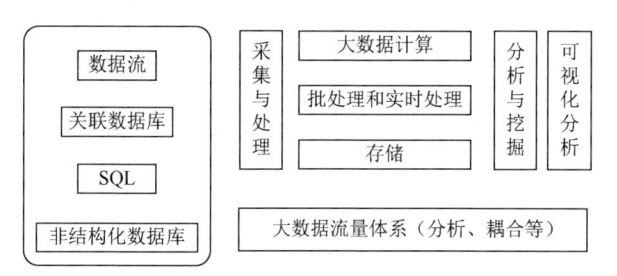

图 3-13 BDF 数据库功能模块架构设计框架

大数据数据流量平台模型应当分为三个模块，一是流量信息数据源模块；二是大数据分析体系模块；三是数据聚类、分析、耦合、关联的处理模块。

逻辑结构模型设计框架如图 3-14 所示，其目的是将用户需求的主题和业务诉求用线性的方式表达出来。其目标是储备运营商客户群体对其产品的使用习惯和相关信息，让消费者的消费行为直接或间接地储备在运营商的 BDF 目录的数据平台层中，形成数据层相关模块的预加工、预处理，等待其他层面的指令或调用的实现。

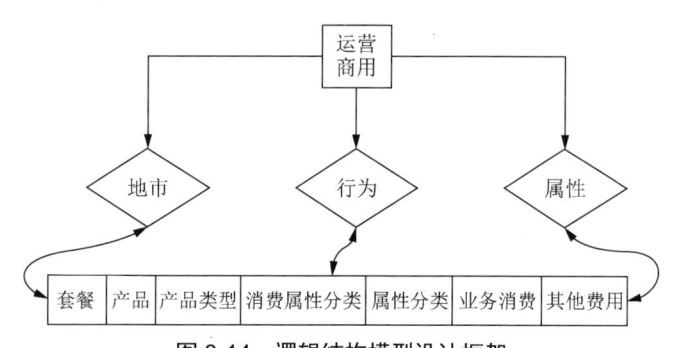

图 3-14 逻辑结构模型设计框架

3. 企业软件化能力设计

BDF 功能模块是面向运营商企业内部管理者、业务人员、经营分析者和财务等关键岗位人员的分析模块。其主要功能是为用户提供聚类数据检索、创建云分析任务和形成分析报告等。该功能是该大数据流量产品系统的核心组成部分，其中最主要的功能是聚类数据检索和创建云分析任务。

（1）聚类数据检索。

进入流量管理平台后，可以实现数据检索的相关功能，同时在储存的Hive数据中对相关调用、选取、选择等脚本的信息实现聚类并产生检索功能。管理者、财务等其他业务人员的登录界面会由于权限限制而略有不同。

（2）创建云分析任务。

为了满足承载未来城市对于通信产业的发展需求，全国范围内建设了由骨干传输支撑的云计算中心。通过云计算中心可以获得各种运算资源和储存资源。同时，将全国行业企业的各种信息都集中到云计算中心，并对其进行统一运行和管理，降低数据库、设备、人员的开销，节约维护成本，也大大提高了数据管理和使用的灵活性。

4. 流量用户数据存储模块的实现

现阶段，国内外针对大数据分析节点上的存储模块有较多研究，上海特宽公司在研发BDF存储模块的过程中，结合国内外研究的现状，自主研发了存储应用体系。

简单来说，大数据技术不同于传统的数据存储，其过程要涉及多个数据来源，主要途径有两个：一是传统数据的本地数据来源，二是网络数据来源，同时也可能涉及一些组织机构自身的特色数据库（例如大型公共图书馆等）。对此，上海特宽公司在研发设计的过程中，充分尊重安徽某运营商的数据存储需求，制定了如下方案框架。首先，上海特宽公司利用Hadoop分布式软件架构和系统HDFS进行互通，实现本地数据和外部导入数据的连贯性；其次，数据仓 Hive 模型就开始对 HDFS 进行 HQL 查询，管理人员的相关指令也会对数据进行横向检索，区分结构数据和非结构数据并使用调用、选取等功能；最后，对 MapReduce 框架执行作业，让 R 语言和 Hive 数据仓实现对接，从而达到用户眼中的"线上线下"存储的效果，如图 3-15 所示。

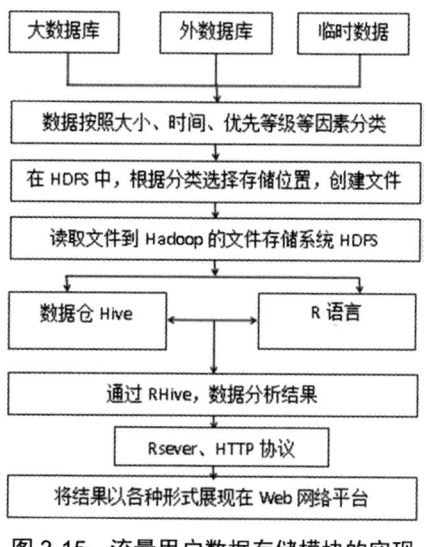

图 3-15 流量用户数据存储模块的实现

5. 流量用户数据分析模块的实现

BDF 数据分析模块基于 R 语言分析工具，对电信运营商的贮存数据进行调用分析，将最终得到的数据以人的视角呈现在管理者的 PC 终端设备上，帮助管理者进行监管和决策等。上海特宽公司对分析模块制定了自己的 R 语言脚本，并得到了甲方运营公司的内部认可。

对于分析模块的流程设定，BDF 系统平台先要创建一个需求性的数据云分析任务，管理者要通过在 Web 页面中创建数据分析任务，将所需要的任务记录保存到数据库中，其中包括创建任务用户 ID，数据分析任务 ID 以及新建的脚本 ID 或是已有的脚本 ID 等。流量用户数据分析模块的实现如

图 3-16 所示。

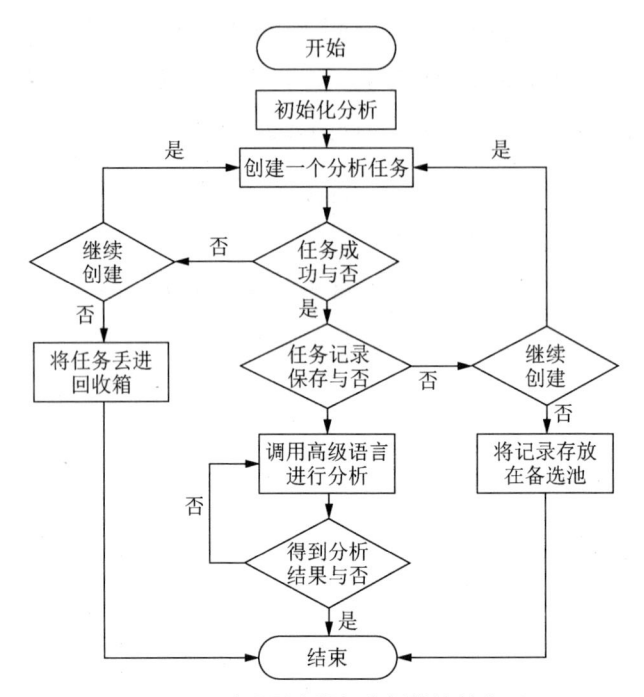

图 3-16 流量用户数据分析模块的实现

6. 企业软件化引至服务业转型升级

以往电信运营商增值服务型企业主要以网络通道获取利润，这种方式获取利润的空间较小。随着大数据时代的到来，企业可以利用大数据经营扭转低利润空间的局面，即把大数据作为资产并创新商业模式和盈利模式，向大数据服务提供商转型。首先，传统通信行业的主营业务内容和现代的大数据引流业务内容高度相似，传统的运营商通信管理就是将每个用户与通信网络作为媒介来解决用户之间的信息交互和传递的问题。大数据管理依托运营商网络和业务建立的大数据平台来解决企业需求和数据连接问题，通信用户构成通信网络，企业用户构成大数据网络。其次，大数据管理也具有与传统通信服务网络效应相同的经济特性。以大数据为驱动力，可以有效解决电信运营商当前的运营困境。再次，企业软件化可以助力服务企业逐步发展大数据能力，通过网络收集多方数据，构建大数据业务模型。最后，整个服务企业的软件化的数据运作策略可以分为三步：第一，着力于用户规模，视大数据为核心运营资产。第二，构建端到端的网络基础设施，利用网络融合产品，融合各类自有信息数据。除了结合互联网和广播电视网等原始数据，还可以为目标行业应用引入数据服务。第三，建立大数据服务平台，扩大大数据产生的 P2P 内容的收集和分发，整合资源和 CDN 的优势。使其成为直接的利润来源，实现大规模的跨部门信息共享。

三、制造型企业软件化

随着传统工业企业的衰落和新兴"软化"企业的崛起，企业的竞争力正在被重新定义。对制造型企业来说，硬件产品和实体资产已经不再是企业竞争力的必然保证；硬件产品的价值正在不断向服务和软件迁移。制造业的软件化有时很难与制造业的服务分离，它们可以同步发展。下面以日本服装制造业为例来介绍企业软件化的过程。

（一）西门子由"硬"变"软"

西门子一直在默默地围绕如何构建软件竞争优势进行全方位的战略布局，踏上了由"硬"变"软"之路。

1. 并购软件企业

西门子在十多年前就开始并购软件企业，逐步完成企业扩张，其收购的软件企业主要如下。

2007 年，西门子购买了 UGS 公司。不过这次收购使其获得了三个举足轻重的筹码：3D 设计软件 UG-NX、产品生命周期管理软件 Teamcenter、数字化工厂装配系统 Tecnomatix。通过整合双方在实体领域的自动化及虚拟领域的 PLM 软件方面的专业知识，西门子成为全球唯一一家能够在整个生产流程中为用户提供集成化软件和硬件解决方案的公司，这成为真正影响西门子业务格局的重大举措。

2008 年，西门子收购了德国的 Innotec 公司，这意味着虚拟工厂的厂房布局规划及实际工厂的运行模拟成为可能。

2009 年，西门子收购了 MES 厂商的 Elan Software Systems 公司。

2010 年，西门子整合了 Simatic IT。

2011 年，西门子收购了巴西 Active Tecnologia em Sistemas de Automação 公司。

2011 年，西门子收购了拥有先进的复合材料分析工具的 Fibersim 的 Vistagy 公司。

2012 年，西门子收购了质量管理软件厂商 IBS AG 公司。

2012 年，西门子收购了产品成本管理解决方案公司 Perfect Costing Solutions GmbH。

2012 年，西门子收购了 Kineo CAM 公司，该公司的解决方案可以通过优化运动、避免碰撞和规划路径等功能，帮助不同行业的客户实现生产效率最大化。

第三章 企业软件化实现路径

2012 年，西门子收购了 VRcontext International S.A，该公司通过提供 3D 仿真可视化浸入式现实（VR）来实现人机交互。

2013 年，西门子收购了 LMS 公司，该公司是全球业内唯一一家能够同时提供机电仿真软件、测试系统及工程咨询服务的解决方案提供商。

2013 年，西门子收购了 TESIS PLMware，该公司的解决方案实现了 SAP、Oracle 和 TC 的无缝链接。

2013 年，西门子并购了英国 APS 厂商的 Preactor，该厂商拥有高级排程软件。

2014 年，西门子发布了"2020 公司愿景"，明确专注于电气化、自动化和数字化增长领域，而在组织架构上，西门子则将 16 个业务集团合并为 9 个业务集团，其中一个重要的改变是成立了数字化工厂集团。在新的技术驱动下，西门子开始加大对工业云和工业大数据的投入。

2014 年，西门子收购了美国 Camstar 公司，看中的是 Camstar 拥有的大数据分析能力。2015 年，Omneo PA 大数据分析软件被正式推出，拉开了西门子大数据与云服务的序幕。

2014 年年底，西门子搭建了跨业务新数字化服务平台 Sinalytics。

2016 年，西门子收购了 CD Adapco，该公司是在流体分析等领域拥有独到竞争优势的 CAE 软件供应商。

2016 年，西门子收购了 Polarion 公司，进一步增强了对系统驱动的产品开发过程的支持。

2016 年，西门子收购了英国 3D 打印工业组件开发商 Materlals Solutions。

2016年，西门子收购了Mentor Graphics（美国公司），EDA三大巨头之一，扩展了西门子现有的工业软件产品组合，提升了西门子的数字化制造能力。

2. 剥离硬件业务

在大力布局软件的同时，西门子也在一步步剥离非核心的硬件业务，不断瘦身，具体如下。

2005年，西门子出售了移动电话业务。

2007年，西门子在收购UGS之后，将旗下的威迪欧汽车电子以114亿欧元卖给了德国大陆集团。

2013年，西门子拆分了欧司朗公司，随后将其出售。

2014年，西门子彻底退出了家电领域。

2017年，西门子剥离了其机械驱动业务，作为独立公司单独运营。

目前，西门子的软件业务已经涵盖了设计、分析、制造、数据管理、机器人自动化、检测、逆向工程、云计算机和大数据等多个领域，西门子正在全面发掘包括制造业在内的数字化发展潜力。利用软件和模拟仿真，数字化工厂极大地缩短了产品开发的周期，提高了产品开发的效率。基于数据的服务、软件与IT解决方案至关重要，对于西门子未来全面业务的发展有着深远的影响。

西门子的收购图谱已经绘制出了一条清晰的通过资本运作实现企业软件化的路径。如今，西门子位居全球十大软件公司之列，也是重要的工业软件公司之一。

3. 数字化工厂

西门子推出创新的数字化工厂解决方案，通过软件真正地把工程和自动化结合起来，通过信息和数据流的无缝衔接，可以实现整个价值链的协同。数字化工厂解决方案将帮助工业企业降低生产成本，提高产品质量，缩短新产品的生产周期，提高企业应对市场变化的灵活性。

西门子通过企业软件化实现了工厂生命周期数字化管理，通过对工厂设计数据和工厂运行数据高效无缝的集成，有效缩短了建厂的工程时间并实现了智能化运营，其中包括以下几个关键要素。

（1）统一数据平台：包括工厂生命周期内的设计信息、设备信息、自动化信息等，实现各设计专业间信息的高效传递和实时更新。

（2）智能数据接口：高效地读取工艺流程信息是工厂设计的基础，高效地转化自动化设计信息有效地提高了自动化控制系统组态的时间。

（3）数字化交付：灵活、完整地将相关设计数据通过数字化形式从设计方传递给用户方，便于工厂智能运营。

（4）虚拟工厂：从集散控制系统、工艺知识、标准操作流程等多个角度培训操作人员，使相关人员提高工作效率。

4. MindSphere

西门子在 2015 年底推出了工业云平台 MindSphere。MindSphere 是一款基于云技术的开放式操作系统，未来的工业生产将从产品设计、生产规划、生产过程、生产制造和服务等方面进行整合，形成一个协作系统。工业企业可以借助 MindSphere 对关键设备机群进行预防性维护、能源数据管理及工厂资源优化，以便在全球范围内有效地提供服务，甚至据此形成新的商业模式。例如,德国格林机床有限公司借助西门子 MindSphere 云平台的前端数据采集技术,将分布在不同生产线上的机床关键状态参数实时传送到 MindSphere 云端中,并借助云端的设备管理工具及可视化分析工具监视机床状态,按照制定的规则自动触发异常状态报警信息,并分析建立机床健康状况随参数变化的模型。格林机床有限公司的产品专家不出总部就能了解世界各地自家产品的运行状态,在必要的时候还将为机床客户提供预防性的设备维护服务。

(二)纺织服装企业软件化

近年来,美国依靠新一代信息技术的高速发展,以 Google、Amazon 为代表的 IT 企业不断进军制造业领域,斥巨资搭建"平台",依靠大数据、人工智能和互联网,站在产业价值链的最顶层,旨在占领全球市场,美国人称之为"One takes all"。德国举全国之力推行"工业 4.0",其目的在于捍卫本国以汽车、电子产业为代表的制造业的竞争地位。

纺织服装产业作为古老的制造业之一,非但不是"夕阳产业",反而有着巨大的成长空间;非但不是低技术型产业,反而是有多样化应用前景的、产业结构链复杂的制造服务一体型产业。该产业代表着一个国家的"软"实力,是国家文化的"代言人",其出口贸易可以带来可观的收入。

现在,纺织服装产业也在朝着信息产业化的方向发展,Google 已经向纺织服装业领域进军,Google 正在联合 H&M 旗下的 Ivyrevel 共同开发一款 App。通过追踪顾客的日常生活,发掘其喜好和品味,代替设计师为其设计服装。

纺织服装产业的产业链长,并且以水平分工的方式展开,使得各环节间信息沟通不畅，材料和产品开发周期长，重复投资，产品差异化难度增加。第二次世界大战后，日本纺织服装业的成长花了比其他消费品产业长得多的时间，这也表明了该产业的复杂性和发展的难度。

从产业链的角度看，上游产业涉及纤维原料、纱线制造、面料制造、染整，而中游产业包括缝制及辅料加工，下游产业是靠近消费者的服装品牌企业、百货公司、专卖店和网店。要让消费者满意，就涉及企业对面料、色彩、款式及流行趋势的精准把握。日本学者认为，品牌的树立是服装产业形成的标志，日本直到高速成长期过后的70年代，才逐步打造出自己的品牌。这个过程比其他消费品产业的发展耗费了更长的时间，总体来说，纺织服装产业应属于技术密集型产业范畴。

从供应链的角度看，一般来说，服装品牌商负责设计产品和采购面料，缝制工厂负责缝制加工，零售商负责贩卖。在整个过程中，布料的织造、线和布料的染色、缝制等各个阶段都是水平的。这就造成了供应链中各环节间的信息沟通不畅，材料和产品开发时间变长，重复投资，产品差异化难度增加等问题。

然而，纺织服装行业中也有特例，比如采取SPA模式（有品牌专业零售商经营模式）的ZARA和优衣库就涉及了从制造设计到零售的所有环节，采用了垂直管理型商业模式。

全球市场结构的巨变提醒企业，在面向世界市场的同时，需要更好地开发国内市场。企业应充分利用身边的优势，及时把握气候变化、生活习惯、流行趋势、文化氛围等信息，把现有的产业链延伸至高附加价值的设计和营销环节，推动企业升级。下面以日本纺织服装企业软件化的创新路径为例，进行具体说明。

（1）工业用缝纫机的迅猛发展及联网。

日本的老牌缝纫机械企业竞相开发出和人工制作效果相近的各种智能机器，如自动纽扣机、全自动口袋缝制机、自动裁剪机等。"物联网+"智能机器将实现智能生产，劳动力的需求量将大幅度减少。

JUKI 设计的"智慧工厂"模式：首先，在工厂内铺设机器人移动的轨道，每道缝纫工序完成后，由机器人将生产中的产品送至下一道工序，通过减少工人移动的时间，使员工能更加专注眼前的工作。其次，在布料内植入 IC 芯片，内藏每道工序的要求和注意事项，由机器端的读码机读取数据，并在屏幕上显示，用以减少误操作。由于在每道工序开始前都会录入员工 IC 芯片的数据，所以可以知道哪个部分是哪位员工缝制的，从而更好地实现对生产过程的监控和管理。

Brother 设计的"高度自动化工厂"模式：将所有的缝纫机器都通过 Wi-Fi 和服务器相连，可以将运转状况的数据进行即时自动收集分析并予以调整。如果某一台机器发生了故障，就可以立刻自动切换到其他的生产线上，把机器故障带来的影响减到最小。并且把生产数据 POS（Point of Sale）system、流通数据等实施一元化管理，实现企业生产与运营管理的智能决策和深度优化。

（2）小型缝制工厂的创新。

从 20 世纪 90 年代起，日本纺织服装业进入了艰难期，1990 年至 2013 年，日本纺织服务业的企业数量减少了 3/4，其中缝制厂家居多，由于大多数订单都飞向了中国，日本市场只剩下多品种、小批量生产的订单，交货周期短，而且往往会被要求收取和中国一样的加工费用，这使得众多的中小企业压力巨大，纷纷关门歇业。经历了近 30 年的大浪淘沙，存活下来的企业都是依靠不断创新、升级应变市场苛刻要求的"冠军企业"。

JUKI 和 Brother 都视质量为生命，把 IT 技术融入设计、制造环节，不断改进工序，改造设备，开发出独一无二的机器和缝制技术。Brother 更是打破常规，把生产链的所有环节都纳入视野，开发具有高附加价值环节的能力，创造订单。

山形县的缝制工厂 A 把信息技术融入设计和生产环节，对操作步骤实行标准化。这家企业充分利用计算机辅助设计 CAD 和计算机辅助制造 CAM 技术，对熨烫工序和编制尺寸设置等进行不断改进。并在生产空闲期，招聘外部讲师对员工进行制造技术及机器的维修保养方面的培训，以提高员工素质。

缝制工厂 B 在该行业中最早开发出了不需要针线的缝制技术，构建了完善的检验产品的体制。该工厂通过对工序进行再编，采用站立式缝纫等各种方式不断提高生产效率。并且打破常规，除了缝制，该工厂还承包了设计、原材料采购和面料开发等一系列工序，把自己的设计思路融入 OEM、ODM 的设计当中，并将其展示给品牌商，用这种富有创意的方式获取品牌商的青睐。

这两家企业的案例都反映了缝制环节中"质量为王"的基本理念，而对员工进行长期的培训是保证日本企业高品质的重要因素之一。

（3）上游企业的转型和升级：MITSUFUJI。

拥有跨行业工作经历的新社长把信息技术融入纤维制造企业，利用其核心产品"银纤维"，采用开放型创新模式，把企业转变成了为医疗和运动员专业培训机构等单位提供解决方案的 IT 企业，实现了企业的转型和升级。

企业软件化

MITSUFUJI 创立于 1956 年，原是一家加工贩卖纺织物的企业，该公司开发的"银纤维"被指定为制造宇航员内衣的材料。虽然拥有尖端的核心技术，但是单纯依靠材料的贩卖，其产品附加价值并不可观，从而导致企业经营困难。直到创业者的后代继承了这家企业后，情况发生了变化。由于之前有在日本大型电器企业和外资 IT 初创企业的工作经历，新社长融合企业原有的纺织物加工技术，利用核心技术"银纤维"，开发出集智慧服装、传输和应用一体化的可穿戴解决方案"Hamon"。由于其具有卓越的导电性、安定性和耐久性，在对数据精度要求较高的医疗领域中有广泛的应用前景。公司采用开放型创新模式，联合日本国内的大企业、大学、医疗机构及法国等境外企业进行共同研究，开发其商业应用。目前已开发出根据心电图的波形即可预知中暑和癫痫的算法，以便提前预防这些疾病。

纺织服装业的灵魂是纤维，新功能高品质材料的开发至关重要。但材料厂家也应放眼于产业链的其他环节，在强化核心技术的同时，力争创造更高的附加价值。在企业决策层中引入 IT 人才，对突破企业原有框架，实现企业的信息化发展至关重要。

（4）大型综合性企业的新型商业模式。

大型综合性企业研制出平台系统，把顾客和生产车间直接联系起来，实现快速的个性化定制，为客户提供独一无二的产品（服装或面料）。为多品种、少批量、多批次生产提供从辅助设计到生产最优化的新型商业模式。

SEIREN 原是一家染布作坊，创业于 1889 年，之后不断向上游的原料、布料生产及下游的服装制造、贩卖延伸，包揽了纺织服装生产链中的所有环节，成长为一家综合性企业。之后 SEIREN 的业务又扩展到广告材料、汽车内装材料、电子设备、物流业等多个领域。

近年来，原创数字系统"Viscotecs"的诞生，满足了顾客定制服装的个性化需求。顾客可以利用这个系统在实体店里选好中意的布料和款式，输入自身的体型数据，配以喜欢的颜色和图案，计算机将模拟顾客穿着此产品时的样子，数据传送至工厂后即可立刻进行自动化生产，这样世界上独一无二的定制服装就可以在非常短的时间内送到客户手里。这种模式的优势还在于零库存、零距离感、瞬时性和环保。

该案例表明，智能制造不只是制造环节的智能化，而是把研发、设计、生产、供应、销售、服务这一连串的价值链的各个环节都串联起来的全面智能化。企业软件化使纺织行业焕发了新的活力。

第四章

企业软件化成熟度

从企业软件化的实施路径可以看出企业的软件化能力是逐步获得和增长的,能力的获得和增长需要过程。在其能力发展的过程中若能根据良好的模型逐级达到设定的目标,则企业软件化能力将不断走向成熟。成熟度模型就是一种有效的方法,该模型目前在管理学领域得到了广泛的应用。目前,基于成熟度模型的思想,在评估软件过程成熟度、企业过程成熟度、流程管理等方面建立了各种标准和模型,这些标准和模型都在业界产生了一定的影响,为软件的迅速发展和企业成长起了巨大的推动作用。这些成熟度的模型和评估模式可以为企业软件化成熟度评价提供很好的借鉴作用。

本节将通过回顾成熟度模型的发展历程,以及成熟度模型在组织和企业中的应用,揭示成熟度的方法论,为企业软件化的成熟度评价提供指导。

一、成熟度发展历程

(一)成熟度思想起源

成熟度是一套管理方法论,它能够精炼地描述事物的发展过程。通常将其分为几个有限的成熟级别,每个级别都有明确的定义、相应的标准及实现的必要条件。从最低级到最高级,各级别之间具有顺序性,每个级别都是前一个级别的进一步完善,同时也是向下一个级别演进的基础,体现了事物从一个层次到下一个层次层层递进、不断发展的过程。

"成熟度模型"可以定义为描述如何提高或获得某些期待事物(如能力)的过程的框架。成熟度模型的建立基于质量原理的持续改进思想。"成熟"一词在剑桥国际英语词典中的解释:成熟是指身体完全成长的一种状态。

"成熟度"是指一个正在完全发展的过程阶段,也意味着对为什么成功及如何避免常规问题的理解和可预见性。"成熟度"一词指出能力必须随着时间的流逝而持续提高,这样才能在竞争中不断地获取成功。"模型"是指一个过程中的变化、进步或步骤。

一般而言,成熟度模型具有如下特性:简化一个实体的发展过程,并将其描述为几个有限的成熟等级(通常为 4～6 个等级);这些等级由一定的标准来界定,必须满足一定的标准才能达到某个等级;从最低等级发展到最高等级,各等级之间具有顺序性(后者是前者的进一步完善);在发展过程中,实体从一个等级到下一个等级不断进步,不能跨越其中任何一个等级。基于成熟度模型的这些特性,很多国内外学者和研究机构将其应用到各个领域中,形成了各具特色的成熟度模型。

成熟度思想主要源于有着 60 多年历史的质量管理实践。休哈特(Shewhart)是最早把数理统计技术应用到质量管理领域的人。休哈特从产品的变异或波动的角度对抽样结果进行了研究,提出了统计过程控制理论(SPC),并首创了过程控制的工具——控制图,使之成为减少变异和进行质量改进的主要手段。将数理统计方法引入质量管理是数理统计应用的重要创新,通过将产品误差模拟成波动和稳定性指标并对其进行统计分析,可以降低产出废品的概率并检验产品质量,产品质量由专职检验人员转移给专业的质量控制工程师承担,这标志着将事后检验的观念改变为预测质量事故的发生并事先加以预防的观念,奠定了"质量工程学"的基础。休哈特被认为是质量改进的奠基人,现代的过程改进大多建立在休哈特所提出的过程控制概念的基础上,他认为随着过程可变性的减少,质量和生产率将得到提高,他描述了减少过程可变性的统计过程控制方法,预言生产率将会随着过程可变性的减少而得到提高。

在休哈特的过程控制概念的基础上,"现代质量管理之父"戴明、著名的质量专家朱兰等深化了质量管理理论。戴明从管理模式的角度提出了持续改进的关键所在,他认为质量不佳并非员工的过错,而是相关人员对系统持续改进的不良管理导致的,他提出了管理的14个要点,并对这些观点进行了详细的叙述,为管理者进行质量改进提供了指导。戴明称质量不仅是一种控制系统,更是一种管理职能。

朱兰为奠定全面质量管理(TQM)的理论基础和基本方法做出了卓越的贡献。朱兰认为想要提高产品质量,必须在组织战略目标的指导下,通过严格的质量计划、质量控制、质量改进3个主要环节来保证质量管理的有效进行,这种管理模式被称为朱兰三部曲。在制订质量计划前,应先确定企业内部与企业外部的顾客,识别顾客需求,然后将顾客需求逐步转化为产品的技术特征、实现过程特征及过程控制特征。质量控制则包括选择控制对象、测量时间性能、发现差异并针对差异采取措施。质量改进理论包括论证改进需要、确定改进项目、组织项目小组、诊断问题原因、提供改进办法,证实其有效后采取控制手段使过程保持稳定。质量三部曲为企业质量问题的解决提供了方向。许多企业把精力过多地放在了质量控制环节,而没有重视质量计划和质量改进。朱兰主张组织应该将更多的注意力放在除质量控制以外的其余两个环节上,尤其是质量改进环节。朱兰理论的核心观点就是管理是不断地改进工作。

基于这些质量理论,质量大师菲利浦·克劳士比于1979年在其所著的《质量免费》一书中提出了著名的质量成熟度方格理论,为成熟度理论奠定了基础。克劳士比提出的质量成熟度方格,首次将一个企业的质量管理水平阶段化。成熟度方格由六个评估项目组成:管理层的认识和态度、质量管理在组织管理中的地位、问题处理、质量成本占营业额的比例、质量改进活动、公司质量心态总论。每个项目都分为五个阶段:不确定期、觉醒期、启蒙期、智慧期和确定期。质量成熟度方格描述了一个企业的质量管理从不成熟走向成熟的过程。在不确定期，企业没有意识到质量的作用，没有把质量作为一个管理工具；在中间的三个阶段，企业开始理解质量，把质量作为一种工具来解决企业的实际问题；在确定期，企业已经把TQM作为企业系统中必须运作与实施的一部分。质量成熟度方格使即使没有受过专业质量培训的管理者，也可以知道他目前的经营过程和其在质量上取得的成效。对于长期性质量管理活动的需要，管理者可以从成熟度方格中推论出来，只需要花很少的时间研究方格，找出企业现在处于方格的哪一个阶段，然后参考方格内的下一个阶段，就可以知道要采取什么行动来进行质量改进。

在克劳士比质量成熟度方格提出以后，该框架又被IBM的拉迪斯（Rom Radice）和他的同事们在汉弗莱（Watts Humphrey）的指导下进一步改进以适应软件过程的需要。汉弗莱将戴明的原则和朱兰改进的内容，以及克劳士比的质量成熟度方格结合在一起，增加了成熟度等级的概念，并将这些原理应用于软件开发，于1987年提出了能力成熟度框架（Capability Maturity Framework）及一套成熟度问卷（Maturity Questionnaire），发表在1987年的SEI技术报告中。

（二）能力成熟度模型

1. 能力成熟度模型的产生

1991年，美国卡内基梅隆大学软件工程研究所（CMU/SEI）在总结自1987年以来对成熟度框架和初版成熟度问卷进行研究的经验基础上，推出了能力成熟度模型（Capability Maturity Model，CMM）。CMM在能力成熟度框架的基础上建立了一个可用的模型，该模型可以更加有效地帮助软件组织建立和实施过程改进计划。该模型是对组织的过程和内部标准的简化表示。CMM 包含了一个或多个知识领域中有效过程的基本要素。这些要素是建立在克劳士比、戴明、朱兰和汉弗莱等人提出的概念基础之上的。

CMM 以持续改进为根本思想，以发展过程和目标管理为手段，能够比较清晰地将一个事物的发展描述为几个有限的渐进式的成熟等级，并能提供阶梯式的改进框架，在业界内被广泛使用，成为流行的工程实施和管理方法。

CMM 是对于软件组织在定义、实施、度量、控制和改善其软件过程的各个发展阶段的描述。该模型用于评价软件组织的现有过程能力，查找出其在软件质量及过程改进方面的最关键的问题，从而为选择过程改进策略提供指导，帮助软件企业进行对软件工程过程的管理和改进，增强开发与制造能力，从而能按时地、不超预算地制造出高质量的软件。目前，CMM 是国际上最流行、最实用的一个软件生产过程标准，已经得到了众多国家软件产业界的认可，成为当今企业从事规模软件生产不可缺少的一项内容。

CMM 问世以后，在保证软件质量方面发挥了重要作用，得到了广泛应用。此后很多学者和组织在借鉴 CMM 的基础上提出了各种成熟度模型，在成熟度模型评价方面，CMM 具有里程碑式的意义。

2. 能力成熟度模型的等级

软件过程的改善不可能在一夜之间完成，CMM 以质量管理为基础，运用分级的思想评价软件开发组织的软件过程成熟度。CMM 划分为 5 个级别，共计 18 个关键过程域，52 个目标，300 多个关键实践。CMM 明确地定义了 5 个不同的"成熟度"等级，组织可按一系列小的改良性步骤向更高的成熟度等级前进，如图 4-1 所示。

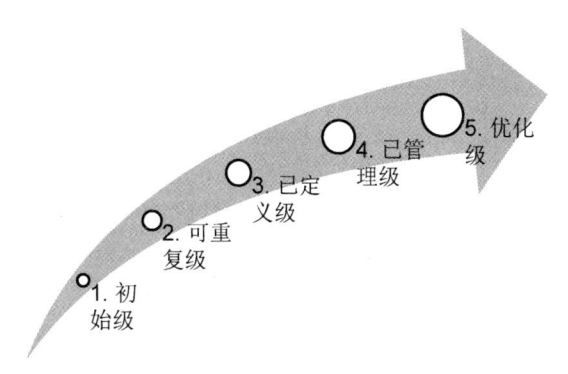

图 4-1 CMM 成熟度模型成熟度等级

成熟度等级 1：初始级（Initial）。成熟度处于这一等级的组织，基本上没有健全的软件工程管理制度。每件事情都需要以特殊的方法来做。如果一个特定的工程碰巧由一个有能力的管理员和一个优秀的软件开发组来做，则这个工程很可能是成功的。然而通常的情况是，由于缺乏健全的总体管理和详细计划，时间和费用经常超支。结果，组织大多数的行动只是应付危机，而非事先计划好的任务。处于成熟度等级 1 的组织，由于软件过程完全取决于当前的人员配备，所以具有不可预测性，这些组织很难精确地预测产品的开发时间和费用等重要的项目。

成熟度等级 2：可重复级（Repeatable）。成熟度处于这一等级的组织，有些基本的软件项目的管理行为、设计和管理技术是基于相似产品的经验，故称之为"可重复级"。在这一级中的组织采取了一定措施，这些措施是实现一个完整过程不可或缺的步骤，典型的措施包括仔细地跟踪费用和进度。不像在第 1 等级中那样，管理人员在出现危机状态后才行动，在这一等级中，管理人员在问题出现时便可发现，并立即采取修正行动，以防它们变成危机。关键的一点是，如果没有这些措施，要在问题变得无法收拾前发现它们是很困难的。在一个项目中采取的措施也可以用来为未来的项目拟定实现的期限和费用计划。

成熟度等级 3：已定义级（Defined）。成熟度处于第 3 等级的组织，已为软件生产的过程编制了完整的文档。在软件过程的管理方面和技术方面都明确地做出了定义，并按需要不断地改进过程，而且采用评审的办法来保证软件的质量。在这一等级中，管理人员可以引用 CASE 环境来进一步提高质量和生产率。而在第 1 等级中，"高技术"只会使这一危机驱动的过程更加混乱。

成熟度等级 4：已管理级（Managed）。成熟度处于第 4 等级的组织对每个项目都设有质量和生产目标。这两个量将被不断地测量，当偏离目标太多时，组织就会采取行动对其进行修正。利用统计质量控制，管理部门能区分出随机偏离和有深刻含义的质量或生产目标的偏离（统计质量控制措施的依据之一是每千行代码的错误率。相应的目标就是随时间推移减少错误率）。

成熟度等级 5：优化级（Optimizing）。成熟度处于第 5 等级的组织的目标是连续地改进软件过程。这样的组织使用统计质量和过程控制技术作为指导，将各个方面获得的知识运用到以后的项目中，从而使软件过程融入正反馈循环，使生产率和质量得到稳步提升。

在 CMM 中，除第 1 等级以外，其他每一级都由几个关键过程组成。每一个关键过程都由上述 5 种公共特性予以表征，组成了 18 个关键过程。CMM 给每个关键过程都制定了一些具体目标。按每个公共特性归类的关键惯例是按该关键过程的具体目标选择和确定的。如果恰当地处理了某个关键过程涉及的全部关键惯例，这个关键过程的各项目标就达到了，也就表明该关键过程实现了。这种成熟度分级的优点在于，这些级别明确而清楚地反映了过程改进活动的轻重缓急和先后顺序。

3. 能力成熟度等级指导企业发展

CMM 为软件企业的过程能力提供了一个阶梯式的改进框架，它基于过去所有软件工程过程改进的成果，吸取了以往软件工程的经验教训，提供了一个基于过程改进的框架；CMM 指明了一个软件组织在软件开发方面需要管理的工作，以及这些工作之间的关系和它们的先后次序，一步一步地做好这些工作，就能使软件组织走向成熟。根据这个改进框架开发企业内部具体的软件过程，可以极大地提高组织效率并降低组织成本。CMM 以具体实践为基础，以逐步演进的形式不断地完善软件开发和维护过程。CMM 描述了一个有效的软件过程中的各个关键元素，指出了一个软件组织如何摆脱杂乱无序、不成熟的软件过程，形成一个有序的、成熟的软件过程所必经的途径。CMM 所列举的实践几乎覆盖了软件工程过程中的所有活动，组织只要把精力集中在这些实践活动上，就能平稳地完善自身的软件过程并向客户交付令其满意的产品。

CMM 指导整个组织把重点放在对过程进行不断的优化上，主动采取措施去找出过程中的弱点与优势，以达到减少缺陷的目标。同时，分析各有关过程的有效性资料，对新技术的成本与效益进行分析，并提出对过程的修改建议。达到某等级的组织可以自发地进行优化，防止同类缺陷二次出现。

在 SW-CMM 发布之后的几年里，SEI 相继研制并发布了"人员能力成熟度模型（P-CMM）""软件采办能力成熟度模型（SA-CMM）""系统工程能力成熟度模型（SE-CMM）"及其支持文件。虽然这些模型在许多组织中都得到了良好的应用，但对于一些大型的软件组织来说，可能会出现需要同时采用多种模型来改进自己多方面过程能力的情况。这时就会出现一些问题，其中问题主要体现在：不能集中其不同过程改进的能力以取得更大成绩；要进行一些重复的培训、评估和改进活动，因而增加了许多成本；不同模型对相同事物的说法不一致或活动不协调，甚至相抵触。

于是，希望整合不同 CMM 模型的需求就产生了，相关人员开始了能力成熟度模型集成（Capability Maturity Model Integration，CMMI）的研制工作。CMMI 希望把所有现存的与将被发展出来的各种能力成熟度模型集成到一个框架中。这个框架用于解决两个问题：第一，软件获取办法的改革；第二，建立一种从集成产品与过程发展的角度出发，并包含健全的系统开发原则的过程改进。目前，SEI 将与 ISO 合作，互相促进以便为软件评估、改进和能力评价建立一个国际标准，它们之间将相互影响以达到更好的效果。

CMMI 是一种过程改进方法，为组织机构提供了有效过程中的基本元素，可用于指导跨项目、部门或整个组织的过程改进。CMMI 是将 SW-CMM、SE-CMM 和 IPD-CMM 三个源模型融合到统一的改进框架内，为组织提供企业范围内过程改进的模型。美国很多著名的公司都进行了 CMMI 评级。

CMM 不仅是一个模型，一个工具，它更代表了一种管理哲学在软件产业中的应用。理解 CMM 的管理思想有助于软件开发，也有助于组织运营与管理。

CMM 的基本思想源于质量管理。模型是对组织的过程和内部标准的简化表示。能力成熟度模型（CMM）包含了一个或多个知识领域中有效过程的基本要素。这些要素建立在克劳士比、戴明、朱兰和汉弗莱等人提出的思想理论的基础之上。CMM 尤其注重过程质量，蕴含过程决定质量的思想。对于现代的商业运作来说，变化随时都会发生，面向任务的思维已不再那么有效。有人认为所有的商业运作都应该以过程管理的方式对待，质量管理大师戴明也曾说过"如果你不能把正在做的事情以流程的形式清晰、完整地描述出来，那就意味着你根本不知道你在干什么"。汉弗莱认为软件产品的质量在很大程度上取决于软件开发的过程的质量，如果没有采用以过程为中心的工作方式，就会由于缺少统一的过程，使组内成员在完成相关活动时产生冲突，并导致目标与活动相脱节。

CMM 也反映了持续改进的思想。CMM 除了用于软件工程管理，还慢慢扩展至企业管理领域。企业的最终目的是把自己的产品或服务提供给顾客，让顾客满意，所以只有尽力使这个过程不断反复且不断壮大，才能源源不断地创造利润。对于软件企业来说，成功来自满足不断变化的用户需求，而优质的软件产品来自良好的软件开发过程，要想拥有良好的软件开发过程，就要不断改进软件企业的管理过程。

着力于软件过程的软件能力成熟度模型（CMM）是企业持续改进的典型表现，而着力于软件过程评估和软件能力评价则与企业的持续改进相呼应。尽管 CMM 模型纯粹来自软件工程这一应用领域，并为软件机构服务，但 CMM 模型所体现的思想就是持续改进，如 CMM 模型中的最高等级——优化级，就是说要清楚地看到软件过程，连续不断地改进过程，并定量地跟踪改进的影响和效果。

我们可以认为 CMM 模型的实质就是一种新兴的管理思想和方法，它蕴涵着当今欧美乃至日本等国日益盛行的持续改进（Continual Improvement）管理哲学，这种管理哲学现已渗透到了各行各业的具体管理中，是现代企业管理的发展方向之一。

持续改进的含义是以超前的视野预见过程实施中可能的引起要素（包括特定的设计、作业方式及与其相联系的成本要素），凭借先期规范的各种手段做出效果创出（最优成本/效益比）的预期调整，并以相应的效果计量和评估方法相配合，以确保实际过程按照预期的低成本运作。

企业软件化

以软件过程改进为例,虽然软件工程师和管理人员通常能详尽地知道软件的问题所在,但是哪些改进是当前最迫切需要的,他们可能会有不同的意见,而且缺乏统一的改进策略。经过深入的调查和研究,相关人员终于认识到软件过程的改进不可能一蹴而就,需要持续不断地进行软件过程的改进,软件过程的改进是不断发展的过程,而不是革命性的创新,而这正是连续改进思想的体现。

对企业来说,要提高客户的满意度,必须改进产品质量、降低产品的成本或提高产品的营销水平。要改进产品质量、降低产品的成本或提高产品的营销水平,必须减少系统的变异。研究持续改进过程就是明确系统中的变异在哪里发生,为什么发生。一旦了解了引起变异的原因,就可以寻找相应的方法来减少这种变异,从而稳定企业的运行过程,使企业持续发展。

持续改进这一新兴的管理思想和方法同 JIT(Just-In-Time)、企业再造(Business Re-engineer)和目标成本管理具有相同的理念,它们都强调用数据或函数来衡量和监测企业的整个过程,让企业的管理者清晰地知道企业的运营过程,从而有效地管理企业。持续改进思想也是随着信息技术的出现和发展而出现的,因此,它适应时代的要求,并随着信息技术的发展而发展。

CMM 是源于质量管理的持续改进思想。CMM 以不断进化的层级反映了在软件过程定量控制中,项目管理和项目工程的基本原则。只要不断地对企业的软件工程过程的基础结构和实践进行管理和改进,就可以克服软件生产中的困难,增强开发制造能力,从而能按时地、不超预算地制造出高质量的软件。

现在,人们正逐渐从 CMM 模型中跳出来,不只是把 CMM 模型看作为软件工程服务的工具,还将 CMM 模型的思想运用到软件的生产、供应、销售等其他非研发过程中去,并且将 CMM 模型的思想和方法进行扩展与延伸，从而对项目管理和企业过程进行改进。

（三）项目管理成熟度模型

在软件过程成熟度模型（CMM）推出之后，基于被软件行业广泛接受的"能力成熟度模型"，各国陆续推出了多种项目管理成熟度模型。

项目管理成熟度已成为代表一个组织项目管理能力的关键指标。项目管理成熟度表达的是一个组织（通常是一个企业）具有的按照预定目标和现实条件成功地、可靠地实施项目的能力。

项目管理成熟度模型作为一种全新的概念，为企业项目管理水平的提高提供了一个评估与改进的框架。项目管理成熟度模型在项目管理过程的基础上把组织项目管理水平从混乱到规范再到优化的进化过程分为有序的几个等级，形成一个逐步升级的平台。每个等级的项目管理水平都是达到更高等级标准的基础，企业项目管理成熟度不断升级的过程也是其项目管理水平逐步提升的过程。

成熟度是测量及改进企业管理能力的一个重要标尺。项目管理成熟度表达的是一个组织（通常是一个企业）具有的按照预定目标和条件成功、可靠地实施项目的能力。借助项目管理成熟度模型，企业可以找出其在项目管理中存在的缺陷，并识别出项目管理的薄弱环节，同时通过解决几个至关重要的问题，形成对项目管理的改进策略，从而稳步提高企业的项目管理水平，持续提高企业的项目管理能力。

目前，国外比较典型的项目管理成熟度模型有30多种，其中比较典型的有基于项目流程的成熟度模型和基于组织层面的成熟度模型等。

1. 流程成熟度模型

CMMI 在 21 世纪初有一个分支企业流程成熟度模型（BPMM），用来评估服务行业（包括供应链、医疗服务等行业）的业务成熟度。在企业（包括医疗服务机构）信息化过程中，机构业务成熟度与信息化系统成熟度的匹配往往是决定企业信息化战略成败的关键因素。

Paul Harmon 于 2004 年提出了流程成熟度模型（Business Process Maturity Model，BPMM）。该模型参考了 CMM 的分级，也分为五级。

初始级（Initial）：业务流程无定义。

重复级（Repeatable）：少量流程被定义，子流程和活动没有定义，特殊流程和高阶流程之间的价值链没有定义。

可定义级（Defined）：大多数流程、子流程和活动被定义，特殊流程和高阶流程之间的价值链被很好地定义，公司拥有流程知识文件库。

可管理级（Managed）：流程的测量数据被用于存贮、分析和咨询参考，流程管理者负责管理流程，对价值链负责的管理者形成了一个团队。

优化级（Optimizing）：流程被很好地测量和管理，存在流程改进小组，不断改进现有流程的绩效和连接坚固度。

迈克尔·哈默则于 2007 年提出了流程和企业成熟度模型（Process and Enterprise Maturity Model，PEMM）。该模型提供了持续提升流程绩效的两组指标：一组为评价流程成熟度的流程能动因素；另一组为评价企业成熟度的企业能力。

CMM 适用于软件开发和购置等流程，对具体流程的最佳实践进行了界定，并根据组织内已执行的最佳实践数量来评估该组织的成熟度。而PEMM在CMM的基础之上进行了扩展，它适用于任何行业内的组织，而且不对特定流程的具体细节进行界定。它指出了无论是任何组织中的任何环节，若要设计和部署高绩效流程，应该实现的一些指标。因为组织可以将PEMM应用于所有流程，所以整个组织就有了一套标准的评估方法，有助于方便地分享经验，快速地比较结果。此外，每个组织都可以建立符合自身需要的流程，因为PEMM并不要求流程设计必须包含某些特定功能。

流程能动因素和企业能力构成了一个完整的框架，可以帮助企业评估业务流程的成熟度，以及组织对流程变革的接受程度。该模型的覆盖范围之广泛，流程变革之复杂也可从中略见一斑。同时，成熟度有等级之分，说明企业从毫无基础到臻至完美并非一蹴而就，企业规划需要循序渐进。再则，这种成熟度逐级递增的结构也表明，只要一步步地努力，组织就能够成为一个成熟的流程型企业。有了这种认识，企业也可以减轻焦虑，消除困惑。

PEMM按重要程度挑选了五个流程能动因素：设计、执行者、负责人、基础设施、衡量指标。每个能动因素又包含有若干变量：设计包含目标、流程关系和文档变量；执行者包含知识、技能和行为变量；负责人包含身份、活动和权利变量；基础设施包含信息系统和人力资源变量；衡量指标包含定义和用途变量。能动因素的强度决定了流程的成熟度，具体如下。

P0级，不稳定流程，流程的运行无法持续稳定。

P1级，基于部门的专业流程，流程较为可靠并容易预测。

P2级，卓越绩效流程，企业已经开始面向客户端设计流程。

P3级，最优流程，企业高管在战略目标的统领下整合了企业内部流程。

P4级,最佳流程,流程已经可以超越企业界限,延伸到价值链的上游供应商、合作伙伴和下游的客户。

2. 组织层面管理成熟度模型

为了从组织结构、管理流程、项目支持和监控方面提高项目实施的成功率,在CMM/CMMI的基础上又诞生了组织级项目管理模型(Organizational Project Management Maturity Model, OPM3)。OPM3是评估组织通过管理单个项目和项目组合来实施自己战略目标的能力的方法,也是帮助组织提高市场竞争力的方法。OPM3的目标是帮助组织通过开发其能力成功地、可靠地、按计划地选择并交付项目从而实现其战略目标。OPM3为使用者提供了丰富的知识和自我评估的标准,用以确定组织当前的状态,并制定相应的改进计划。

OPM3通过应用项目、项目集、项目组合管理的原则和实践,推动组织实现战略目标。作为组织战略和各个项目之间的桥梁,OPM3是关于组织级项目管理的最佳实践的整套知识体系,并能让组织了解到已实现的和未实现的组织级项目管理的最佳实践和能力,同时会向组织提供进行改进和规划的指导。OPM3可以根据组织需求进行定制,以适用于不同规模和各种成熟度的组织,并在全球各行各业中被有效地使用。

该模型在借鉴以前所出现的各种模型的基础上,除了在面向项目管理的五个过程(启动、规划、实施、控制、收尾)和过程改进的四个梯级(标准化、可测量、可控制、持续改进)两个维度之外,还结合了组织项目管理的特点,在组织项目管理层面增加了第三个维度,即项目管理、大型项目计划管理和项目组合管理三个领域,不同的领域能够处理组织内部不同层次的项目管理问题。OPM3模型认为,能力是组织中所必然存在的特殊竞争力,用以确保组织实施项目管理并提供项目管理需要的产品与服务。随着能力的不断增长，组织将形成一项或多项最佳实践，每一项最佳实践由两个或多个能力构成。对于组织项目管理能力的评估主要是通过对最佳实践的识别来完成。按照不同的梯级和领域，OPM3 模型包括 600 多个最佳实践，2100 多个能力，每一个能力都对应于相关的成果和关键绩效指标。另外，OPM3 中的能力还可以按启动、规划、实施、控制和收尾这五个项目管理过程来分类。该模型在体系上较为合理，对于项目管理能力的考查不再局限于组织内的单个项目，而是着重于组织面向多项目管理的能力和水平。

（四）成熟度模型构建

成熟度模型在很多领域中都得到了广泛的运用，虽然这些应用于各种领域的成熟度模型的用途和目的不同，但是它们的构建原理有很多相似之处。对这些成熟度模型进行总结，可以得出成熟度模型体系建模的基本原理和方法。

成熟度模型构建的第一个步骤就是确立分级标准。通过分级标准对企业当前进程的成熟度进行评价，然后努力使其成熟度提高一个台阶，并且提出更加严格的标准和改进方法，减少选择的不确定性和盲目性。

比如 CMM 分级标准，用分层的方法来安排组织结构，提供了一个将过程能力进行螺旋阶梯式上升的进化框架。这个螺旋阶梯共有 5 个等级。处在这个模型顶层的是与判定成熟度等级有关的组织的各个部分，这也是这个框架的重要特征，它们分别是成熟度等级、关键因素及其目标。关键因素及其从属活动基本的组成部分都是此模型的细节组成部分，它们指导软件成熟度模型的运用者运用专业判断力对软件成熟度等级进行判定。

第二个步骤是找出关键过程域。企业要达到一定的成熟度等级，需要充分满足每个关键因素的目标。关键过程域指一个企业在过程改进方面必需集中精力改善的地方，这些操作是相互关联的一系列的活动。也就是说，关键过程域是企业必须符合的条件，即要达到一定的成熟度等级所必需的条件。目标是针对关键过程与边界、内容、实践和范围来确定的，目标决定着组织和项目能否有效达到一定的关键过程域。

CMM 一共有 18 个关键过程域，分布在第二等级到第五等级中。它们在软件成熟度的实践中非常重要。关键过程域从管理方面、组织方面和工程方面进行划分。

二、企业信息化成熟度

信息技术在飞速发展，企业间的竞争日益全球化，企业该如何面对环境的迅速变化?如何面对外部不确定的机会？如何通过信息技术增强企业竞争力？如何促使企业的信息技术得到最优化的发展？对这些问题的解答有赖于我们的进一步研究。

（一）企业信息化成熟度模型

对企业信息化成熟度的判定，由于行业、运营模式的不同，有不同的评估模型。既有企业视角的企业成熟度模型，也有信息化视角的实施成熟度模型，还有企业战略视角的管理成熟度、流程成熟度、信息（主数据）成熟度等评估模型。企业信息化的终极目标是强化企业能力，提高企业的信息化管理水平，助力企业战略目标的实现。

第四章 企业软件化成熟度

1. 诺兰模型（Nolan Model）

企业信息化成熟度模型就是研究企业信息化从不成熟到成熟过程的演变规律，为企业评估其目前的信息化发展阶段及制定信息化发展战略提供帮助。20世纪60年代以来，在对信息系统的研究中，信息化成熟度引起了广泛关注。国外提出了很多信息化成熟度模型，例如：Nolan模型、Synnott模型、Mische模型、Hanna模型、Edgar Schein模型、Boar模型、Gartner模型等，其中Nolan模型最为著名。

诺兰阶段理论从企业信息化历程的角度来分析企业信息化的成熟度。诺兰和吉布森（Nolan，Gibson）提出了一个理解信息技术的使用与管理的模型，被称为成长阶段模型（Stages of Growth Model）。通过在200多个公司和部门中发展信息系统的实践和经验的总结，诺兰（Nolan）提出了著名的信息系统进化的阶段模型，即诺兰模型。这个模型帮助管理人员解释了企业成长阶段的含义及企业的成长阶段对信息技术的意义。

诺兰认为，任何组织在由手工信息系统向以计算机为基础的信息系统发展时，都存在着客观的规律。数据处理的发展涉及技术的进步、应用的拓展、计划和控制策略的变化及用户的状况四个方面。1979年，诺兰将计算机信息系统的发展道路划分为六个阶段。诺兰模型总结了发达国家信息系统发展的经验和规律，一般模型中的各阶段都是不能跳跃的，任何组织在研发以计算机为基础的信息系统时都必须从一个阶段发展到下一个阶段，它可以用于指导MIS的建设。

诺兰模型的六个阶段分别是起步阶段、扩展阶段、控制阶段、集成阶段、数据管理阶段和成熟阶段，如图4-2所示。

企业软件化

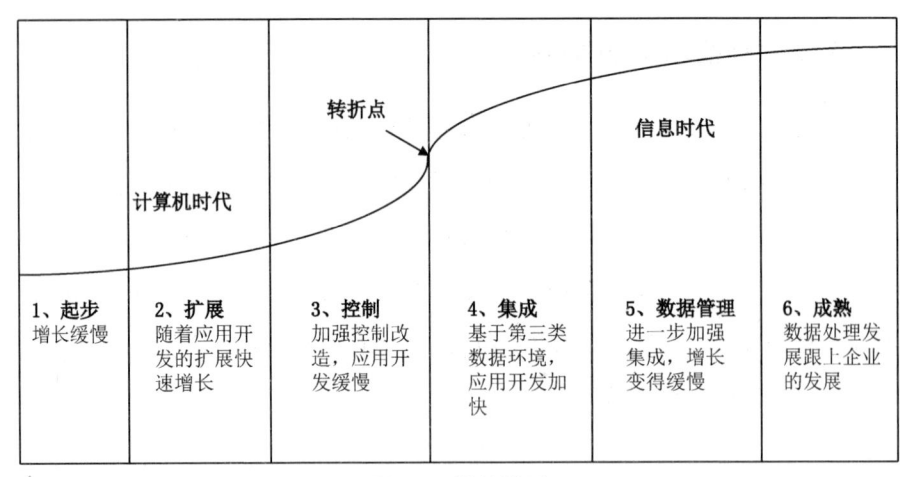

1、起步	2、扩展	3、控制	4、集成	5、数据管理	6、成熟
增长缓慢	随着应用开发的扩展快速增长	加强控制改造，应用开发缓慢	基于第三类数据环境，应用开发加快	进一步加强集成，增长变得缓慢	数据处理发展跟上企业的发展

计算机时代　　　转折点　　　信息时代

图 4-2　诺兰模型

（1）起步阶段——混沌期。

计算机刚进入企业时，只被作为办公设备使用，通常仅用来完成一些报表统计工作，甚至很多时候仅被当作打字机来使用。在这一阶段中，企业对计算机了解甚少，更不清楚 IT 技术可以为企业带来哪些好处，解决哪些问题。

在这一阶段中，企业对计算机的需求只是简单地改善办公设施，计算机的采购量少，只有少数人使用计算机，计算机在企业内并没有普及。

起步阶段的特点：

① 在组织中只有个别人具有使用计算机的能力。

② 该阶段一般发生在一个组织的财务部门或办公室内。

（2）扩展阶段——萌芽期。

在这一阶段中，企业对计算机有了一定了解，想利用计算机解决工作中的问题，比如，进行更多的数据处理，给管理工作和业务带来便利等。于是，

第四章　企业软件化成熟度

企业对计算机的应用需求开始增加，企业各部门对 IT 应用开始产生兴趣，并对开发软件热情高涨，由于部门级应用需求快速涌现，企业对 IT 的投入开始大幅度增加。

但此时企业很容易出现盲目购机、盲目定制开发软件的现象，因为缺少专项 IT 计划和总体规划，所以计算机的应用水平不高，IT 的整体效用也无法突显。

扩展阶段的特点：

① 数据处理能力迅速提高。

② 出现许多新问题（如数据冗余、数据不一致性、数据标准缺失、信息孤岛、难以共享等）。

③ 计算机的使用效率不高。

（3）控制阶段——觉醒期。

在前一阶段盲目购机、盲目定制开发软件之后，企业管理者意识到计算机的使用超出了控制，IT 投资增长快，但效益不理想，于是开始从整体上控制计算机信息系统的发展，在客观上要求组织协调，解决数据共享问题。此时，企业的 IT 建设更加务实，对 IT 的利用有了更明确的认识和目标。

在这一阶段中，一些职能部门内部实现了网络化，如财务系统、人事系统、库存系统等，但各软件系统之间还存在"部门壁垒"和"信息孤岛"。信息系统呈现单点、分散的特点，系统和资源的利用率不高。

控制阶段的特点：

① 企业管理者的 IT 认识觉醒，开始组建信息化部门。

② 采用了数据库（DB）技术。

③ 这一阶段是由计算机管理变为数据管理的关键。

（4）集成阶段——规范期。

在控制的基础上，企业开始重新进行 IT 应用的规划和设计，建立基础数据库，并建成统一的信息管理系统。企业的 IT 建设开始由单点和分散发展到体系化建设。此时，企业的 IT 主管开始把企业内部不同的 IT 机构和系统统一到同一个系统中进行管理，使人、财、物等资源信息能够在企业内部集成共享，更有效地利用现有的 IT 系统和资源。不过，这样的集成所花费的成本会更高，时间更长，而且系统更不稳定。

集成阶段的特点：

① 建立集中式的 DB 及相应的信息系统。

② 增加大量硬件，IT 基础设施建设的预算费用迅速增长。

（5）数据管理阶段——价值期。

在这一阶段中，企业高层开始意识到信息战略的重要性，信息成为企业的重要资源，企业的信息化建设也真正进入数据处理阶段。

在这一阶段中，企业开始选定统一的数据库平台、数据管理体系和信息管理平台，统一数据的管理和使用使各部门、各系统基本实现了资源整合和信息共享。IT 系统的规划及资源利用更加高效。

（6）成熟阶段——战略期。

到了这一阶段，信息系统已经可以满足企业各个层次的需求，从简单的事务处理到支持高层管理决策，企业真正地把 IT 同管理过程结合了起来，将组织内部和外部的资源充分整合并加以利用,从而提升了企业的竞争力和发展潜力。

诺兰模型反映了企业计算机应用发展的规律性,前三个阶段具有计算机时代的特征,后三个阶段具有信息时代的特征,其转折点是进行信息资源规划的时机。诺兰模型的预见性被国际上许多企业的计算机应用发展情况所证实。

了解企业进行IT管理的关键性因素,对企业管理人员把握企业发展方向、充分利用自身优势、发挥IT潜力是非常重要的。我国企业的IT发展历程与诺兰的阶段理论有着较好地吻合。中国企业的IT发展始于微机时代,并经历了如下5个阶段。

阶段1:引入(20世纪80年代初至中后期)。在这一阶段中,企业微机应用的领域大致有两个:①生产控制领域;②管理领域,主要应用于财务处理,用于代替手工劳动。比较来说,生产的压力导致工厂在生产控制领域的发展在长期看来是比较平稳的。而管理领域的IT应用是基于改善生产和管理环境、提高效率及维护企业形象产生的,管理者初期对IT发展的支持是谨慎的、试验性的。计算机应用通常是由几个人的小组来进行管理的。小组成员负责从购置、安装、调试到应用中的维护、升级等全过程,小组成员一般均为计算机技术专业人员。

阶段2:传播(20世纪80年代末)。随着IT应用的逐渐推广,最初只在生产控制中使用IT技术的企业开始将注意力转向管理领域,而原来在管理领域中使用IT技术的企业则向其他领域扩展,例如,企业开始使用电子数据表格、档案管理及生产设计等。由于多个部门的使用,计算机硬件开始分布于组织的各个机构,这种微机的分散式管理是数据处理时代以来,计算机硬件管理的最大变革。企业IT小组的规模扩大了,地位上升到科室的层次。但是，企业具体的 IT 应用仍然单纯地强调技术含义，而不是从提高企业运作和管理效益的角度出发。

阶段 3：扩展（20 世纪 80 年代末到 90 年代初）。这时，IT 在企业内继续渗透，企业内各部门基本都开始使用计算机，如人事管理、销售管理、财务电算化及物料管理等。对多数企业的 IT 发展来说，这个阶段是计算机应用急速膨胀的阶段，许多企业正是利用这个契机使本企业的 IT 发展上了一个台阶。但实际上，多数企业的职能部门对 IT 应用的管理仍是各自为政，各个应用系统之间无法互通，在企业范围内无法实现对 IT 发展的全局引导和控制，只是任其在企业内部"蔓延"。在整个企业 IT 成长的过程中，阶段 3 是发展剧烈又相对短暂的阶段。

阶段 4：调整（20 世纪 90 年代初至 90 中末期）。客观分析，在阶段 3 时企业的 IT 投资带有极大的盲目性，很多投资属于"赶时髦、走形式"，投资不少，却鲜有成效，从而导致了阶段 4 的 IT 紧缩。企业领导也在 IT 管理趋于失控的情况下，开始加紧对 IT 项目的控制。阶段 4 有两个重要转变：①IT 在管理上的应用从替代企业低层的手工操作和基本数据管理向中高层的管理控制转变；②企业对 IT 的管理从硬件管理向信息管理过渡。高层领导关心的是如何才能快速有效地处理数据，如何才能把数据转化为对企业经营和决策有用的信息。总之，阶段 4 是企业总结和反思 IT 应用经验的阶段，是致力于彻底提高信息利用效率的阶段。而对一个正在发展 IT 的企业来说，本阶段是不同企业拉开差距的关键阶段。

阶段 5：集成（20 世纪 90 年代中末期至今）。经历了一段相对较长的调整期后，企业的组织结构和各项 IT 应用逐步完善，IT 发展稳步前进，基于网络计算的时代到来了。这个阶段最为明显的变化是各子系统纷纷冲破了部门之间的阻隔，开始进行数据库级的沟通，IT 应用的重心从基层管理转向高层管理。单独的 IT 部门经理的职权已不足以统筹管理各个部门之间 IT 的联络和协调。于是，在组织中出现了相应的副总裁 CIO，兼管整个企业的 IT 规划。这时，企业形成了对 IT 部门有效的考核体系。IT 部门的职责中心发生了明显的转移，维护成了运营的工作重点，外包和二次开发也扩大和加深了企业的信息化水平。

中国企业 IT 成长的关键因素主要有以下四类。

- 企业战略因素。
- 中层领导的支持。
- 计算机/信息部门自身的技术与管理水平。
- 企业对计算机/信息部门的管理机制。

第一类：企业战略因素。

企业战略因素描述了企业高层领导对企业信息化的总体态度及支持程度（主要体现在资金投入）。决策者和管理者是企业的核心和灵魂，企业的信息化建设只有得到他们的支持才能得以实施。1998 年，美国计算机科学公司（Computer Sciences Corporation，CSC）针对"IS 管理中的关键因素"在全球范围内进行的广泛调查中，"使信息系统的目标与企业的目标相一致"是世界各地区的 CIO 所公认的最重要的因素。也就是说，企业管理者对 IT 管理的战略指导是信息管理中最重要的因素。

企业的信息化进程是一个不断发展的动态过程，它不只是一个信息系统的建设问题，还涉及企业中的许多人和活动，同时随着外部环境和内部环境的变化，它也需要及时进行调整和升级。IT 的应用应当有一个相对稳定的长期规划，然而在某些企业中，由于高层管理者的更迭，新晋管理者对 IT 的管理机制和态度也会发生巨大的变化，政策的不连续性致使不少企业出现巨资进口设备弃置不用、人员闲置、部门随意合并等一系列问题，这必然会影响企业的信息化进程。

第二类：中层领导的支持。

中层领导的支持描述了企业的中层管理人员对企业信息化的总体态度。企业所做出的决策必须要与实际操作人员紧密联系，尽可能地接近市场。IT的发展引起了企业工作方式、交流方式的改变，使组织结构由垂直型变为水平型，原来在高层管理人员和基层操作人员之间具有协调、交流作用的中层组织必然会逐渐消失。因此，中层管理人员会担心自己在这种改变中受到影响，若不能很好地处理此问题，中层管理人员必将成为企业信息化进程中的阻力，如何取得他们的支持是企业更好地进行IT管理的重要环节。

第三类：计算机/信息部门自身的技术与管理水平。

计算机/信息部门自身的技术与管理水平代表企业的信息部门的技术水平、管理水平及IT在企业内应用的深度。在企业的信息化进程中，企业要进一步提高自己的信息化程度，一方面需要企业自身有一定的IT建设的基础；另一方面，要求企业的技术人员能够灵活地应用新的信息技术，信息部门能够有效地管理整个企业内的信息资源，只有硬件水平的提高是不能提高整个企业实际的信息化程度的。企业既可以通过招聘引进新鲜血液，促进信息部门技术水平和管理水平的提高，也可以通过IT部门职员的自身学习和相互交流来提高原有人员的技术水平，从而促进整个信息部门的发展。

第四类：企业对计算机/信息部门的管理机制。

企业对计算机/信息部门的管理机制概括了企业对信息部门的管理机制及企业信息部门负责人的地位和职权。企业信息部门负责人相应的地位和职权是体现企业信息化程度的一个非常重要的指标，随着中国企业的IT组织学习的逐步深入，企业 IT 部门负责人的地位也随之上升。另外，企业如何管理、控制和指导信息部门的工作，如何对信息部门进行业绩考核都属于这一类的范畴。信息部门作为一个新兴的部门，所完成的工作与企业的其他部门有很大的区别，它的实际绩效也难以衡量，它不像生产部门那样有产出、利润率等可以衡量其工作绩效的指标，它能降低企业成本，提高企业效率，但在现实中很难量化 IT 的投资收益情况，很难分清哪些利润是 IT 带来的，从而导致了一些人对 IT 的盲目乐观和另一些人对 IT 的盲目悲观，这都是应该避免的错误态度。如何有效地管理信息部门，衡量其绩效是企业 IT 管理中的关键问题。

诺兰阶段理论的应用将有助于企业管理者识别企业的独有特征，进而有效地借助阶段理论来控制企业的 IT 发展策略。

2. 企业信息管理成熟度模型

大多数企业在启动信息管理计划之前，实施人员必须先评估自身现有的信息管理工作，以及克服信息分离、相互冲突、信息孤岛等问题的能力和意愿。为了帮助 IT 管理者评估各自企业的信息管理状态，或规划信息管理发展路线，Gartner 创建了一个 6 级成熟度模型。对这 6 个级别的定义描述能够帮助 IT 管理者识别和确认各自企业信息管理的水平。成熟度模型也介绍了处在每一级别中的企业所应进行的工作，从而推动企业的信息管理水平提升到下一级别。

成熟度模型从 0 级开始，该级别中不存在企业信息管理活动。在后续级别中，企业的信息管理能力不断提升，一直到第 5 级。在第 5 级中，企业的信息管理已经被完全实现。每个级别都需要执行特定的措施，来推动企业向下一级别成熟度前进。例如，处于 1 级的企业需要制定战略草案，使 EA 和其他活动与 EIM 一致，为创建第 2 级正式的业务案例做准备。企业信息管理成熟度模型如图 4-3 所示。

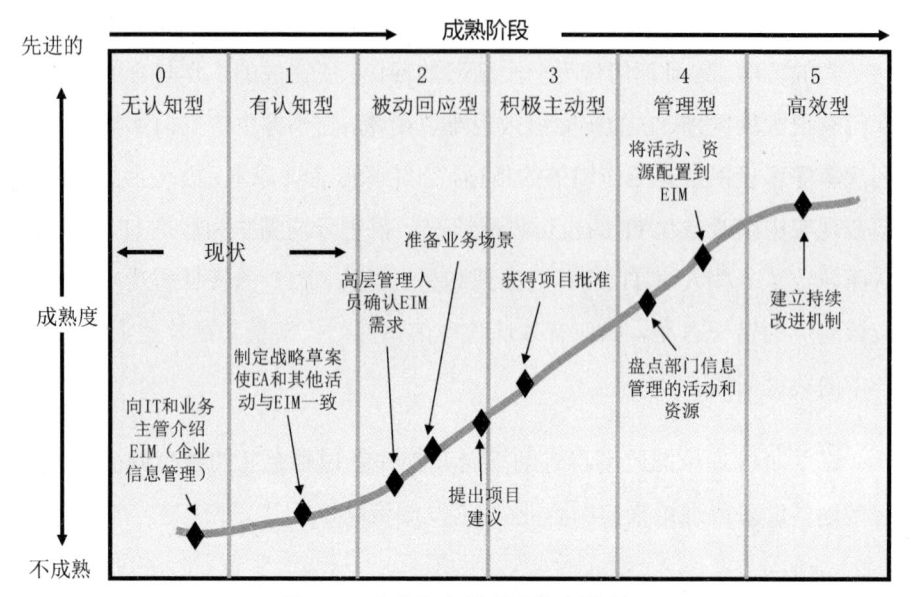

图 4-3　企业信息管理成熟度模型

（1）0 级：无认知型。

企业信息管理成熟度处于 0 级中的企业，由于没有进行信息管理，面临着许多风险，诸如不合规范、客户服务能力差及生产力低下等，其特征如下。

- 业务管理者和 IT 人员没有意识到信息是一个问题；同时，用户也怀疑数据的真实性。
- 企业在制定战略决策时，缺乏适当的信息支持。
- 没有建立正规的信息架构，信息架构应包含原则、需求和模型，用于指导团队进行企业信息共享。
- 信息是零散的，分布在众多不同的应用程序中，内容也不一致。每个部门都各自存储、管理数据和文档，并各自独立地选择信息技术。没有人认识到数据质量问题，或者试图解决数据中存在的冲突。
- 企业对于重要的信息资产，没有信息管控、安全或责任机制。信息相关的职责由各个项目分别进行指派。对信息进行存档和清除有助于维护系统性能或控制费用。
- IT单元和业务单元都不清楚元数据的重要性。企业内缺乏通用分类和数据模型。文档管理、工作流程和归档都需要通过电子邮件进行处理。

具体措施：规划者和设计师负责培训IT技术人员和业务管理者，宣讲企业信息管理的价值及缺乏信息管理可能面临的风险，特别是面临的法律风险。

（2）1级：有认知型。

企业信息管理成熟度处于1级的企业，已经具有一些关于信息管理的认知，其特征如下。

- 管理者感受到了信息的力量，从而制定战略来存储信息并推进相关项目。关于"谁的数据是正确的"的争论很难解决。目前虽然存在着很多数据，但面向行动的数据则比较缺乏。企业需要一个统一的数据视图，但是这种视图无法从IT部门获得。
- 数据质量低下，重要领域中的信息是零散的、不一致的。数据分析程序生产了大量不一致或冗余的报告，并且无人对此问题负责。
- IT部门通过跨业务单元提供信息服务，通过信息整合减少信息孤岛，提高企业效能，诸如实施数据仓库方案。相关部门针对结构化数据设立数据管理角色（诸如数据库管理员或数据建模人员），但是对于非结构化内容或电子邮件，却没有设立专职管理人员。
- 企业对通用标准、工具和模型有需求，目的是更广泛地利用这些技术及重用项目素材。

- 开始记录有关不受控的信息资产（诸如审计表格和用于抽取数据的独立数据库）面临的风险。处在该级别的企业具有非正式信息管理指南，但该指南只管制各孤立案例的执行。只有在非做不可的情况下，企业才会进行内容或记录管理。

具体措施：规划者和设计师向高级管理者正式提出企业信息管理战略。这些战略应该能够展现出企业信息管理如何与其他战略举措协同工作。

（3）2级：被动回应型。

企业信息管理成熟度处于2级的企业，其业务和IT管理者能够对重要业务单元的一致性、准确性、更快捷的信息需求做出积极回应。这些企业管理者能够采取相应措施来解决迫在眉睫的需求，其特征如下。

- 企业认识到了信息对业务单元的价值，并在跨职能项目中共享信息。但还没有人认识到企业级信息协作管理的作用。该级别中的企业缺乏变化管理过程。
- 该级别中的企业为信息共享建立目标，以实现企业高效率运营，但是文化和机构的障碍阻碍了该进程。
- IT组织逐步发展到跨部门数据共享阶段，诸如主数据管理（MDM），但是IT组织还没有认识到通用信息架构的作用，该架构可以把MDM和相关工作结合起来，诸如商业智能（BI）。
- 信息整合仍然是局部的、冗余的，基于应用广泛的点对点接口技术来实现。该级别中的企业只有在问题已经很明显时才会去解决。为了实现一致性分析，信息数据被整合成单一的视图。IT组织已经对元数据有所认识，但是还没有对元数据进行战略管理，也没有企业内容管理（ECM）战略。

- 度量指标侧重于信息、文件和其他电子形式的有效期，以解决已知的风险。数据冗余统计显示，在主数据资产中存在大规模的数据重复。

具体措施：高层管理者应确认企业信息管理对于解决跨职能事务和合规事务的需求。规划者和架构师应针对企业信息管理的场景和业务案例做好准备。

（4）级别3：积极主动型。

企业信息管理成熟度处于3级的企业，把信息作为促进业务效能的必要条件，因此正在从项目级信息管理向企业级信息管理过渡，其特征如下。

- 高级管理者把跨职能信息共享视作扩大和推进企业发展的一种手段。管理者指定高级顾问来协调一个广泛的企业信息管理机构，并沟通愿景，启动预算、宪章和路线图，针对企业信息管理项目的目标进行讨论。
- 把企业信息架构（EIA）作为企业信息管理计划的指南，确保信息在机构内进行交换，以支持企业业务战略。该级别中的企业要制定针对信息管理技术的标准。
- 构建管控委员会和正式的数据质量计划，指派数据管理员，帮助企业管理信息资产，号召重要业务单元积极参与该工作。系统地发展以数据为中心的路线，以确保正在实施的项目遵循信息架构和信息管理标准。
- 虽然是本地维护数据模型，但数据模型也应和企业信息架构相关联。在分析主数据和非结构化内容时，会出现截然不同的信息架构，企业需要在某个逻辑层级内进行统一。该级别的企业已经规划了一个数据服务层，为新兴发展形式提供信息服务，诸如面向服务的架构

（SOA）和软件即服务（SaaS）。
- 该级别中的企业为数据归档和保存期限制定指南，并收集和管理元数据，以支持对数据的复用。

具体措施：正式提出针对企业信息管理的业务案例，并准备报告向管理层和干系人说明该业务案例。利用业务单位的工作来识别和确认企业信息管理。

（5）级别4：管理型。

企业信息管理成熟度处于4级的企业，把信息作为业务推进至关重要的条件。在企业内已经实施了有效的企业信息管理，包括具有一致性的信息架构，其特征如下。

- 高层管理者认识到信息是一种战略资产。同时，接受企业信息管理，并推广和探讨其相关发展。企业对信息管理计划进行投资，以应对基于业务战略的关键干系人、需求和重点工作。
- 企业制定政策和标准以实现一致性。建立管控委员会和指导委员会来解决跨职能信息管理事务中固有的问题，定义最佳实践，由企业架构团队确保其被推广到整个企业中。
- 建立一个小组，协调企业内所有与信息管理相关的活动。数据管理员对业务单元和IT组织内的数据质量负责。
- 政策和任务被记录，并被相关人员接受和理解。相关企业已经建立了一些企业级监控系统，包括针对数据质量的自动数据分析。
- 企业信息管理成为应用程序规划、设计和研发过程的一部分。信息架构逐步从应用程序架构中独立出来。分析和运营报告的融合减少了对于单机分析程序、BI工具或分离的主数据系统的需求。企业需要管理元数据，解决语义不一致等问题，以支持对数据的复用。

- 信息资产估值模型指导 IT 的投资和兼并。创建指标用于识别和确认企业所获得的生产力。

具体措施：把库存部门信息管理活动和企业整体信息管理战略连接在一起。把企业信息管理作为一个计划，而不是一系列单个的项目，创建信息管理平衡计分卡。

（6）级别 5：高效型。

企业信息管理成熟度处于 5 级的企业，能够跨越整个信息供应链，基于服务层级协议利用信息，其特征如下。

- 高层管理者把信息视为竞争性优势，利用信息来创建价值并提高企业效率。
- IT 组织力图使信息管理工作透明化，使业务级数据管理员发挥积极作用。将企业信息管理列入企业战略举措，诸如业务过程改进等。
- 企业信息管理支持企业生产力改进、合规管理及降低风险等活动。信息管控和执行自动贯穿企业内部。
- 在企业内创建企业信息管理组作为企业信息管理的核心部门，或将其建立在一个矩阵式组织中。企业信息管理组负责协调所有信息管理工作，诸如主数据管理（MDM）、企业内容管理（ECM）、BI 和数据服务。
- 企业已经实现了五大企业信息管理目标：①整合主数据域；②无缝信息流；③元数据管理和语义一致；④IT 机制内的数据集成；⑤统一的内容。
- 企业的度量指标关注于外部因素，诸如资源、风险和利润率。复用指标呈现信息共享的积极成果。

具体措施：企业应建立技术控制和程序，以抵御自满情绪的侵袭，因为信息管理的成果很容易被业务改变或摧毁。

小结

通过以上模型可以看出，各类成熟度评价模型主要关注以下几点。

- 信息化与战略的一致性。
- 信息化与业务的匹配性。
- 信息化的层次：部门级和企业级。
- 信息化的集成：独立应用和互联互通。
- 信息化组织的赋能。
- 信息化管理的标准化。
- 信息化投资的价值衡量。
- 信息化和核心竞争力。

（二）企业信息化成熟度评价指标

基于企业信息管理成熟度模型，笔者根据自身多年的信息化规划实施经验，制定出了一套成熟度评价指标，用于企业信息化水平评价。企业信息化成熟度评价指标如表4-1所示。

表4-1 企业信息化成熟度评价指标

评估序号	评 估 因 素	自评分值	第三方评价	行业平均值
1	企业是否有信息化战略专项规划			
2	企业是否有专业的信息化部门			
3	企业每年是否有专项信息化预算			
4	信息化建设是否代表未来IT技术趋势			

续表

评估序号	评估因素	自评分值	第三方评价	行业平均值
5	信息系统是否覆盖了主要业务环节			
6	应用系统是否有效支撑企业经营活动			
7	企业各个业务系统是否实现互联互通			
8	企业是否有明确的信息管理标准			
9	企业的商业智能应用水平			
10	企业的知识管理应用水平			
11	企业是否有可靠的信息安全管理措施			
12	企业信息系统的运行和维护是否有成熟的流程标准			
13	企业与合作伙伴的信息系统的衔接程度			
14	企业网站建设是否完善			
15	企业的供应链管理系统应用水平			
16	企业的研发设计管理系统应用水平			
17	企业的客户关系管理系统应用水平			
18	企业的电子商务系统应用水平			
19	企业的销售管理系统应用水平			
20	企业的数据容灾备份应用水平			

每个问题单项分值10分，总分200分。打分由企业自评和第三方评价两个部分构成，并且与指标库中的同类型历史数据进行对比，帮助企业找到其在信息化发展中的不足之处，并制订下一步的IT提升计划。

三、企业软件化成熟度评价

软件成熟度模型（CMM）是由美国卡内基梅隆大学软件工程研究所于

企业软件化

1987年研制并得以推广的。作为国际上最流行、最实用的软件生产过程标准和软件企业成熟度等级认证标准，它主要用于评价企业的软件承包能力并帮助企业改善软件质量，侧重于软件开发过程的管理及工程能力的提高与评估。企业软件化同样需要构建有效的成熟度模型帮助企业评估企业软件化进程。

根据前文的分析，可以将企业软件化成熟度评价从三个层面，多个维度加以构建，如图4-4所示。三个层面主要是指从战略、产品和应用层面构建企业软件化成熟度的基本框架；多个维度是指每个层面包含多维度的评价指标体系，如战略层面需要包含业务战略、商业模式、组织架构及IT战略等维度，而产品层面包括从物质资产向数据资产转型的产品定位、客户体验、研发能力等维度，应用层面包括应用主体、应用内容及应用深度等维度，由此形成企业软件化成熟度评价体系。

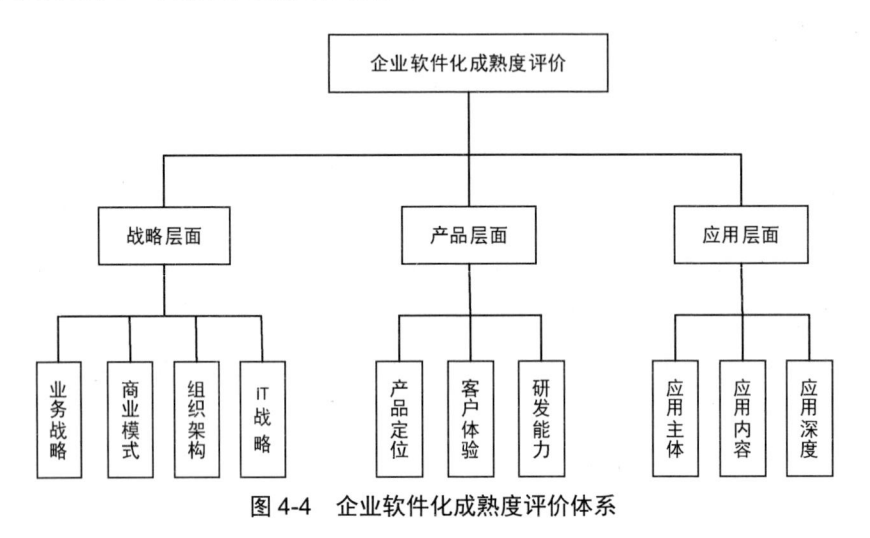

图4-4 企业软件化成熟度评价体系

（一）战略层面的成熟度评价

对企业而言，战略层面的企业软件化需要关注业务战略、商业模式、组织架构及IT战略等维度。企业业务战略目标是保证企业的可持续发展，软件化的重点是关注企业可持续发展中的不变要素（核心要素和可复制要素）和知识的显性化（用自动化和智能化代码表达），IT战略主要关注承载代码的信息系统、技术、网络及资产管理（包括数据资产）等，它们两者之间实际上是辅助与被辅助、指导与被指导的关系。一方面，业务战略的具体化是企业远景与商业模式，而IT战略的具体化是该企业商业模式的可表达性（显性化）。IT战略为企业战略的实现提供了基于技术的解决方案，为满足业务战略需求提供了工具。因此，企业软件化体现的是能够有效地辅助企业实现其战略的层次和深度。另一方面，业务战略是在对企业业务环境和总体业务进行分析定位的基础上制定的，是企业的导航仪。企业所进行的任何运作都必须围绕实现业务战略来进行，IT战略也不例外，其制定必须与企业的业务战略相匹配。

据此，战略层面的成熟度主要是看企业的IT战略与企业业务战略的匹配程度。IT基础支撑的部署属于最低层次的战略成熟度，表明IT战略是企业的基础支撑，信息化已成为企业运营的战略基础。企业战略的软件化表达的是第二层次的战略成熟度，在该层面，企业可以运用软件收集和组织数据资源，帮助企业建构运营的信息化战略，软件化构成了企业业务的逻辑表达，为企业业务战略的自动化和智能化提供了支持。商业模式乃至组织架构的软件化是第三层次的战略成熟度，运用信息化技术进行商业模式的选择和有效表达，通过对业务层面数据的分析和建模，进行软件化和智能化商业决策，组织架构运用信息化技术实现业务岗位、部门乃至企业知识的有效传承和系统学习，实现整个企业的知识化管理。

企业软件化战略层面成熟度评价的能力等级，如表4-2所示。

表 4-2　战略层面成熟度评价

L1	L2	L3
IT 基础支撑的部署，IT 战略是企业的基础支撑，信息化已成为企业运营的战略基础	企业战略的软件化表达，软件化构成了企业业务的逻辑表达，为企业业务战略的自动化和智能化提供支持	商业模式及组织架构的软件化，进行软件化和智能化商业决策，组织架构运用信息化技术实现企业的知识化管理

战略层面的成熟度也可以从软件化路径的视角进行分析。如第三章所述，从企业战略层面重视软件化发展之路，通过定义软件在企业发展中的作用和地位，将软件化融入企业发展的战略；优化商业模式，确定企业软件化的起点，通过分析产品的物质属性和数据属性，对比互联网时代商业模式变革的思维，从商业模式的视角为企业软件化梳理企业运营模式。第一层：IT 技术支撑，包含虚拟专用网（VPN，Virtual Private Network）、互联网安全协议（IPSec）、千兆位以太网、物联网基础设施、移动互联系统等，体现的是 IT 技术在硬件层面的应用；第二层：软件系统，包括企业信息门户（EIP，Enterprise Information Portal）、办公自动化（OA，Office Automation）、企业资源计划（ERP，Enterprise Resources Planning）、产品数据管理（PDM，Product Data Management）等，体现了 IT 技术业务层面及中层管理的应用；第三层：软件化深度融合技术，包含大数据、云计算、人工智能、区块链等，其具体表现是企业的商业模式，为企业决策和产业发展方向提供依据。上述三个层次与第三章所述的企业软件化发展路径基本对应，只是第三层的逻辑视角侧重不同，展示的是软件化的融合深度。

（二）产品层面的成熟度评价

产品层面的成熟度评价包括从物质资产向数据资产转型的产品定位、客户体验、研发能力等维度。企业产品是指向市场提供的，引起消费者注意、获取、使用或消费，以满足其欲望或需要的任何东西，包括有形的物品、无形的服务、组织、观念或它们的组合。企业最初对产品的理解仅限于物质层面的资产（或由物质资产提供的服务）。随着产品从供不应求（短缺时代）转向供过于求（商品丰富时代），消费者不再仅关注产品的基本效用，而是逐渐衍生出许多个性化需求。即消费者关注的不只是产品的实体（基本效用），还包括产品的核心利益（即向消费者提供利益或期望需求）。期望需求是指消费者在购买产品时产生的一系列期望，以及产品包含的附加服务和利益。

由此，企业产品的演化从以物质资产的提供为核心，逐步转化为注重客户需求和产品研发的数字化服务，最终转变为产品或开发产物在未来可能产生的改进和变革，即数据资产的管理和智能服务。

从企业软件化视角出发，对于产品层面而言，第一层次是产品本身的数字化采集和表达，包含从 BOM 到 PDM 的不断深化；第二层次是消费者期望需求（个性化产品）的数字化表达，这包括产品研发的数字化管理和营销的数字化管理，需要完成对客户个性化需求和消费行为的采集；第三层次是所有上述数据资产的有效利用与智能化，包括如何挖掘客户需求（大数据分析）和满足客户个性化的需求服务（云平台提供的云服务）。从智能化产品生产、溯源、管理到智能化的产品服务，乃至数据资产的智能化；从物质资产到数据资产的转变成为必然趋势。

企业软件化的产品层面成熟度评价的能力等级，如表 4-3 所示。

表 4-3 产品层面成熟度评价

L1	L2	L3
产品的数字化采集和表达	产品需求的数字化，完成对客户个性化需求和消费行为的采集	对数据资产的有效利用与智能化

（三）应用层面的成熟度评价

在应用层面则需要从应用主体、应用内容及应用深度等维度定义和评价企业软件化水平。据前文所述，将企业软件化的应用划分为三个维度，应用主体维度、应用内容维度和应用深度维度。

应用主体维度包含两个方面：谁应用及应用的对象是谁。谁应用即企业应用软件化的组织层次，分为三个层次：企业基层人员的应用，主要是指企业员工应用软件改善事务处理工作；企业中层管理人员的应用，主要是指企业中层管理人员应用软件进行流程管理和生产管控等；企业高层人员的应用，主要是指企业高管层面的战略管理和辅助决策应用。应用于谁，主要是指应用的对象，与前面的谁应用相对应，应用的对象是指企业应用的层面，对应的三个层次：事务处理层面的应用，主要应用于企业的基础业务；管理控制层面的应用，主要应用于企业生产控制和业务协调，解决管理控制层面的业务衔接和业务改善；决策层面的应用，主要通过数据挖掘和人工智能辅助企业进行决策。

企业软件化应用层面的应用主体维度成熟度评价的能力等级，如表4-4所示。

表4-4 应用主体维度成熟度评价

L1	L2	L3
基层人员应用软件处理事务工作	中层管理人员应用软件解决管理控制层面的业务衔接和业务改善	企业高层人员，通过数据挖掘和人工智能等辅助企业进行决策

应用内容维度主要指企业的作业环节软件化。包括企业的销售环节、采购环节，以及拓展供应链管理环节、生产制造或服务环节、用户需求分析环节和产品设计环节等。企业软件化从作业环节视角，由点到线再到面不断延

伸和不断扩展。第一层面是点层面的环节，企业每个作业的软件化改造和自动化应用，包括制造业产品设计、制造工艺、制造工序、财务核算等基础作业的软件化应用；第二层面是线层面的环节，企业软件化的应用延伸至供应链管理环节、生产制造环节及客户营销和客户管理环节，软件化改善了企业的流程和管理模式；第三层面是面层面的环节，企业软件化构成闭环并形成了开放系统，形成了从客户需求到产品研发、生产制造、销售服务再到客户体验的完整循环，以及企业软件研发和软件自动化服务，由此带动了电子商务、物流、支付、广告、云计算等产业合作的平台经济和共享经济的发展。

企业软件化应用层面的应用内容维度成熟度评价的能力等级，如表 4-5 所示。

表 4-5 应用内容维度成熟度评价

L1	L2	L3
点层面，企业作业实现软件化改造和自动化应用	线层面，实现企业流程和管理模式的完善	面层面，企业软件化构成闭环并形成了开放系统。

企业软件化应用的深度反映了商务模式的不断创新，创新能力与应用深度呈正相关性。主要包括：交易层面的应用、客户数据层面的应用和客户体验层面的应用。交易层面的应用体现在业务的自动化和用软件提升业务效率等方面，包括网站建设、销售自动化、财务电算化等，交易层面的应用改善了企业的运营效率和渠道建设；客户数据层面的应用体现在软件化改变商业模式和管理模式等方面，包括用户数量、流量、客户行为等全面的客户关系管理，以客户期望为基础的客户消费行为和产品研发，对客户个性化需求的快速响应，JIT 生产模式及流程再造等；客户体验层面的应用包括用户需求分析、产品体验设计和消费习惯培养等。企业软件化更深层次的应用体现在充分利用公司现有的客户资源产生推荐效应，运用大数据分析等手段提升企业产品营销和面向客户需求设计的能力，创新企业应用模式，变革

商务运营模式等。

企业软件化应用层面的应用深度维度成熟度评价的能力等级,如表4-6所示。

表4-6　应用深度维度成熟度评价

L1	L2	L3
实现交易层面的应用,完成业务的自动化并用软件提升业务效率	实现客户数据层面的应用,完成商业模式变革和管理变革	实现客户体验层面的应用,提升企业产品营销和面向客户需求设计的能力

第五章

企业软件化的意义与启示

在中国共产党第十九次全国代表大会（以下简称十九大）报告中提出"我国经济已由高速增长阶段转向高质量发展阶段""建设现代化经济体系"。发展经济的一个落脚点在于企业，企业在经济社会中的作用非常重要，经济高质量发展要求有高质量企业，新时代呼唤新企业，企业软件化正当时。

一、企业软件化的意义

（一）新时代呼唤新企业

随着技术的进步和经济的发展及十九大的召开，一个崭新的时代已经到来，这个新时代对中国企业来说既是机遇，也是挑战。

十九大报告高屋建瓴，是实现中华民族伟大复兴的中国梦的思想指南和行动纲领。报告提出了中国特色社会主义新时代、新思想、新目标、新征程，明确了今后我国经济建设的指导方针，为中国未来的发展指明了方向，也为我国企业的发展指明了方向。

十九大报告明确指出，中国特色社会主义进入了新时代，"我国的社会主要矛盾已经转化为人民日益增长的美好生活需要和不平衡、不充分的发展之间的矛盾。"我国经济已由高速增长阶段转向高质量发展阶段，正处在转变发展方式、优化经济结构、转换增长动力的攻关期，建设现代化经济体系是跨越关口的迫切要求和我国发展的战略目标。必须坚持质量第一、效益优先，以供给侧结构性改革为主线，推动经济发展质量变革、效率变革、动力变革，提高全要素生产率，着力加快建设实体经济、科技创新、现代金融、

第五章 企业软件化的意义与启示

人力资源协同发展的产业体系,着力构建市场机制有效、微观主体有活力、宏观调控有度的经济体制,不断增强我国经济创新力和竞争力。这对我国企业的发展提出了更高的要求。供给侧结构性改革,改的是体制、调的是结构、变的是企业。政策措施最终都要落实到企业上来,改革的成效最终要体现在企业的产品质量和经营效益的提升上,以及市场供求关系的改善上。从这方面来看,企业是落实供给侧结构性改革的主体,应该主动作为。

十九大报告提出培育具有全球竞争力的世界一流企业。世界经济的竞争,从某种意义上说是企业的竞争。经过改革开放四十多年的快速发展,我国的经济总量已跃居世界第二,在全球经济体系中占有举足轻重的地位,但经济发展方式还比较粗放,发展质量还不高,要实现提质增效升级,从经济大国迈向经济强国,就必须发展一批具有全球竞争力的世界一流企业。

1. 企业对社会经济发展的重要意义

企业是从事生产、流通与服务等经济活动的营利性组织。企业通过各种生产经营活动创造物质财富,提供满足社会公众物质和文化生活需要的产品和服务,在市场经济中占有非常重要的地位。现代经济学理论认为,企业本质上是一种资源配置的机制,企业能够实现整个社会经济资源的优化配置,降低整个社会的交易成本。

企业是市场经济活动的主要参与者。市场经济活动的顺利进行离不开企业的生产和销售活动,离开了企业的生产和销售活动,市场就成了无源之水,无本之木。因此,企业的生产和经营活动直接关系着整个市场经济的发展。

企业是社会生产和流通的直接承担者。社会经济活动的主要过程即生产和流通,这些都是由企业来承担和完成的。离开了企业,社会经济活动就会中断或停止。企业的生产状况和经济效益可以直接影响国家经济实力的增长和人民物质生活水平的提高。

企业是推动社会经济发展和技术进步的主要力量。企业是先进技术和先进生产工具的使用者和创造者，在生产经营活动中创造社会财富，这在客观上推动了整个社会经济的发展和技术的进步。

企业是促进社会创新发展的重要推动者。企业产品和服务的多元化、个性化必然会引起产业结构的多元化，产业结构的多元化又以新技术、新产品、新工艺、新材料、新服务内容的出现为前提，在这些新的领域中，企业的灵活性和创造性将得到很好的体现。企业经济广泛而充分的竞争促进了经济的繁荣与发展，特别是一些以高新技术创新为特色的企业经济的发展，不但可以改进产业结构，还能深刻地影响和改变社会产业系统的动态结构，包括技术结构和产业关联结构等。企业的发展促进了社会的创新发展。

通过企业在社会经济活动中的作用我们不难看出，企业就好比国民经济的细胞，我国的国民经济体系就是由数以百万计的不同形式的企业组成的，千千万万个企业的生产和经营活动，不仅决定着经济的发展状况，而且决定着我国社会经济活动的生机和活力。所以，企业是重要的市场主体，在社会经济生活中发挥着巨大作用。企业的经营状况关系着整个国家的经济状况。

企业是履行社会责任和创造效益的源泉，是社会经济得以迅速发展的关键。企业是国民经济的细胞，可以通过物质资本的投入创造大量的经济价值，对社会经济发展起着重大的推动作用。企业效益的增长与国家经济实力和人民生活水平息息相关，单个企业效益的增长可以在一定程度上带动地区经济的发展，而就一个国家来说，整体企业效益的增长意味着国家经济的发展，国家的经济实力随着经济发展而增强，人民生活水平也会随之提高。

第五章 企业软件化的意义与启示

企业是社会经济发展的重要支柱，企业以生产和服务满足人们物质和精神上的享受，企业发展与人们的消费相辅相成、相互促进，企业的经济利益及社会效益密切关系着社会经济的发展，良好的企业经济利益和其所发挥的社会效益对社会经济的发展具有重要的促进作用。反之，没有高质量的企业，就难以有高质量的经济发展。

2. 高质量的经济需要高质量的企业

要想实现十九大报告提出的有关经济高质量发展的目标，必须发展高质量的先进企业。这要求除了为企业发展提供良好的发展环境，还要求企业自身从内部进行转型升级，修炼好"内功"，提升核心竞争力。当前，我国企业产品质量的提升和生产效率的提升相对滞后于中国经济发展的现实需求，其中，传统制造业表现得尤为明显。当前以网络信息技术为主要驱动力的新一轮科技革命和产业变革正在加速推进，全球技术、产业和分工格局正在深度调整，企业正处在变革的风暴中，迫切需要进行变革，转变发展方式，以适应时代发展。

随着数字化、网络化、智能化的信息技术对实体世界的逐层渗透，人变成了节点并且相互连通，企业通过连接更多节点增强了协同资源的能力，企业逐步由节点变成了节点组和节点枢纽。以网络信息技术为主要驱动力的新一轮科技革命和产业变革加速推进。国家在转型、经济在转型、市场在转型，这些变化导致企业依靠传统的运营方式来生存发展的日子难以为继。面对发展条件和发展环境的变化、激烈的竞争、软件定义的浪潮，以及在发展过程中遇到的效率下降、核心技术缺乏、产能过剩等诸多问题，企业必须转型升级，提高竞争力，顺应时代变革。

对于今天的企业来说，从产品研发到销售，都必须比以往更加迅速和快捷，以此保持竞争力。尤其是传统企业，如果不尽快采取行动，与新型技术公司开展竞争,未来就很可能会被淘汰。在这样的一场转型运动中,企业要善于利用软件技术,通过软件化来达到转型目标。

在新时代国际环境下,企业在各个领域中正发挥着越来越重要的作用,也面临着新的要求和挑战。企业只有响应时代的召唤,不断成长进化,才能肩负起新时代的使命,支撑实体经济发展,转换经济发展模式,实现经济效益高质量的增长。

(二)支撑强国建设

十九大报告指出,建设现代化经济体系,必须把发展经济的着力点放在实体经济上,把提高供给体系质量作为主攻方向,显著增强我国经济质量优势。加快建设制造强国,加快发展先进制造业,推动互联网、大数据、人工智能和实体经济深度融合,在中高端消费、创新引领、绿色低碳、共享经济、现代供应链、人力资本服务等领域培育新增长点,形成新动能。

制造业是实体经济的主体,是技术创新的主战场,是供给侧结构性改革的重要领域。制造业是立国之本、兴国之器、强国之基。打造具有国际竞争力的制造业,是我国构建全球竞争新优势、抢占新工业革命制高点的必然选择,也是我国提升综合国力、保障国家安全、建设世界强国的必由之路。

目前,全球经济发展进入深度调整期,数字经济、产业协作正在重塑传统的实体经济形态,全球制造业正处于转变发展理念、调整失衡结构、重构竞争优势的关键节点。发展先进制造业日益成为各国角逐的焦点。

发展先进制造业是我国提高供给体系质量的重要途径,我国经济已由高速增长阶段转向高质量发展阶段,很多行业的产品数量已经基本满足社会需求,不少行业还面临着产能过剩等问题,但高质量、高附加值的产品仍

第五章　企业软件化的意义与启示

然远远不够。同时，发展先进制造业也是建设现代化强国的必然要求，各国只有在先进、前沿和高附加值的制造业中占有一席之地，才能掌握行业发展的话语权，实现高产出和高效益，建成制造强国。

国务院相继出台了《关于深化制造业与互联网融合发展的指导意见》《关于深化"互联网+先进制造业"发展工业互联网的指导意见》，大力发展制造业。

1. 软件定义制造

先进制造业的核心就是新一代信息技术与传统制造业的深度融合。软件定义引领互联网、大数据、人工智能等新一代信息技术快速发展，促使制造模式、生产组织方式及产业形态进行了深刻变革，使制造业迸发了新活力，形成了新的经济增长点。

软件是新一轮工业革命的核心竞争力，已经成为制造领域加速创新与提质增效的重要推动力。从国际环境来看，各个国家都在围绕先进制造开展智能制造、智能化生产，其核心是软件在制造业中的深度渗透。

德国《工业 4.0》一书指出，构建基于信息物理系统（CPS）的新型制造体系，这是一次现代信息和软件技术与传统工业生产相互作用的革命性转变。在工业 4.0 战略中的关键技术与理念中，软件的身影随处可见。在制造业迈向工业 4.0 的进程中，以工业软件为主角的信息技术是产业变革的核心推动力，它可以实时感知、采集、监控生产过程中产生的大量数据，促进生产过程的无缝衔接和企业间的协同制造，实现生产系统的智能分析和决策优化，从而使生产方式向着智能制造、网络制造、柔性制造方向变革。工业软件成为制造业企业转型与竞争的决胜制高点。

美国的"制造业创新国家网络"将软件放在很重要的位置。"国家制造

企业软件化

业创新网络"将数字制造与智能制造分成两条主线。作为"数字制造"的主导部门,数字制造与设计创新机构(DMDII)早在 2015 年 7 月就启动了数字化制造的开源软件项目"数字制造平台(Digital Manufacturing Commons,DMC)"。DMC 项目经理 Joe Salvo 认为,设计工具与建模工具的易获得性和广泛传播,将鼓励无数人开启新一轮的创新高潮,强大的软件工具、模型和生产方式,将使得整个制造业流程实现协同与对等,从而使得制造效率得到大幅度提高。

从技术角度看,美国工业互联网联盟和德国工业 4.0 平台的基础都是实现硬件、知识和工艺流程的软件化和虚拟化,进而实现软件的平台化,其本质是"软件定义制造"。软件定义制造需要通过制造过程数字化、生产知识软件化、制造平台定制化来实现。首先是制造过程数字化,通过生产制造全生命周期的数字化,实时地采集和分析数据,支持智能决策和控制。其次是生产知识软件化,产品的设计、仿真、工艺和制造等技术和经验都在不断地增长,可以通过软件将其固化并沉淀到平台上,基于软件复用来实现知识自动化。最后是制造平台定制化,通过机器硬件的软件虚拟,实现机器硬件的灵活组合、通信互联和智能控制,面向每一个特定领域的需求或个性化生产任务实现软件定义的深度定制。

从软件定义的视角看智能制造,智能制造是面向不同行业的需求,搭建的一个共性的协同工业软件平台,进而在供应链管理、设计研发、仿真模拟、生产制造、运营管理、运维全生命周期的各个环节,以及 MES、PLM、TIA 等各个细分领域开展工业技术软件化。搭建智能化的软件网络协作平台,将各类工业软件部署到制造全流程中,在更大的范围、更广的维度内实现功能增强、资源优化与服务提升。

国务院出台了《关于深化"互联网+先进制造业"发展工业互联网的指

第五章 企业软件化的意义与启示

导意见》，提出要大力发展工业互联网。工业互联网平台是工业互联网的核心，包括数据采集层、IaaS 层、工业 PaaS 层、工业 App 层。其中工业 PaaS 平台相当于一个可扩展的工业云操作系统，向下可以实现各种软件和硬件资源的接入、控制和管理，向上可以提供开发接口、存储计算和工业资源等支持，通过软件和硬件解耦的方式实现硬件资源虚拟化和应用服务软件化，这是典型的软件定义。因此工业互联网平台是典型的软件定义制造。

从组织角度看，软件定义制造本质上就是一个围绕新型工业软件的架构、技术、应用的研发与测试而组建的创新协作社区。软件激发了制造业研发设计、仿真验证、生产制造、经营管理、营销服务等环节的活力，全面提升了制造业在产品功能与结构、企业研发与生产流程、多种生产方式、核心能力、产业生态等方面的水平。同时，创造新价值的过程也因软件而发生改变，产业链分工将被重组。新型的产业链将使制造业不再仅仅是硬件制造的概念，而是在制造中更多地融入软件技术、自动化技术和现代管理技术。

2. 软件定义制造需要企业变革

制造强国最终要落实到制造强企，没有强大的制造企业就没有制造强国。美国之所以成为一个世界级强国，是因为它有一批世界一流的企业。未来全球竞争的主体是企业，企业是制造强国建设体系的主体。推进制造强国建设意味着企业必须进行系统性变革，其中既包括制造思维、制造方式的变革，也包括组织架构、运作模式和管理方式的颠覆性创新，甚至还包括劳动用工、员工技能、岗位结构的重新调整。激发制造企业的创新活力，发展企业的潜力，增强企业的转型动力，培育适应制造趋势的企业是发展先进制造的落脚点。

我国制造业的发展面临着企业能力不足的问题，总体来看，我国是制造业大国、软件大国，但大而不强。从企业内部看，生产成本上升、研发投入

企业软件化

不足、生产组织方式较为传统、软件等新一代信息技术融合渗透水平不高都是目前亟待解决的问题。从外部环境看，消费者、技术、产业形态都在发生颠覆性的变革。

中国制造企业传统的"以企业为核心，组织各类资源"的模式在资源配置、响应速度、调整能力上都难以满足产业链变化的要求。此外，企业传统的刚性制造系统无法准确地生产出消费者所需要的个性化产品，即使能够根据消费者的需求进行生产调整，在这一过程中也将会耗费大量的成本和时间，不能迅速响应市场的变化，高昂的调整成本也将削弱企业的竞争力。企业需要变革研发、生产和经营模式，形成适应市场变化的能力，提高创新活力和资源配置的效率，发展个性化定制生产，满足用户多样化的需求。

德国先进制造业技术领域的专家奥拓·布劳克曼在《智能制造：未来工业模式和业态的颠覆与重构》一书中写道，"一个企业的成功不是基于机械、工具等硬件，而是基于它的软件""在技术领域贻误战机，企业就会丧失竞争力"。

软件定义制造的趋势愈演愈烈，这也对企业提出了新要求。先进的制造模式需要企业具备相应的能力来支撑。如果企业没有与先进制造相匹配的模式和支撑能力，则无法真正发展先进制造。

目前，国外大型制造公司纷纷强化自己的软件实力。德国西门子公司一直围绕如何构建软件竞争优势进行全方位的战略布局，2014 年，西门子成立了数字化工厂集团，它是全球唯一一家智能制造软硬件整合解决方案提供商，并且推出了 MindSphere——西门子工业云平台，西门子意欲将其打造成工业新中枢。博世作为全球最大的汽车零件供应商，积极把握新一代信息科技革命给制造业带来的机会，致力于自动化、数字化、智能化进程。面对未来，博世提出了以软件平台为核心的"慧连制造"解决方案。

第五章　企业软件化的意义与启示

由于软件在智能制造中的突出地位，GE、IBM 等美国企业很早就开始重视软件的作用。GE 跳出传统制造业的思维模式，致力于软件投入，构建自身的数据分析能力。在收购知名供应链软件开发商 Shipxpress 的基础上，GE 又收购了 3 家软件公司，它们是云服务公司 ServiceMax，以及两家人工智能初创公司 Bit Stew Systems 和 Wise.io。2015 年，GE 成立 GE 数字集团，GE 数字集团在全球内拥有 15000 名软件开发人员。展望未来，GE 原董事长杰夫·伊梅尔特认为"未来每一个工业企业也必须是一家软件企业"。在软件化的基础上，GE 提出了工业互联网，"打破机器与智慧的边界"，并推出 Predix 平台。IBM 认为管理海量数据的时代即将到来，因此极为重视企业信息技术的发展。转型软性制造为这些软硬兼容的企业全面参与智能制造的硬件基础设施和软件基础结构建设打下了基础。

其他制造企业也纷纷开始收购软件公司，增强自身的软件能力，进行转型升级。全球能效管理与自动化领域的领导者施耐德电气认为，今后智能制造的实现将以工业软件为核心，并将其作为工业转型的关键载体。软件是赋能工业未来的关键途径。施耐德将软件作为未来重要的战略重心，认为要解决企业的核心问题，关键是利用工业软件平台，在企业价值链的各个环节中高效地利用软件技术，使其覆盖资产生命周期和运营生命周期两个维度。从资产生命周期的维度来看，企业需要考虑如何做出最优的资产投资，如何优化资产的设计、运营，保证资产可靠、安全、高效地运转；从运营生命周期的维度来看，企业需要考虑在市场环境下如何制订最优的生产计划，如何能够快速响应市场环境的变化，如何形成端到端的供应链管理，以及在生产操作方面如何在法律法规的要求之下进行高效合规的生产。施耐德近几年开始进行软件布局，收购了大量软件公司。

2014 年，施耐德完成了对英维思（Invensys）的收购。

企业软件化

2014年10月,施耐德收购了具有领先的实时绩效管理、预测性资产分析软件和解决方案的供应商 InStep Software。

2015年7月,施耐德通过反向收购的方式将旗下的软件部门与英国企业 Aveva 合并,打造了一家全球工业软件领域中的领先企业 Schneider-Aveva。施耐德将旗下的软件部门与 Aveva 合并,非常重要的一点是施耐德欲将英维思(Invensys)的资产与 Aveva 进行合并,从而实现其打造全球领先工业软件的发展策略。合并后,施耐德将有能力覆盖全生命周期数字化资产管理的方方面面,包括施耐德的 Avantis、SimSci 及 Wonderware 软件,以及 Aveva 的 PDMS、Everything3D 和 Aveva Net 等。

2017年2月,施耐德收购了意大利3D实时技术软件公司 MWPowerlab,其工业软件产品组合带来了先进的虚拟现实和增强现实技术,并试图改变传统的产品运营及员工培训模式,提高经营效率。

霍尼韦尔提出"由硬到软"的互联转型,不仅要为客户生产硬件产品,还要为用户提供更多的基于软件和数据的增值服务。霍尼韦尔全球2万多名研发人员中,有一半人员专注于软件领域,软件相关业务的年收入超过10亿美金,且正在高速增长。在2016年3月的全球投资者会议上,霍尼韦尔首次提出了"软件也是核心竞争力"的观点。

2016年3月,霍尼韦尔收购了德国 Movilizer 布局现场服务云平台。

2016年8月,霍尼韦尔以30亿美元收购了美国供应链软件供应商 JDA Software。

在新一轮的全球竞争中,软件被重新定位,由制造业信息化发展的辅助工具,转变为企业发展的基础设施。当然,这里所说的软件,不是单一功能的工具软件,如 CAD、CAE、PDM 等,而是集成了知识和技术的一系列智能软件。

行业巨头们纷纷把自己定位成软件企业绝非偶然。所谓的工业4.0或工业互联网，其核心内容是通过对业务与信息的双向映射，将企业流程和数据全面集成，以实现整个价值链的数字化交互。因此，企业软件化的程度就成为实现这个目标的关键。从某种意义上说，未来所有的企业都将是软件企业。其实，每个企业天生就具有软件的基因，过去之所以没有显露出来，主要是受到了信息技术水平的限制。西门子、GE等传统制造业企业都在向软件化方向发展，实际上就是按照软件的思维，进行企业升级与转型，推动产品升级与技术进步。

制造能力的提升是一个完整、复杂且系统的过程，就如一篇华丽的乐章，企业要想完美地演奏乐章，需要将在生产过程所需的设备作为演奏乐器，将管理人员、生产人员、营销人员等作为演奏家，软件就是主旋律。企业需要用软件贯穿设备性能、人员培训、资源调配、企业运作等各个环节，从简单到复杂层层推进，逐步奏响制造过程进步的乐章，实现生产制造的转型和升级。

企业软件化通过设计软件化为产品重新赋能；通过生产软件化实现虚拟—物理世界的协同；通过管理软件化实现从流程驱动到数据驱动的转变；通过营销软件化推进从大规模制造模式到大规模定制模式的转变。

企业软件化将软件全面融入制造业的各个环节，实现生产模式和组织方式的变革，优化资源配置方式，提升各类生产要素的效率，带动技术产品、组织管理、经营机制、销售理念和模式的创新。

企业软件化培育了企业的新型能力，为发展先进制造打下了基础。

（三）助力培育新动能

习近平总书记在主持中共中央政治局第三十六次集体学习时强调，"世界经济加速向以网络信息技术产业为重要内容的经济活动转变。我们要把握这一历史契机，以信息化培育新动能，用新动能推动新发展"。这一深刻论断指明了推动经济转型升级的总体方向，也确定了企业发展的基本方向。

新动能覆盖了第一产业、第二产业和第三产业，重点是以技术创新为引领，以新技术、新产业、新业态、新模式为核心，以知识、技术、信息、数据等新生产要素为支撑，体现了新生产力的发展趋势，是实体经济发展升级的强大动力。经济发展新旧动能的转换，最终要落实到企业新旧能力的更替上。企业是发展新动能的重要基础，培育企业的新型能力是发展新动能的出发点和落脚点。推动新旧动能转换，要激活"技术、数据、管理"等"软性生产要素"，降低对"土地、劳动力、资本"等"硬性生产要素"的依赖。在软件定义引领信息技术渗透融入各产业，加快动能转换成为驱动经济增长的主力军的背景下，企业软件化是推动新旧动能转换的重要手段。

在应对新一轮产业变革的竞争中，企业软件化把智能装备、工业软件设计、管理变革、流程优化等转化为自身的新型能力，如成本精细管控、在线异地协同研发、客户需求实时响应、个性化定制生产、产品全生命周期管理、产业生态系统构建等。同时，企业软件化通过围绕新要素使用、新产业发展、新模式培育等，打造了数据要素开发利用、跨界人才培养、产业金融良性互动和信息安全保障等新型能力。企业软件化深刻影响了企业业务流程、生产制造、组织管理、商业运营等，带动了技术、模式、生态、人才的不断创新，通过培育企业的新型能力，激发了制造企业的活力，推动了企业，特别是制造型企业"双创",加速了各领域的融合创新和转型升级,逐步形成了传统动能改造提升与新动能培育互促共进的良性循环,为培育经济新动能发挥了重要作用。

企业软件化的核心作用正向各领域加速渗透,一方面,软件化引领以云计算、大数据、物联网、虚拟现实等为代表的新一代信息技术产生新动能,推动数字经济茁壮成长,成为经济发展的新引擎。另一方面,企业软件化驱动数字经济与传统产业融合创新,颠覆并重塑了旧有的经济模式,促进了产业结构的优化升级,也催生了一系列活力四射的新业态、新模式。

二、企业软件化的启示

(一)企业软件化势在必行

当前,软件定义引领新一代信息技术正处于全面普及、深度融合、加速创新、引领转型的新阶段。新工业革命和数字经济的蓬勃兴起都离不开软件的支持。软件正在成为社会运行的基础设施。

在软件定义的世界里,软件的能力决定了企业的核心竞争力。如果用软件来衡量谷歌和微软这些IT类企业的能力,在很大程度上,软件同样也可以用来衡量像洛克希德·马丁和波音公司这些制造类企业的能力。一家企业自主开发的软件数量越多,往往代表该企业的技术门槛越高,在竞争中的优势就越大。现在没有自有软件代码的公司难免会挣扎在行业生态系统的底层。

企业软件化

软件对企业的影响已悄然渗透到很多行业中，甚至有能力颠覆全球经济的发展。以往，生产企业借助这些软件系统，不但大幅提升了安全水平与运营效率，还在某些情况下增强了业务拓展能力，现在，这一趋势正在蔓延至所有的行业。小到每 10 秒钟就可以为顾客制作一份美味汉堡的烹饪机器人，大到能够支撑汽车调度的平台，软件定义的系统随处可见。

网络、大数据、智能制造等对不同行业及消费者的生活方式产生了巨大的影响。无论是先进制造还是数字经济都与其息息相关。当前企业发展的核心理念就是要借助互联网和相关软件的技术革新，推动传统产业的转型升级。这也预示着软件化变革必将成为未来影响制造业和其他行业领域的重要趋势之一。

无论是 IT 企业还是传统制造企业都面临着巨大的挑战，软件定义影响的蔓延在倒逼企业主动进行转变。环顾世界，先进企业希望在一个技术驱动的世界中重塑自我，于是纷纷踏上了企业软件化的征程，许多大型企业加入了软件化的角逐。西门子、GE 等企业只是全球企业争创软件化先锋的几个典型。谁率先实现软件化，谁就能够彻底颠覆现有的格局，并开拓出一片新天地。在企业软件化的道路上，唯有先行者能牢牢把握主动权。没有意识就没有行动，纵观西门子、GE 等先进企业，除了良好的技术基础，还有超前的意识使它们能够"洞察先机"，引领潮流。

近年来，越来越多的先进企业经营管理者都已转变了观念，非常关注软件给企业带来的利益和影响，为把握软件化的趋势及软件对企业的影响，它们积极研究和分析其他企业进行软件化的方法，与本企业进行比较，主动推进企业软件化。同时，它们还认识到了软件人才的重要性，并在雇用、工资和晋升等方面采取措施，留住软件化所需的骨干人才。一些企业为了在确保技术水平的前提下降低成本，已经开始在海外培养和招聘人才。

软件化转型对各个企业来说势在必行,领导者已经感觉到了来自竞争对手的压迫和外部环境的变化,如果不及时制定好战略决策,就会失去引领潮流的机会,并失去竞争优势。

部分先进的企业已经走在时代前面,时不我待,企业领域者必须要转变思想,提高认识,要正确认识软件化对于企业生存和发展的重要作用,从被动地接受到主动拥抱,从战略的高度重视和进行企业软件化。在瞬息万变的世界里,机会稍纵即逝,软件化无法简单地从其他企业中复制。企业应该顺势而为,进行软件化变革,快速推进并创新自身的系统与战略,从而独树一帜地实现自身进化。

随着软件化的脉络日渐清晰,许多新的机遇之门已为企业敞开,只有审时度势、勇于变革的企业才能跟上时代的步伐。

(二)正确理解企业软件化

加快开辟真正适合企业全新发展阶段的模式,全力推动企业软件化,实现转型升级,无疑是摆在正迈向更高质量效益的企业面前的重要选择。

正确地理解企业软件化是企业进行软件化的基础。如果对于软件定义带来的机遇和挑战认识不足,乃至对企业软件化的认识存在误区,认为购买若干软件、建立一个软件系统就是软件化,或者缺乏现代化管理意识,没有清晰地认识到软件化的实质,即重技术和设备、轻管理和企业变革,重开发、轻维护,重系统、轻数据,企业就无法实现软件化。

身处当下瞬息万变的环境中,软件技术催生商业模式不断变化,软件技术的广泛应用重构了消费者、企业、员工、合作伙伴之间的价值链,也重构了企业管理的思想和理论。

企业应认识到，企业软件化并不仅仅是信息化技术的更迭，更是企业战略的升级。在企业转型开始之前，企业要先考虑战略方向，绘制明确的变革蓝图。企业应采用试点先行的方式，逐步提升能力，建立一个统筹的生态系统，关注这个生态系统，扩充并集成更广泛的能力。

软件技术的发展驱动了生产模式的改变，企业软件化绝不仅限于生产制造领域，它应该体现在企业的各个环节中。忽略软件的企业在软件定义时代的竞争中将失去其积累的优势，而盲目的投资也不能保证企业竞争优势的建立和业绩的显著提升。

企业软件化不是企业锦上添花的工程，不能让软件化仅停留在IT部门。企业软件化既需要由企业最高决策者来部署和推动，使之成为企业发展共识，又需要使软件化切实地贯穿整个组织和职能，使其在运营环节中落地并予以执行。只有通过软件化推动核心业务转型并发展新业务，制造企业才能实现动能切换。

传统理论通常认为企业必须专注于开拓核心业务，把核心业务做好后再去探索新机会。但现在由于产品和业务的生命周期极大缩短，市场变化的速度加快，以及非传统竞争者的增加，执着于"只开拓现有市场"的机会成本越来越高。而单纯地去"探索新机会"的做法也不可取。对于企业来说，企业软件化不是要企业抛弃现有业务，另起炉灶成为一家纯软件开发企业，而是让企业将革新核心业务与开拓新业务并举，从而成功实现企业软件化。

（三）企业行动实现软件化

行是知之始，知是行之成。企业必须积极采取行动，在关键领域多措并举，才能实现软件化。企业进行软件化主要从以下几个方面着手。

第五章　企业软件化的意义与启示

1. 树立软件化的理念

企业需要提高认识，植入软件化的理念。正所谓"永远不要与趋势为敌"。如果企业想得到未来规则体系的王者席位，就要具备乘风而起的欲望与勇气。

企业只有深刻把握时代发展的新趋势，才能在未来的竞争中占据主动。在新一代信息技术引领的产业变革中，传统企业迎来了新的挑战，软件化转型将增强企业的差异化竞争力。在软件定义的趋势下，企业要认识到软件的价值，利用好软件技术，才可能成为有国际竞争力的企业。适者生存，不进则退，企业软件化是大势所趋，企业只有砥砺前行，实践软件化，才能拥有更多可能。

企业要对自身所处的时代的发展趋势有清晰的认识，认识到软件对于当前社会和经济发展的巨大支撑作用，处于"软件化生存"状态的企业，其方方面面都离不开软件，软件已经从过去单一的工具转变为企业重要的技术支撑，像"看不见的筋骨"一样，成为企业的有机组成部分。

企业软件化是企业在新形势下自我进化的方式。充分认识到企业软件化的必要性与紧迫性对企业非常重要，认识不到位，就会使企业行动的积极性大大降低。如果不能充分地意识到企业软件化的重要性，及时进行转型升级，企业就会被时代淘汰。

对于企业来说，意识到软件化是一个将持续颠覆行业、改变世界的新趋势而非昙花一现的短暂潮流是非常重要的。与此相对应，相关的革新也应当成为企业的战略核心。

在企业的发展进程中，思想意识的偏差会影响其行为，想要更好地实施企业软件化，企业一定要提高认识。很多传统落后的思想观念对企业的发展是非常不利的,比如只重视看得见、摸得着的硬件资源,而忽视看不见、摸不着的软件资源;不能与时俱进地认识新事物、接受新理念等。这会对企业造成束缚,影响企业变革。因此,企业一定要树立新型的思想意识,站在时代的前沿,站在世界的高度去把握时代潮流,把握机遇。

2. 加大资金投入

巧妇难为无米之炊。企业软件化需要大量的资金、人才等各种资源投入,以增强自身的软件能力。目前不少先进的制造业企业通过投入资金并购大量软件企业快速增强其软件领域的基础,由"硬"变"软",这是一条可以参考的路径。

3. 做好系统规划

重构核心竞争优势是企业软件化变革的核心驱动力。部分领先企业纷纷在寻找通过软件化实现企业新旧发展动能转换的有效途径。在企业关注的未来核心竞争优势中,某一项变革并不能给企业带来持续的竞争优势,以商业模式为例,全球第一个无桩共享平台的共享单车模式推出后,这种共享单车模式就被快速模仿,商业模式创新本身并不能给企业带来可持续竞争优势;同时,单项领域的软件化转型也不能给企业带来竞争优势,比如在线销售、传统电商和生产智能化等单一解决方案都难以给企业带来可持续竞争优势。

企业要通过软件化转型构建核心优势,需要从新模式、新业态、新生态等方面进行全面的规划,实施全面的软件化转型方案,确保软件化能力的全面提升。

从各个行业领先企业的众多实践中可以发现,未来并不是新的企业淘汰历史悠久的企业,而是新的发展战略取代旧的发展战略,新的模式取代旧的模式。但企业也不能完全指望先制定一个完美的战略规划，然后按部就班地实现软件化。软件化是一步步做出来的，企业成功的关键是在方向大致正确的前提下，快速行动，建立基于软件的快速反馈闭环，在不断调整中推动战略执行。

4. 培育软件化人才

人才是企业软件化中的一个重要的环节。企业要想实现软件化，首先要有软件化人才。企业需要专业的人才去应用和发展软件化，软件开发单位无法帮助企业实现这一步。企业软件化是一项复杂而又长远的系统工程，企业必须有一支既懂软件技术又懂管理业务，并熟悉工程技术的软件化人才队伍作为支撑，在长期的企业软件化过程中注重对其管理知识及业务技能的培养，为企业软件化打下基础。企业应该在工作环节中逐渐贯彻软件化的工作理念，将软件化不断延伸到企业的各个领域中。

5. 注重业务与软件技术融合

企业软件化需要企业做好业务与软件技术的融合。过去，软件技术只是被视为信息基础设施的实现技术。现在，软件定义正在引领大数据、云计算、移动互联网、人工智能、区块链等新一代信息技术发挥"赋能、赋值、赋智"的作用，正在重新为企业的资产、生产、设备、组织、人员等"赋能、赋值、赋智"，从而使得软件技术成为企业软件化的核心要素。各个行业都需要筹划：如何在企业运营与管理的各个环节实现与软件技术的深度融合；如何理解软件技术对原有业务的赋能与赋智的原理与方法；如何将软件技术这个全新的生产要素的融合和创新价值发挥到最大。企业要在业务变化中考虑如何更好地利用软件，灵活应对业务变化的需求，不断地进行创新升级。

6. 重视软件化运营

软件化运营是企业软件化转型中重要的挑战之一。软件化运营的核心需求体现在通过高度集成的软件化管理平台所建立的软件化营销、软件化研发、软件化生产、软件化服务流程，建立横向集成、纵向集成、端到端数字化的全新营销体系，并基于互联网、云计算建立可视化的生产指挥平台、柔性生产控制平台、开放产业协同平台。工业互联网平台、智能工厂、智能设备等作为软件化的基础，在企业内部得到了前所未有的重视。在新的软件化运营环境下，企业正在重新构建基于云计算、大数据的全新运营模式。

7. 优先推进技术软件化

以制造型企业为例，对于制造型企业来说，在通过工业技术软件化实现装备和产品的软件化的基础上，才能实现管理软件化，以应用需求为引导，推动企业软件化的进程，企业才能健康发展。

工业技术软件化指应用软件技术对工业研发设计、生产制造、运营管理等领域的知识和技术进行加工，形成以软件为载体的工业应用，贯穿企业全生命周期的各个环节。通过工业技术的软件化，实现产品软件化和装备软件化。以产品软件化和装备软件化为重点，企业在产品设计中应有先进的软件，企业管理应有适应软件化趋势的现代管理手段，这可能比单纯地推广设计方法和推广软件更有意义。

制造型企业应将工业技术的软件化放在企业软件化的首位，将其放在更突出的位置上。以工业技术的软件化来带动企业制造过程的软件化和管理的软件化。这样更容易使企业软件化转型产生效果。

推进装备软件化和产品软件化要从软件化的底层做起，必须不断提高装备和产品的软件化程度，提高产品的技术含量、质量和可靠性。

生产软件化要求企业具有市场需求反应快、效率高、周期短、成本低、产品技术含量高、更新换代快、竞争力强等特点，没有相当高级的制造装备，生产软件化就很难实现。

设计软件化需要在装备软件化的数据和信息的积累基础上，获得真实有效的数据，实现研发软件化，才能满足客户愈来愈多样化的期望。

在完成这些核心系统软件化的基础上，推动企业管理优化与创新，实施管理软件化，才能最终实现企业软件化。

（四）政府引导的政策建议

企业软件化不仅仅涉及企业本身，而且是一项需要政府和其他行业共同完成的社会系统工程。政府及信息主管部门应从以下几个方面对企业进行引导和激励。

1. 理念引导

从重视"信息化"到重视"软件化"。信息化以信息技术作为基础与核心动力。软件是信息技术产业的核心与灵魂，软件定义引领信息技术产业变革。软件定义是信息革命的新标志、新特征。可以将信息化看作人类空间、信息空间、物质空间的融合，将软件化看作信息化融合实现的灵魂。引导企业从信息化这个"大而泛"的概念落地到"软件化"，把"软件化"作为新时期工作的落脚点具有时代意义。

2. 软件产业引导

实现企业软件化的关键在于软件，唯有以良好的软件技术与产业作为基础，才能顺利推动企业软件化。将软件定位为与能源、交通等基层设施具有同等地位的产业，制定基于软件的战略，在全社会各产业、各领域引起相关部门的足够重视。夯实软件产业发展的基础，为企业软件化转型发展提供强劲动力。

3. 宣传引导

宣传企业软件化的内涵、意义，提高企业对软件化的认识水平；采取各种措施，做好宣传活动，引导企业应用软件技术；推广企业软件化的成功经验与典型案例，激发企业进行软件化转型的热情。

4. 政策法规引导

政府应制定和完善相应的法规政策、促进软件技术应用、鼓励企业技术创新、改善软件发展环境、加大对企业的支持力度，为我国企业软件化健康发展提供良好的外部环境。政府应制定积极有效的产业政策、鼓励企业运用软件技术、发展软件技术，并强化企业软件化的示范作用。

5. 服务平台引导

引进、吸收和消化先进的企业软件化的技术与路径，借助西门子等国际领先企业与专业的咨询服务商，为企业搭建公共服务平台。重点先协助行业核心企业进行软件化，为其提供从软件化诊断、解决方案、咨询服务、产线规划到工程实施、人才培养、维护等全方位的服务，打造一批软件化示范企业，引领企业向软件化方向转型升级。

6. 标准评定引导

组织科研机构和专家对企业软件化进行研究，制定企业软件化的标准与成熟度评价体系，通过标准与评价体系引导企业进行转型升级，及时发现企业在软件化过程中存在的问题并总结经验和教训，对提高企业的整体

第五章 企业软件化的意义与启示

素质,提高企业软件化可持续发展能力,切实增强企业的竞争力具有重要意义。

7. 资金支持引导

从企业财务、税收、贷款上为企业软件化提供支持,整合各类社会资本,设立产业基金,鼓励企业引入外商和民间投资来推进传统企业并购软件公司的进程,快速提高企业软件化程度。利用现有的资金渠道,推动建设一批示范公司,对具有前景的企业给予软件化创新资金支持,激发企业软件化创新的活力。

8. 智力人才引导

为企业软件化提供专业技术支持,由国内外知名业务专家、知名技术机构提供咨询服务和业务指导服务,帮助企业提高软件化水平,激发团队热情并给予方向上的指导。

通过多种培训手段,鼓舞企业家投身企业软件化升级转型;通过会展、国际交流等方式拓展企业家视野,探寻市场机会;面向企业实际需求,培养既熟悉企业业务又了解软件技术的高级人才,培养企业急需的各类技术研发人才,开展丰富多彩的市场交流及专题培训。

参考文献

[1] Marc Andreessen. Why Software Is Eating The World. https://www.wsj.com/articles/SB10001424053111903480904576512250915629460

[2] Bjarne Stroustrup. Software Development for Infrastructure. IEEE Computer 45(1): 47-58 (2012)

[3] Nick McKeown. Software defined mobile networks. MobiHoc 2009: 1-2.

[4] Hong Mei. Understanding "software-defined" from an OS perspective: technical challenges and research issues. SCIENCE CHINA Information Sciences 60(12): 126101:1-126101:3 (2017)

[5] Hong Mei, Yao Guo. Toward Ubiquitous Operating Systems: A Software-Defined Perspective. IEEE Computer 51(1): 50-56 (2018).

[6] DARPA. Building Resource Adaptive Software Systems (BRASS). https://www.darpa.mil/program/building-resource-adaptive-software-systems

[7] 谢少锋. 软件助推数字经济快速发展[J]. 软件和集成电路，2019，410（01）：32-33.

[8] 张伯旭. 实施三大战略，迎接赋智时代[N]. 人民日报, 2016-6-23（16）.

[9] 杨春晖，谢克强. 工业APP溯源：知识软件化返璞归真[J]. 中国工业和信息化，2018，6（10）：68-76.

[10] 安筱鹏. 重构：数字化转型的逻辑[M]. 北京：电子工业出版社, 2019.

[11] 胡虎，赵敏，宁振波等. 三体智能革命[M]. 北京：机械工业出版社, 2016.

[12] 陈新河. 软件定义世界，数据驱动未来[J]. 软件产业与工程, 2014,（1）：15-19.

[13] 金海. 软件重构世界，软件定义未来[J]. 中关村, 2014,（8）：43-45.

[14] 霍学文. 新金融，新生态：互联网金融的框架分析与创新思考[M]. 北京：中信出版社，2015.

[15] 刘歆."软件定义"正全面融入经济社会各领域[J]. 中国设备工程，2019（14）.

[16] 王玉. 企业进化的战略研究[D]. 上海财经大学，1997.

[17] 蒋巍巍，石玉峰. 总裁变革智慧[M]. 北京：中国财富出版社，2015.

[18] 尹燕科. 论知识经济时代下的劳动平等及实现机制[D]. 山东大学，2012.

[19] 中国数字经济发展白皮书[EB/OL]. 中国信息通信研究院，2017.

[20] 中国分享经济发展报告[EB/OL]. 国家信息中心，2016.

[21] 周建，张双鹏. 资源积累、同质性与差异性的统一——基于世纪金榜差异化战略的案例研究[J]. 管理案例研究与评论（2期）：119-135.

[22] 王静. 戴尔模式：让产品直接面对客户[J]. 经营者，2003(12):73-74.

[23] 陈蔚珠. 业务-IT战略匹配——ZARA案例分析[J]. 经济经纬，2009（05）：37-40.

反侵权盗版声明

  电子工业出版社依法对本作品享有专有出版权。任何未经权利人书面许可，复制、销售或通过信息网络传播本作品的行为；歪曲、篡改、剽窃本作品的行为，均违反《中华人民共和国著作权法》，其行为人应承担相应的民事责任和行政责任，构成犯罪的，将被依法追究刑事责任。

  为了维护市场秩序，保护权利人的合法权益，我社将依法查处和打击侵权盗版的单位和个人。欢迎社会各界人士积极举报侵权盗版行为，本社将奖励举报有功人员，并保证举报人的信息不被泄露。

举报电话：（010）88254396；（010）88258888

传　　真：（010）88254397

E-mail：dbqq@phei.com.cn

通信地址：北京市万寿路 173 信箱
　　　　　电子工业出版社总编办公室

邮　　编：100036